L'aide française en Afrique

Collection « Études africaines »

dirigée par Denis Pryen et son équipe

Forte de plus de mille titres publiés à ce jour, la collection « Études africaines » fait peau neuve. Elle présentera toujours les essais généraux qui ont fait son succès, mais se déclinera désormais également par séries thématiques : droit, économie, politique, sociologie, etc.

Dernières parutions

Gaston MUTAMBA LUKUSA, *L'économie congolaise de 2007 à 2016, Persistance des facteurs d'enlisement en RDC, 2016*

Hervé LADO, *Dynamiques politico-économiques dans l'histoire du Nigéria, Évolution historique des rapports de force entre élites et non-élites*, 2016.

Paul LANDO, *Territoires du vodoun en milieu urbain, Le cas de Ouidah en République du Bénin*, 2016.

Josué GUÉBO, *Dictionnaire des mots et expressions du français ivoirien*, 2016.

Christine THÉODORE, *Objets d'initiation. Rencontre avec un chasseur dozo. Échanges d'objets et modifications des interactions*, 2016.

Pierre Kamé BOUOPDA, *Histoire politique du Cameroun au XXe siècle*, 2016.

Théophane AYIGBÉDÉ, *Déchets solides ménagers et risques environnementaux au Bénin*, 2016.

Tidiani SIDIBE, *L'essentiel du management d'une banque commerciale. Du front office au back-office*, 2016.

Justelle MATSITSA KIANGATA, *Conscience historique et devenir des États africains*, 2016.

Alhousseini MOULOUL, *Les Touaregs du Niger. Chroniques des années de braises*, 2016.

Emmanuel KAMDEN, *Innovation entrepreneuriale et développement durable en Afrique : défis et opportunités*, 2016.

Albert B. KALONGA LUSE-LUA-NZAMBI, *Désarmement, démobilisation et réintégration des enfants-soldats. Échec au Sud-Kivu ?*, 2016.

Zakaria FADOUL KHIDIR, *Anthropologie des populations tchadiennes. Les Béri du Tchad*, 2016.

Célestin HITIMANA, *Rwanda : deux siècles de crimes contre l'humanité*, 2016.

Maximin Lucien DA, *La noix de cajou, levier de développement local au nord-est de la Côte d'Ivoire, Contribution au développement socialement durable, Cas du district du Zanzan : Gontougo et Bounkani*, 2016.

Ousmane KOUANGBE HOUZIBE, *L'impasse démocratique en Afrique francophone : le cas du Tchad. Les dimensions juridiques, politiques et institutionnelles de la démocratisation en Afrique subsaharienne*, 2016.

Guy MVELLE

L'aide française en Afrique

Les mutations via les contrats de désendettement et de développement (C2D)

L'Harmattan

Du même auteur, chez L'Harmattan

L'Union africaine. Fondements, organes, programmes et actions, 2007

L'Union africaine face aux contraintes de l'action collective, 2013

Intégration et coopération en Afrique. La difficile rencontre possible entre les théories et les faits, 2014

5-7, rue de l'École-Polytechnique, 75005 Paris
www.harmattan.com
diffusion.harmattan@wanadoo.fr
ISBN : 978-2-343-10289-4
EAN : 9782343102894

À mes parents James et Dora

Pour ma fille Francette,

Et à toutes mes sœurs parties très tôt de ce monde
qui n'aurait pas dû les laisser s'en aller !

Remerciements

Mes remerciements vont à toutes les personnes qui ont parcouru ce travail avec un regard sincère et critique, et ont contribué à sa réalisation, plus particulièrement à deux personnalités qui pourtant n'ont pas besoin de publicité pour prétendre à la reconnaissance dont ils sont dignes : Madame Marie-Madeleine NGA, Coordonnateur national du programme national de développement participatif au CAMEROUN (PNDP), et Monsieur Janvier Onana, Professeur à l'Université de Douala, et Doyen de la Faculté des Sciences Juridiques et Politiques de l'Université de Ngaoundéré au Cameroun. L'un et l'autre ont largement contribué à la forme finale que revêt ce travail. Bien entendu, les insuffisances persistantes qui s'y trouvent relèvent de ma seule responsabilité.

SIGLES ET ABRÉVIATIONS

- AFVP : Association française des volontaires du progrès

- AFD : Agence française de développement

- AUF : Agence universitaire de la francophonie

- BEAC : Banque des États de l'Afrique centrale

- C2D : Contrat de désendettement et de développement

- CAD : Comité d'aide au développement, organe de l'OCDE

- CEFEB : Centre d'étude financière, économique et bancaire

- CFD : Caisse française de développement, actuelle AFD

- CICID : Comité interministériel de la coopération internationale et du développement

- CIRAD : Coopération internationale en recherche agronomique

- DGCID : Direction générale de la coopération internationale et du développement (France)

- EPT/PA : Éducation pour tous, procédure accélérée

- FAC : Fonds d'aide et de coopération

- FEICOM : Fonds spécial d'équipement et d'intervention intercommunale

- FIDES : Fonds d'investissement pour le développement économique des territoires d'outre-mer

- FMI : Fonds monétaire international

- FSP : Fonds de solidarité prioritaire (France)

- IFORD : Institut de formation et de recherche démographiques

- IRCOD : Institut de recherche pour la coopération et le développement (Alsace)

- MAEE : Ministère des affaires étrangères et européennes (France)

- MCNG : Mission pour la coopération non gouvernementale (France)

- MP : Microprojets

- OCDE : Organisation de coopération et de développement économiques

- OCEAC : Organisation de coordination pour la lutte contre les endémies en Afrique centrale

- ONG : Organisation non gouvernementale

- ONU : Organisation des nations unies

- PDM : Partenariat pour le développement municipal

- PIB : Produit intérieur brut

- PNB : Produit national brut

- PNDP : Programme national de développement participatif (Cameroun)

- PNUD : Programme des nations unies pour le développement

- PROPARCO : Société de promotion et de participation pour la coopération économique, filiale de l'AFD

- UNADEL : Union nationale des acteurs et des structures de développement local

- VAINCRE : Programme de valorisation des initiatives de croissance régionale équitable (Mauritanie).

INTRODUCTION GÉNÉRALE

Le présent ouvrage s'inscrit dans un contexte marqué ces dernières années par plusieurs facteurs caractérisant la politique française d'aide publique au développement en Afrique : la réforme de 1998, une fluctuation permanente des niveaux d'aide, une priorité à l'Afrique malgré l'élargissement de la zone de solidarité prioritaire de la France, et une tendance à l'élargissement des interlocuteurs dont les collectivités locales et les communautés locales, à travers des programmes de lutte contre la pauvreté financés sur fonds C2D (Contrats de désendettement et de développement). Ce dernier point constitue ce que l'on pourrait qualifier de nouvelle doctrine de la politique d'aide de la France dans la plupart des pays africains, car l'une des préoccupations principales des C2D est de financer des programmes et projets de développement portés par les acteurs locaux, comme c'est le cas au Cameroun, l'un des dix-huit pays africains bénéficiaires de cette démarche.

La France s'attelle depuis longtemps à réformer sa coopération pour, dit-elle, mieux répondre aux enjeux du développement par « *une stratégie cohérente* »au service du développement durable et de la lutte contre la pauvreté, par le biais de stratégies sectorielles au service de ces objectifs. En 1998, toutes les « *convulsions* » intellectuelles, politiques et sociales ont abouti à un ensemble d'annonces destinées à opérer des changements dans sa politique d'aide au développement, et ont permis d'observer une évolution institutionnelle, managériale et une politique. Il faut remarquer à cet effet que si la politique française d'aide au développement remonte aux années 60, et même avant, avec notamment la mise sur pied du FIDES dès 1946, la réforme du dispositif de coopération quant à elle date de 1998 avec l'arrivée de Jacques Chirac au pouvoir, mais à partir d'un travail de la Gauche sous François Mitterrand. Cette réforme prévoit :

- le « *regroupement* » des services du secrétariat d'État à la Coopération et du ministère des Affaires Etrangères ;

- la création d'un « *Comité interministériel de la coopération internationale et du développement* » (CICID), comme « *organe de coordination* », de « *réflexion* », de « *débat* » et d'« *orientation* » sur la coopération internationale de tous les ministères concernés ;

- la création de la Direction générale de la coopération internationale et du développement (DGCID) qui a pour mission de « *piloter* » la coopération au développement et la politique de rayonnement culturel, scientifique et audiovisuel.

Cette réforme des structures est suivie en 2001 par la « *modernisation* » de l'outil de présentation des lois de finances, la LOLF, qualifiée de « *Constitution financière de la France* ».Les crédits d'aide publique au développement du MAE et du ministère de l'Économie et des Finances (MINEFI), sont regroupés dans un budget au sein d'une mission interministérielle. Depuis 2004, le ministre chargé de la Coopération est en charge de la « *coordination* » de cette politique sous l'autorité du ministre des Affaires étrangères et européennes. Presque tous les ministères ont développé directement ou indirectement une action dans le domaine de la Coopération, mais la mise en œuvre en France de la politique d'Aide au Développement est centralisée autour de deux grands pôles : les Affaires Etrangères et la Coopération d'une part (responsables de la coordination d'ensemble de la Coopération, de l'Aide programme et de l'Aide projet), l'Économie et les Finances d'autre part (en charge de la dette, de l'Aide budgétaire globale et des relations avec les institutions financières internationales).

En dehors des réformes institutionnelles, l'on peut également observer une fluctuation permanente des volumes d'Aide publique au développement en France, avec en 2012, 9, 4 milliards d'euros d'aide, et en début 2013, 8, 56 milliards d'euros comptabilisés d'après les données préliminaires vérifiées par l'Organisation pour la Coopération et le Développement Economique (OCDE). Dans ces chiffres, l'Aide bilatérale absorbe 60% des fonds, alors que l'aide européenne prend 17%, et l'aide multilatérale 17%. En 2012, la répartition de l'Aide bilatérale nette par zone géographique donne à l'Afrique en général 52, 5% des fonds, et à l'Afrique subsaharienne en particulier 38, 5%. Dans la répartition par secteur, les actions se rapportant à la dette prennent 17% des sommes, toute comme le soutien à la croissance. L'éducation et la formation professionnelle absorbent 16%, le développement durable 11%, les infrastructures et services sociaux 8%, l'Aide budgétaire 5%, l'agriculture et la sécurité alimentaire 4%, la santé 2%, la gouvernance 2%, Autres 18%[1].Les C2Dquant à eux représentent un volume financier prévisionnel d'environ 3, 7 milliards d'euros, car la remise de dette s'inscrit dans la durée, puisque les échéances des prêts s'étalent souvent sur une vingtaine d'années, sous la forme de plusieurs C2D successifs, conclus chacun pour une durée de trois à cinq ans. Ces chiffres et les pratiques d'Aide qu'ils soutiennent, s'inscrivent alors dans une longue tradition au cours de laquelle plusieurs mutations ont été observées, et ont donné lieu aujourd'hui à la territorialisation observée dans un pays comme le Cameroun.

En effet, les politiques d'aide publique au développement en général sortent des fonts baptismaux dans l'intense activité diplomatique qui a suivi la fin de la Seconde Guerre mondiale. Est d'abord né un système d'aide multilatérale conçu dans le cadre d'organismes multilatéraux à vocation de développement, que sont le Programme des Nations Unies pour le Développement (PNUD), le Programme des Nations Unies pour l'Environnement, l'Organisation des Nations Unies pour le Développement Industriel (ONUDI), le Groupe de la Banque mondiale... La France emboîte le pas à ce système multilatéral de coopération avec l'accession des pays africains à l'indépendance, et vu la nécessité de concevoir une nouvelle politique en direction de ses anciennes colonies, et même avant, avec la création du FIDES en 1946. Cette politique avait officiellement pour objectif principal d'assister ces nouveaux États indépendants dans l'amélioration des conditions de vie de leurs populations. Il s'agissait d'élever le niveau de vie des populations des États nouvellement indépendants grâce aux capitaux et aux technologies du monde développé. Pour certains dirigeants français, l'on était en présence d'une « *charge temporaire* »appelée à disparaître dès que l'essor économique de ces États le permettrait[2]. Pour arriver à cet objectif, les

[1] Ministère des Affaires Etrangères et du Développement International, Ministère des Finances et des Comptes Publics, Agence Française de Développement : « Mise en œuvre de la stratégie française d'aide au développement (2012-2013) », Rapport bisannuel 2014, p. 8.

[2] Il est intéressant de noter que les États du Nord et les organisations internationales dont l'ONU avaient au départ du développement et donc de la coopération au développement, une conception essentiellement, sinon uniquement économique. Cette approche propre au libéralisme et davantage au néolibéralisme actuel et particulièrement à son interprétation anglo-saxonne a donc prédominé aux Nations unies jusqu'au changement de majorité intervenu en 1960. Guy Feuer rappelle que bien que l'idée de *« développement intégré »* fît peu à peu son chemin, on avait tendance le plus souvent à

Nations unies ont demandé aux États au début des années 70 de consacrer 0, 7% de leur PIB à cette aide publique au développement.

Au fil des années, très peu de pays ont atteint cet objectif. Les volumes de la France ces dernières années sont caractérisés par une fluctuation permanente comme nous l'avons montré plus haut. Mais selon le discours officiel en France, malgré un contexte budgétaire difficile et une crise économique internationale sans précédent, Paris poursuit ses efforts de solidarité internationale en « *sanctuarisant* » la part de sa richesse nationale consacrée à l'Aide envers les pays du Sud. Cela traduit, pour les officiels français, par « *la conviction intime que la coopération entre le Nord et le Sud est la pierre angulaire d'une mondialisation régulée, ouverte vers l'avenir, porteuse de valeurs, dans l'intérêt de tous* ». Mais comme on le verra plus loin, la réalité se présente plutôt différemment, même si l'Afrique reste la région la plus privilégiée par la France.

Après près de cinq décennies de marche vers le développement, et plus de cinquante ans de politiques publiques d'Aide, l'Afrique en général, dont nombre de pays sont les principaux bénéficiaires de ces politiques, ne présente pas toujours des chiffres encourageants en termes de croissance et surtout de développement. Une large majorité de sa population vit encore sous le rythme de nombreuses privations : niveau de vie très bas, état de santé délabré, analphabétisme croissant, taux de mortalité élevé, conflits internes et interétatiques, etc.

Pourtant d'importants soutiens de natures différentes venant des bailleurs de fonds bilatéraux et multilatéraux sont rendus officiels chaque année en faveur de cette partie du continent, qui n'a malheureusement pas pu amorcer résolument son décollage économique et le développement de ses peuples.

Malgré l'élargissement de la zone d'intervention traditionnelle de la France, l'Afrique subsaharienne demeure la priorité de la politique française de coopération, d'abord en raison d'une proximité

---

passer sous silence les aspects extra-économiques du développement, et notamment les impératifs sociaux. Après 1960, c'est donc l'idéologie dite « *tiers-mondiste* » qui va prédominer à l'Assemblée générale des Nations unies et au sein des deux grands organes subsidiaires, que sont la CNUCED et l'ONUDI, créés sous la pression des pays en développement. Guy Feuer, « Vers les changements de paradigmes dans l'action internationale pour le développement », *Annuaire français des relations internationales*, 2002.

géographique et culturelle, notamment linguistique, et du fait de l'ampleur des enjeux communs. La coopération française y mobilise l'ensemble des instruments bi et multilatéraux, avec une concentration des subventions sur 14 pays pauvres prioritaires, principalement ceux appartenant à l'Afrique au sud du Sahara. Mais malgré ses réformes successives, la France a peiné pour trouver la meilleure formule pouvant contribuer à l'amélioration durable des conditions de vie des populations cibles. L'une des principales solutions consiste pour Paris à diversifier les interlocuteurs en mettant en avant les collectivités territoriales décentralisées (CTD) qui jouissent, par rapport aux bureaucraties centrales, d'une légitimité à la fois politique et technique. Les pouvoirs locaux, étant les acteurs les plus proches des populations à la base, sont également ceux qui connaissent le mieux leurs problèmes, et connaissent mieux les solutions qui devraient y être apportées.

Depuis quelques années déjà, le discours officiel en France est à l'élargissement des acteurs et des modalités d'intervention de l'Aide publique au développement. Le ministère des Affaires Etrangères et Européennes pense ainsi que la stratégie française propose une réflexion sur les nouvelles modalités de coopération *« qui s'inscrit dans une vision globale du développement, associant de multiples acteurs, parfois nouveaux (les fondations, la société civile, les entreprises, les collectivités locales) et s'appuyant sur l'ensemble des ressources disponibles ou potentielles »*[3].La France veut dire toute la nécessité qu'il y a à dépasser les seules structures de l'État central, et d'inscrire la politique d'Aide au développement dans une dynamique à la fois participative et décentralisée dans laquelle l'on retrouve les collectivités locales dont l'action internationale remonte en France dans les années 80, avec notamment l'Accord conclu entre la ville de Marseille et Alger, puis celui établi entre la région Nord-Pas-de-Calais et l'État du Maryland aux États-Unis.

Pour ce qui concerne les pays africains parmi lesquels se trouve le Cameroun, le ministère français des Affaires Etrangères lance désormais des appels à projets de soutien à la Coopération Décentralisée. Ces appels concernent l'appui institutionnel, c'est-à-dire l'appui à la décentralisation, à la gouvernance locale, l'appui à la mise en place de services publics, la formation des cadres, l'assistance à la maîtrise

---

[3] Http: //www.diplomatie.gouv.fr/fr/enjeux-internationaux/aide-au-developpement-et/dispositifs-et-enjeux-de-l-aide-au/l-aide-publique-au-developpement/, *op cit.*

d'ouvrage local et le développement durable. Les dossiers de candidatures doivent être remis aux Secrétaires généraux des affaires régionales (SGAR) selon un calendrier précis.

Par ailleurs, les collectivités territoriales peuvent présenter des projets dans le cadre de certains « *fonds dédiés* », gérés par la Délégation pour l'action extérieure des collectivités territoriales (DAECT). L'Agence française de développement (AFD) quant à elle cherche à mettre en place des collaborations avec les collectivités territoriales françaises et africaines dans l'objectif de renforcer les capacités de maîtrise d'ouvrage des collectivités des pays du Sud. Ces mutations font ainsi dire qu'il y a un élan de territorialisation de l'Aide française en Afrique, lequel se fait dans un contexte marqué par de nombreux débats théoriques sur le changement et la territorialisation des politiques publiques.

Ainsi, la réforme de la coopération au développement de la France de 1998 intervient dans un contexte théorique marqué par de nombreuses problématiques, dont celle du changement dans l'action publique[4]. À partir du schéma théorique élaboré par Peter Hall, l'on a pu retenir qu'il y a changement de politique publique lorsque l'on pourra constater les trois changements suivants : *un changement des objectifs* et plus généralement des *cadres normatifs* qui orientent l'action publique ; *un changement des instruments*, et *un changement des cadres institutionnels*[5]. Ce travail est l'occasion d'examiner la réforme de 1998 et les C2D initiés en direction des pays africains pour y déceler la participation et la décentralisation dans la problématisation, l'élaboration et la mise en œuvre des projets de développement, en observant le travail du Programme National de Développement Participatif (PNDP), qui est l'un des grands bénéficiaires des fonds C2D au Cameroun, et l'un des meilleurs ateliers de l'innovation de la politique d'Aide de la France en Afrique.

Pour ce faire, l'on a adopté le principe selon lequel, pour comprendre l'action publique dans les sociétés complexes, et particulièrement le processus de changement des politiques publiques, l'on doit combiner une approche par les structures (mise en évidence des contraintes), et une

[4] Philippe Bernoux: « Sociologie du changement dans les entreprises et les organisations », Paris, Seuil, 2004 ; Peter Hall : « Governing the Economy. The Politics of State Intervention in Britain and France », OUP USA, 1986; Pierre Muller et Yves Surel: « L'Analyse des politiques publiques », Paris, Montchrestien, 1998.

[5] Pierre Muller: « L'analyse politique de l'action publique. Confrontation des approches, des concepts et des méthodes », RFSP, vol. 55, 2005, 156, -157.

approche par les acteurs (mise en évidence de la marge d'autonomie des agents participants au policy-making)[6]. Cette approche par les acteurs présente cette importance de révéler « *la capacité des acteurs à transgresser les contraintes auxquelles ils sont confrontés. Souvent, les récits des politiques publiques tendent même à se transformer en une saga qui met en valeur la capacité des entrepreneurs politiques ou des médiateurs à reformuler les règles du jeu politique et bureaucratique* »[7].

L'on se propose ainsi d'expliquer et d'interpréter les politiques publiques d'aide de la France en général, et le Programme C2D en particulier, à partir de la structure et de la distribution du pouvoir entre les institutions gouvernementales, et à partir du jeu des acteurs dans leurs interactions. En ce sens, nous sommes dans l'optique de *l'institutional rational choice* qui accorde une place importante aux règles, aux arrangements institutionnels, et aux jeux des acteurs à la recherche des bénéfices personnels. Nous nous inscrivons également dans la pensée des auteurs qui ont noté que les institutions devaient être prises en compte dans le courant de la politique, soit parce qu'elles facilitent la mise à l'ordre du jour gouvernemental, soit parce qu'elles la rendent difficile[8]. Les cadres institutionnels observés ici renvoient principalement, selon la définition de March et Olsen, aux routines, aux procédures, aux conventions, aux rôles, aux stratégies et surtout aux formes organisationnelles[9] autour desquelles l'activité de l'aide publique au développement et des C2D est construite.

Quant à ce qui concerne la pertinence que pourrait avoir le recours aux territoires dans les politiques publiques d'aide au développement, ce travail s'inscrit dans un contexte où est mise en avant la pertinence des ressources dont disposent les pouvoirs locaux, particulièrement en France, et de plus en plus dans les pays d'Afrique. Ces ressources qui sont des « *atouts dans leurs relations de pouvoir avec les instances centrales* »[10] sont de cinq catégories : les *ressources constitutionnelles*

---

[6] Muller, *op cit.* p 158.

[7] Jean Leca, Pierre Muller, Giandomenico Majone, Jean-Claude Toenig et Patrice Duran, « Enjeux, controverses et tendances de l'analyse des politiques publiques », *Revue française de science politique*, vol. 46, n°1, 1996, p 98.

[8] G. Mucciaroni: "The garbage can model and the study of policy making: A Critique », Polity, 24, 1992, pp: 459-482.

[9] James G. March and Johan P. Olsen: "Rediscovering Institutions", The Organizational of Politics, New York: Free Press, 1989.

[10] Ibid.

légales, les *ressources financières,* les *ressources politiques*, les *ressources professionnelles* et les *ressources hiérarchiques*.

Bien plus, la mise en évidence des territoires dans cette recherche est justifiée par les débats en cours sur la tendance à la reterritorialisation des enjeux des politiques publiques sous forme de nouveaux espaces de régulation. Ces travaux sur la reterritorialisation ont partie liée avec les études sur le pouvoir local en France, lesquelles débutent dans les années 80 dans le but de saisir les mutations ou les recompositions en cours à la suite des lois de décentralisation de 1982. Ce mouvement de recherche correspond également au développement d'une sociologie politique soucieuse d'enquêtes de terrain au lieu des analyses généralistes et abstraites souvent développées. Jean-Claude Toenig fait remarquer à cet effet combien « *l'analyse des politiques publiques a remis au travail empirique, un bon nombre de chercheurs qui menaçaient de s'enliser dans des débats d'école, ou qui se sentaient découragés par des approches jugées stériles (science administrative, etc.)* »[11]. On a donc connu en France un nombre important de recherches qui « *renouaient avec la filière des grandes études monographiques et qui, sur le plan international, tiennent un rang honorable* »[12].

La tendance lourde de ces études sur le local est double : la crise avérée de l'État-providence étouffé par les demandes sociales, et le quasi-consensus sur la pertinence de la décentralisation. Sur l'État-providence, rappelons que l'expression désigne la forme prise par l'intervention de l'État dans la vie économique et sociale d'un pays. Elle trouve sa meilleure expression, non pas en France, mais dans le rapport de l'économiste britannique William Henry Beveridge publié dans les années 40, et qui assigne au *Welfare State*, la tâche d'organiser le bien-être de la population par le développement d'un système de protection sociale unifiée qui doit libérer l'homme du besoin, et permettre une égalité des chances entre des individus aux capacités financières différentes. Il rejette donc le principe libéral selon lequel, protection sociale et efficience économique sont antinomiques, au nom d'une grande justice sociale. L'on est en présence d'une négation des théories libérales qui voient dans le fonctionnement du marché le seul moyen d'atteindre le maximum économique. L'État-providence se traduit à

[11] Jean-Claude Toenig, « La quête d'un nouveau souffle », *Revue française de science politique*, volume 46, n°1, 1996, p 105.
[12] *Ibid.*

l'inverse par une intervention vigoureuse de l'État dans tous les domaines de l'économie et du social. Mais très progressivement, au début des années 70, les tenants des théories libérales ont commencé à souligner les limites du *Welfare State*, en dénonçant le trop-plein d'État et en prônant une situation où l'État privilégierait l'arbitrage plutôt qu'une intervention systématique. La critique théorique de l'État-providence s'appuie sur quatre points : une négation de la rationalité des choix publics établie par l'économiste Pigou dans les années 20 (elle aboutit à la conclusion que les décisions publiques sont issues d'arbitrages entre des intérêts particuliers et non de l'intérêt général) ; le caractère déstabilisant des politiques conjoncturelles ; les limites à la croissance des prélèvements obligatoires (impôt) ; la dénonciation de l'action déterminante des groupes de pression dans la réglementation pouvant entraîner un surcoût des activités économiques[13].

Depuis les années 80, la tendance est au désengagement de l'État, ce qui s'est traduit en France par une recherche de neutralité budgétaire, une déréglementation de certains secteurs ou des vagues de privatisations. Ces privatisations ont également atteint massivement les pays du Sud en général, et ceux d'Afrique en particulier, à partir des années 90, entraînant ainsi de la part de l'État, une vague de mesures, soit de licenciements, soit de baisse des salaires tant dans le secteur public que dans les entreprises parapubliques.

Ce travail théorique se justifie au plan empirique non seulement par les évolutions en cours en France, mais également par celles vécues dans de nombreux pays dans le monde où l'on parle de « mésogouvernance », c'est-à-dire de gouvernance à l'échelle régionale[14].

Les facteurs cités plus haut justifient ainsi le choix de ce sujet dont les évolutions sont assez régulières et répondent aux exigences des États et peuples dans leur quête de bien-être et de mieux-être. Mais il n'est guère possible de présenter en quelques centaines de pages les conclusions d'un objet d'étude aussi complexe que celui des politiques publiques d'aide au développement de la France sur un continent avec lequel elle entretient des relations aussi anciennes que complexes.

Avant d'aller plus loin, il est important de faire une présentation succincte d'un certain nombre d'ouvrages et d'articles scientifiques ayant

---

[13] Encyclopédie Microsoft ® Encarta ® 2002. © 1993-2001 Microsoft Corporation.
[14] Sharpe, 1993, Keating, 1998.

trait à l'aide publique au développement et à la place des territoires dans le développement en Afrique. En règle générale, cette démarche qui consiste à faire le point des connaissances sur le sujet se justifie par le fait qu'on est rarement le premier à aborder une question de recherche, ou comme le dit Jean-Pierre Fragnière, la plupart du temps, « *le champ thématique que l'on entreprend est déjà balisé par les études voisines ou cousines, ou bien il se réfère à des thèmes fondamentaux sur lesquels des bibliothèques entières ont été écrites* »[15]. En partant donc de l'hypothèse que nous ne sommes pas les premiers à examiner le présent objet d'étude, mais que nous voulons l'aborder autrement, nous présenterons ici un ensemble de travaux produits par des auteurs d'expression française et relevant des spécialités aussi variées que l'histoire, la géopolitique, l'économétrie, l'économie politique...L'intérêt de cette revue est d'examiner si les différents travaux examinent la question de l'impact des institutions sur l'efficacité de l'aide au développement, et si la question de la territorialisation est au cœur de leurs travaux.

La rédaction de ce travail intervient dans un contexte marqué par plus d'un demi-siècle de débats en sciences sociales et humaines autour de la coopération au développement en général, et de l'efficacité de l'aide publique de la France en Afrique en particulier. Si toutes les disciplines se sont intéressées à la question, l'on peut subdiviser la pensée de façon chronologique, en partant de la période des indépendances jusqu'à la mise sous impression de ce travail. Trois grands moments scandent ainsi les débats autour de la possibilité ou non qu'a l'aide publique de la France à susciter le développement en Afrique : les deux premières décennies des indépendances et les critiques fondatrices de René Dumont ; les décennies 1980-2000 ; et les deux dernières décennies 2000-2015.

Les deux premières décennies des indépendances et les critiques fondatrices de René Dumont

L'ouvrage intitulé *L'Afrique noire est mal partie* constitue incontestablement l'acte fondateur de la critique sur l'aide publique au développement. Tout juste deux ans après la vague des indépendances des pays francophones d'Afrique au sud du Sahara, un agronome français du nom de René Dumont (1904-2001), publie cet ouvrage en 1962 pour

[15] Jean Pierre Fragnière : *Comment réussir un mémoire* Paris, Dunod, 1986, p 75.

dire combien l'Afrique « *prenait un mauvais départ* »[16], un départ qui s'esquissait à peine, et que les colonisateurs étaient, selon ses propres termes, « *les plus grands responsables* »[17]. Au cœur du travail de l'agronome français se trouve la question de l'efficacité de la coopération française à partir du Fonds d'Investissement pour le Développement Economique et Social (FIDES) créé avec la Caisse Centrale de la France d'Outre-mer (CCFOM), à travers la loi du 30 avril 1946, mettant en forme un plan de développement économique et social des territoires d'outre-mer. Les principaux objectifs de ce plan étaient de regrouper et concentrer les entreprises, mécaniser l'agriculture, créer des infrastructures, substituer dans l'agriculture l'intensif à l'extensif, et valoriser les productions par l'industrialisation[18]. L'idée de ce plan par lequel était institué le FIDES consistait pour la France, à intervenir dans la production des pays colonisés « *en prenant en charge certains secteurs, et en aidant dans d'autres les affaires privées, soit en investissant ses capitaux, soit en consentant des aides diverses* »[19]. L'on estime que c'est à travers la création du FIDES et du CCFOM que l'on peut dater l'introduction du mot « aide »[20] en France. Autrement dit, l'aide publique au développement de la France à l'Afrique et à l'ensemble de ses colonies naît avec la loi du 30 avril 1946 et les deux instruments qu'elle instituait. Cette loi fut précédée par d'autres mesures importantes dont la création à la fin de 1945 des francs coloniaux d'une valeur supérieure au franc français : franc CFA, franc pacifique et franc Djibouti.

Pour René Dumont, le FIDES a permis à l'Afrique d'obtenir d'importantes sommes d'argent. Mais « *face à l'immensité des besoins* »[21], ces fonds sont modestes. 46% des ressources du FIDES furent consacrées, surtout dans le premier plan quadriennal, à bâtir l'infrastructure des ports, des routes et des aérodromes. Mais la primauté excessive du « *social* » dans ce programme a constitué son erreur fondamentale : « *le but était d'égaler la métropole, sans prendre en considération l'énorme écart du développement économique, de niveau*

---

[16] René Dumont : *L'Afrique noire est mal partie*. Paris, Editions du Seuil, 1962, p. 6.
[17] *Ibid.*
[18] Claude Freud : *Quelle coopération ? Un bilan de l'aide au développement*, Paris, Karthala, 1988, p 15.
[19] *Ibid.*
[20] Claude Freud, *op cit.*, p 16.
[21] *Op cit.*, p 35.

de vie, souvent de 15 ou 20 pour 100% »[22]. Or, si la France et l'Afrique restaient sur cette démarche, l'agronome pense qu'il serait impossible pour le continent noir de rattraper ce retard tout au long du XXe siècle, la clé de la réussite étant de s'intéresser aux impératifs économiques du développement. Pour lui : « *toute politique qui s'intitule glorieusement sociale dans les pays en retard, sacrifie aux satisfactions immédiates les possibilités d'accroissement de la production : elle est donc en réalité antisociale à long terme* »[23]. C'est dire que le social ne pourrait pas venir avant le développement, mais après celui-ci. Pour Dumont « *le social devrait être le bénéfice même du développement, et garder de cette manière un caractère de récompense* »[24].

Plus globalement, René Dumont fait deux critiques principales à la politique d'aide au développement, les deux critiques s'adressant tant à la France qu'aux pays africains qui en sont bénéficiaires. La première est que l'aide n'a pas été orientée vers les investissements productifs ; la deuxième est que les pays africains n'ont pas su constituer un front commun, pour traiter d'égal à égal avec les grandes puissances donatrices.

Sur la question des investissements productifs, René Dumont pense que les plans de développement financés par l'aide devraient être élaborés par des dirigeants soucieux d'accroître au maximum la richesse de leur pays. L'aide serait dans ce cas « *uniquement dirigée vers les investissements productifs : à long terme, comme l'infrastructure, l'éducation rénovée et la formation professionnelle généralisée, accélérée ; à moyen terme, comme l'équipement industriel ; et surtout à court terme, comme la modernisation agricole* »[25].

Sur la question d'un front commun, René Dumont rejoint les positions de bon nombre de dirigeants et intellectuels africains de la période des indépendances, et même avant, pour qui le développement et la libération du continent noir ne peuvent passer que par une unité de ses États et de ses peuples[26]. Pour l'agronome français, une politique de développement de l'Afrique dans un contexte de coopération avec les ex-puissances

---

[22] *Ibid.*
[23] René Dumont, *op cit.*, p 37.
[24] *Ibid.*
[25] René Dumont, *op cit.*, p 220.
[26] Cheikh Anta Diop, Nkrumah, Sekou Touré, Hamani Diori....

colonisatrices « *serait plus facile à soutenir* »[27] à travers un groupe d'États, « *réalisant une sorte de front commun africain en face des nations riches. Celui-ci serait plus fort s'il englobait l'ensemble de l'Afrique occidentale et centrale sans s'arrêter aux vieilles limites coloniales* »[28]. Autrement dit, l'auteur pense que les termes de la coopération en général, et l'aide publique au développement en particulier, ne peuvent bénéficier aux peuples africains que si l'on est en présence d'un équilibre des forces entre l'Occident et l'Afrique, cet équilibre étant bipolaire, car mettant face à face, d'une part les principaux pays européens donateurs de l'aide, et d'autre part, l'ensemble des pays africains bénéficiaires de cette aide. Mais contrairement à certains Africains qui ont souvent opté pour une fédération- *États-Unis d'Afrique*- Dumont opte plutôt pour une « *confédération d'États, nettement autonomes pour leur politique intérieure, leur conception plus ou moins libérale ou socialisante, aurait des chances ; il y faudrait un minimum d'entente, notamment pour la politique extérieure* »[29]. La forme politique que propose Dumont a ainsi un objectif fondamentalement économique, avec un accent particulier sur les infrastructures de transport. Il est question de réunir les réseaux routiers et ferroviaires en un seul ensemble et d'établir toutes les bretelles transversales. À ces infrastructures de transport s'ajoute un système bancaire africain qui faciliterait un développement autonome « *qui ne serait plus conçu comme celui d'un appendice de l'Europe* »[30].

D'autres préoccupations de grande importance habitent René Dumont, qui anticipe d'ailleurs sur plusieurs questions que posera, plusieurs années après, la coopération entre la France et l'Afrique. Il s'agit du problème des conditionnalités politiques, de celui de l'intégration des économies africaines dans un contexte de mondialisation, de celui de la dépendance des États africains vis-à-vis de l'extérieur, ou encore de celui du caractère très utilitariste de l'aide au développement.

Concernant les conditionnalités politiques, Dumont pense que le front commun que constitueraient les pays africains, même limité à l'économie, permettrait de construire de plus efficaces barrages contre l'imposition d'éventuelles conditions politiques à l'octroi d'aide

---

[27] *Ibid.*
[28] *Ibid.*
[29] René Dumont, *op cit.*, p 221.
[30] *Op cit.*, p 222.

financière nord-américaine, française, anglaise ou européenne. Ce front commun a également pour avantage de s'intégrer dans des organismes de défense économique des pays sous-développés ; ceux-ci devant sauvegarder le pouvoir d'achat de leurs matières premières agricoles ou minières. Quant à la question de la défense de l'Afrique vis-à-vis de l'extérieur, l'auteur pense qu' « *un rattachement trop étroit, trop exclusif au bloc européen ne serait pas acceptable, quelle que soit l'aide promise, s'il retardait l'industrialisation et le développement en général : il serait alors satellisation et l'on pourrait légitimement le qualifier de néo-colonialisme* »[31]. Au sujet du caractère par trop utilitariste de l'aide au développement, Dumont pense qu'il faut faire à « *la jeune Afrique* » des propositions honnêtes et lui apporter une aide plus désintéressée, qui se préoccuperait d'abord de son propre développement, plus que « *de la prolongation des privilèges abusifs* »[32]. Ces propositions portent principalement sur une coopération dirigée vers l'industrialisation de l'Afrique et la modernisation de son agriculture.

Plus de cinquante ans après, l'œuvre de l'agronome français n'arrête pas de susciter des débats. Pour son épouse Charlotte Paquet-Dumont, l'on ne peut ignorer que Dumont « *s'est surtout employé à suggérer des pistes et à proposer des solutions que son métier lui permettait d'identifier, avec un combat majeur : le développement d'une agriculture vivrière locale* »[33]. La relecture de l'ouvrage de l'auteur permet selon elle de dégager un souci constant : « *celui d'inviter ses amis africains et tous ses contemporains à utiliser intelligemment le sol nourricier, à ne pas gaspiller les richesses collectives et à respecter l'environnement* »[34]. Ces préoccupations restent encore d'actualité, tant il est vrai qu'elles constituent des priorités annoncées des politiques d'aide publique de la France, et de la presque totalité des donateurs. La politique de développement de la France entend associer lutte contre la pauvreté et développement durable dans ses trois composantes économique, sociale et environnementale. Elle entend répondre à quatre enjeux complémentaires que sont : la promotion de la paix, la stabilité, les droits de l'Homme et l'égalité entre hommes et femmes ; l'équité, la justice sociale et le développement humain ; le développement économique

[31] *Op cit.*, p 225.
[32] *Ibid.*
[33] René Dumont : *L'Afrique noire est mal partie*, réédition, 2012, p VII.
[34] *Ibid.*

durable et riche en emplois ; la préservation de l'environnement et des biens publics mondiaux[35].

Les décennies 1980-2000 et les premiers bilans sur l'aide publique au développement

L'un des premiers bilans faits sur l'aide publique au développement de la France, et rendu public, est bien celui de Claude Freud dans son ouvrage intitulé *Quelle coopération ? Un bilan de l'aide au développement* (1988). Cet ouvrage est une réflexion menée « *par un acteur de terrain* » dont la mission est de mettre en œuvre la coopération au développement, et qui tente de faire « *une critique de l'intérieur du système qui vise à provoquer la bonne conscience* »[36] de ceux qui font du développement leur métier. Dans ce travail, l'auteur déclare vouloir remettre en question « la pertinence du modèle de développement » que les pays du Sud ont choisie et que la France veut aider à promouvoir. Ce modèle de développement préconisé et qui semble, selon lui, avoir réussi en France après la Seconde Guerre mondiale, est celui de « *la modernisation grâce à des technologies de pointe dans le cadre d'une planification souple, d'un environnement de libre-échange* »[37]. L'objectif est le *Wellfare State* s'appuyant sur l'éducation et la santé gratuites, avec pour image de référence la société de consommation européenne. La question que se pose Claude Freud est de savoir si ce modèle peut être transposable aussi aisément au sein des pays bénéficiant de l'aide publique française.

Pour l'auteur, la transposition n'est pas possible : « *la lecture des évaluations montre au contraire qu'il y a un fossé entre les intentions et les réalisations* »[38]. Face à cette hypothèse, l'objectif de l'auteur est de faire participer la France au débat sur le développement à partir d'expériences historiques, en relativisant les querelles idéologiques, pour selon lui, « *aller au fond du problème* », et se poser la question de savoir « *comment développer ?* »

---

[35] Site officiel du Ministère français des Affaires étrangères et européennes : http : //www.diplomatie.gouv.fr/fr/politique-etrangere-de-la-france/aide-au-developpement-1060/ consulté le 18 décembre 2014.

[36] Claude Freud : *Quelle coopération ? Un bilan de l'aide au développement*, Paris Karthala, 1988, p 5.

[37] *Ibid.*

[38] *Ibid.*

En partant d'une situation de fait- le non-développement des États avec lesquels la France coopère- et en présentant les tentatives de développement qui ont été expérimentées, y compris pendant la période coloniale, il apparaît que la construction des économies s'est faite dans un cadre bien précis, parfaitement hétérodoxe, « puisqu'elle combine le libéralisme[39] et le protectionnisme »[40]. L'avantage de cette politique est qu'elle a permis d'élever les prix en moyenne de 25% par rapport aux cours mondiaux, et a donc permis un accroissement important des productions avant les indépendances. Mais en perdant l'accès privilégié au marché français dans des conditions de sur-prêt, lors de l'entrée de la France dans le Marché commun, les pays africains ont commencé à connaître une insuffisance des recettes de l'État. Ceci a entraîné des déséquilibres de leurs finances publiques. Cette baisse des finances publiques du fait de la fin du protectionnisme qu'assurait la France a occasionné la dépendance des ex-colonies à l'aide extérieure.

Pour Claude Freud, il n'est pas de développement possible pour des pays à structure économique primaire, dans un environnement de détérioration des termes de l'échange. Au lieu de mettre les pays africains sous tutelle, il faut se rendre à l'évidence que c'est à eux de prendre en charge la conduite de leur développement : « *Aux aides extérieures à appuyer cette démarche en rétablissant des règles du jeu plus équitables : allègement du poids de la dette, stabilisation du prix des matières premières* »[41].

Les deux préoccupations présentées par l'auteur à la fin des années 80 ont constitué plus tard des priorités de la politique française d'aide au développement, et même de celle de l'ensemble des donateurs de l'aide. La dette en particulier est présentée comme l'un des obstacles majeurs au développement des pays africains. Ce constat a permis d'aboutir à l'adoption de plusieurs initiatives tant au plan multilatéral que bilatéral, à l'instar de l'Initiative des pays pauvres très endettés (IPPTE) lancée à Lyon en 1996 par la Banque mondiale et le Fonds monétaire international, puis renforcée à Cologne en 1999. C'est également le cas du C2D mis sur pied de façon additionnelle par la France en direction de certains pays de la zone de solidarité prioritaire. L'on peut par ailleurs citer la signature par les ministres des Finances des pays du G8 en juin

---

[39] Théorie des avantages comparatifs :

[40] Existence d'un espace économique protégé.

[41] Claude Freud, *op cit.*, p 7.

2005, à Londres, d'un Accord historique d'annulation immédiate de 40 milliards de dollars de dette multilatérale de 18 pays pauvres très endettés, parmi lesquels se trouve 14 pays africains.

À partir d'une perspective historique, Frank Petite ville dans : « Quatre décennies de coopération franco-africaine : usages et usure d'un clientélisme »[42], tente également de dresser le bilan de la politique de coopération de la France en Afrique noire francophone depuis 1960. Il opère un recul sur près de quatre décennies en s'appesantissant sur ce qu'il appelle « *les invariants idéologiques et institutionnels de la coopération franco-africaine depuis ses origines* », lesquels selon lui, sont désormais disponibles pour une analyse qui se veut approfondie[43]. Pour Petiteville, les relations de coopération entre la France et l'Afrique sont des relations de « *clientélisme international* » qui sont gérées de « *manière conservatoire et ritualisée* ». Ces relations seraient cependant radicalement remises en question par les mutations de l'environnement international. Tout en reconnaissant l'abondante littérature existant en science politique sur les relations franco-africaines, l'auteur se donne pour ambition de mettre un accent particulier sur « *l'instrumentalisation* » de cette coopération à des fins d'influence géopolitique, et sur « *la faible capacité décisionnelle des institutions de la coopération qui permet à l'Élysée, aux chefs d'État africains, et à la médiation de quelques réseaux et lobbies de garder la haute main sur cette politique* »[44]. Par son approche historique et donc méthodologiquement qualitative, l'auteur considère dans un premier temps la politique française de coopération en Afrique comme une orientation géopolitique, laquelle explique également sa continuité depuis plus de trente ans. D'après lui, la France maintient cette politique pour tenter d'occuper le rang qu'elle croit devoir tenir sur la scène internationale[45].

Aussi pertinente qu'elle soit, l'approche à la fois historique et géopolitique de Franck Petiteville ne permet pas de comprendre pourquoi cette pratique n'arrive cependant pas à atteindre ses objectifs en termes de lutte contre la pauvreté et de soutien au développement. Pourtant, l'une des raisons de ce conservatisme tient justement à l'approche

---

[42] Franck Petiteville, « Quatre décennies de coopération franco-africaine : usages et usure d'un clientélisme », *Etudes internationales*, vol.27, n°3, 1996, pp 571- 601.
[43] *Op, cit* p 572.
[44] *Ibid.*
[45] *Ibid.*

centralisatrice que nous allons tenter de décrypter tout au long de ce travail.

Dans une vision très critique et largement basée sur une approche quantitative, l'Observatoire permanent de la coopération française (OPCF) a publié en 1998 un dossier assez complet portant sur la réforme de la coopération, le développement rural, l'immigration et la coopération, puis la santé. Dans l'avant-propos que fait Marc Pilon, l'on peut relire une interrogation déjà présente dans l'Avis sur la coopération française en matière de développement rural, celle de savoir si « *la période actuelle ne marquerait pas en fait celle de la fin du paradigme du développement, l'aide publique, de plus en plus multilatérale, se limitant désormais aux catégories socialement fragiles- les pauvres- et à la gestion au moindre coût des flux migratoires et des externalités (effet de serre, déforestation, biodiversité* »[46]. Cette question est suivie par une analyse très négative de l'aide publique française à partir d'un examen que fait Daniel Bournaud sur les chiffres de l'APD. L'on peut lire qu'en 1998, l'aide publique française au développement représente un peu plus de 34 milliards de francs, soit 0, 41% du PIB, et que ces chiffres font de l'année en cours la plus mauvaise depuis longtemps.

En constatant que l'aide française connaît une tendance générale à la baisse, Daniel Bournaud pense qu' « *il importe de rechercher les évolutions sectorielles qui permettent de mieux cerner la signification de la mutation en cours* »[47]. D'après lui, trois éléments méritent d'être soulignés : le rapport entre l'aide bilatérale et l'aide multilatérale, lequel permet de mettre en évidence un glissement lent, mais constant de la première vers la seconde ; l'affectation de l'aide bilatérale en termes de secteurs, laquelle traduit une évolution dans la répartition des priorités[48] ; enfin, en termes de destinataires, l'évolution que connaît l'aide bilatérale, laquelle se fait au détriment des bénéficiaires traditionnels constitués pour l'essentiel d'anciennes colonies d'Afrique. Sur ce dernier point, l'auteur veut par-là dire que ce sont les États traditionnellement privilégiés qui sont les plus touchés par la baisse des volumes de l'aide. Il

[46] OPCF : *L'APD 1998 et la réforme de la coopération, développement rural, immigration, coopération et développement, santé*, Paris, Karthala, 1998, p 7.

[47] Daniel Bournaud : « L'aide publique au développement en 1998 : les moyens de la fin ? » in OPCF *op cit*. p 13.

[48] L'auteur pense qu'il convient cependant de rester prudent sur ce point dans la mesure où les données statistiques disponibles s'arrêtent à l'année 1996.

pense à cet effet : « *c'est l'aide destinée à l'Afrique au sud du Sahara qui supporte la quasi-totalité de la diminution de l'aide publique* »[49].

Le principal intérêt de la contribution de Daniel Bournaud réside dans le fait qu'elle examine la Réforme de la coopération française publiée en 1998 ; réforme qu'il qualifie de « *longtemps désirée, envisagée, repoussée et enfin conçue* »[50]. En relevant les principaux axes qui selon lui balisent la coopération française nouvelle formule, il met un accent particulier sur « *la réorganisation de l'architecture institutionnelle* », avec l'intégration du ministère de la Coopération au sein du ministère des Affaires étrangères, le retrait de ses attributions techniques dans le domaine des infrastructures d'éducation et de santé au profit de l'Agence française de développement (AFD), le renforcement des compétences du ministère de l'Économie et des Finances, qui gère en 1998 plus de 50% de l'aide publique française, alors que le Quai d'Orsay et la Rue Monsieur voient leurs parts diminuer tant en valeur relative qu'en valeur absolue[51].

L'auteur conclut son analyse en faisant le constat d'une érosion continue de l'aide publique française, et pense donc que Paris « *a cessé de considérer l'APD et plus globalement sa politique de coopération au développement comme un instrument essentiel de sa politique étrangère* »[52]. Or, en banalisant son aide, il se demande si la France ne court pas le risque de se banaliser elle-même. Un travail très critique et bien référencé qui n'aboutit malheureusement pas à des propositions permettant de mettre un terme aux principales faiblesses que veut pourtant résoudre la réforme de 1998. La réorganisation de l'architecture institutionnelle dont parle l'auteur demeure un goulot d'étranglement, car elle n'introduit pas suffisamment de décentralisation dans une politique publique qui souffre d'un jacobinisme obstruant la pleine réalisation des objectifs officiels de l'aide publique au développement.

Nicolas van de Walle et Timothy A. Johnson, en intitulant leur ouvrage *Repenser l'aide à l'Afrique*, examinent les facteurs de gestion qui déterminent l'efficacité de l'aide, et font simplement allusion aux facteurs structurels dans lesquels ils s'inscrivent, notamment l'histoire économique et politique de l'Afrique, ses rapports avec l'économie

---

[49] Bournaud, *op cit.*, p15.
[50] *Ibid*, p 18.
[51] *Ibid*, p 19.
[52] *Op cit.*, p 23.

internationale, et le contexte de la guerre froide dans lequel l'aide s'est développée. Les deux auteurs insistent surtout sur la gestion locale des ressources liées à l'aide, car selon eux « *ce thème, dont l'étude a longtemps été négligée, est un de ceux qui permettront le mieux d'améliorer l'efficacité de l'aide* »[53]. Mais l'on peut observer que dans une étude qui traite de la réforme de l'aide au développement, les aspects liés à l'action des acteurs et leur influence sont inexistants. La réforme dont parlent les deux auteurs porte entre autres sur les volumes de l'aide, la stabilité macroéconomique, la question de la coordination, l'équilibre entre aide programme et aide projet, l'amélioration de la gestion de l'aide par les bénéficiaires...

L'ouvrage de Marie-Christine Kessler, *La politique étrangère de la France. Acteurs et processus* (1999) est celui qui se rapproche le plus de nos préoccupations dans le cadre de cette recherche. Bien qu'ancien déjà, il traite de la politique étrangère de la France en rompant avec l'approche histoire diplomatique tant connue, pour l'aborder sous l'angle des politiques publiques. L'auteure a subdivisé son ouvrage en deux parties réparties de façon inégale. La première traite des acteurs et examine plus précisément le noyau décisionnel de la politique étrangère de la France. Dans ce noyau décisionnel, l'on voit ressortir la position éminente du président de la République comme on le verra dans cette recherche ; une position qui n'a pas d'équivalent en Europe et qui se rapproche le plus des situations que vivent les États d'Afrique noire francophone en général.

La deuxième partie, la plus développée, traite des politiques et des processus au sein desquels on retrouve justement la politique de coopération au développement et surtout la coopération décentralisée, dans ce que l'auteure appelle les « *diplomaties parallèles* ». L'émergence ou le développement de ces diplomaties dites parallèles semble, au regard de MC Kessler, bouleverser les rôles au sein de la diplomatie classique où les collectivités territoriales françaises, comme les entreprises et les associations, passent le temps à promouvoir les relations internationales pendant que la diplomatie économique oblige les ambassadeurs français à se faire les promoteurs ou les courtiers industriels.

Si ce travail a le mérite d'aborder la politique étrangère comme une politique publique, il pose cependant le problème de sa généralisation,

[53] Nicolas van de Walle et Timothy A. Johnson : *Repenser l'aide à l'Afrique,* Paris, Karthala, 1999, p 14.

laquelle dépasse le strict cadre de l'aide au développement et des C2D qui sont au cœur de nos préoccupations. Ce dépassement empêche d'avoir une analyse plus approfondie sur les institutions de l'aide publique au développement et des C2D. Cela nécessite donc un approfondissement ciblé sur cette coopération et des études de cas bien précis sur le Programme C2D.

Les deux dernières décennies 2000-2015 : l'émergence et la prise au sérieux des territoires dans la coopération au développement

Dans un article sur « L'internationalisation des administrations : des perceptions antagonistes » (2001)[54], Marc Dixneuf souligne de prime abord le fait que l'internationalisation de la société française a une dimension économique. En effet, l'auteur montre que depuis la fin des années cinquante, l'internationalisation n'a pas épargné les administrations centrales, notamment le ministère des Affaires étrangères, le ministère du Commerce extérieur et même le ministère de l'Économie et des Finances, et certains ministères techniques. L'article montre ainsi que l'internationalisation a révélé un double antagonisme en transformant les pratiques et les structures administratives. Le premier objectif est cognitif. Les acteurs ont des représentations de l'organisation administrative de l'action extérieure de l'État qui sont différentes. Ils s'opposent par leurs perceptions des effets de l'internationalisation sur les compétences des administrations. Le second tient à la différence d'adaptation des administrations entre, d'une part, le ministère des Affaires étrangères, et d'autre part, les ministères techniques ou les gouvernements. À partir de ces analyses, l'on verra si l'action des administrations en charge de l'aide publique au développement en Afrique fait également l'objet de perceptions comme le dit cet auteur.

Antoine Vion, dans un travail intitulé « Au-delà de la territorialité : l'internationalisation des villes » (2001)[55], part du constat selon lequel, « *à quelques exceptions près, la littérature internationaliste a curieusement négligé le rôle des institutions locales dans le développement des relations transnationales. Et dans le meilleur des cas,*

[54] Marc Dixneuf : « L'internationalisation des administrations : des perceptions antagonistes », *Annuaire français des relations internationales* (AFRI), 2001.
[55] Antoine Vion : « Au-delà de la territorialité : l'internationalisation des villes », *Annuaire français des relations internationales* (AFRI), 2001.

les institutions françaises y sont considérées comme un terrain d'analyse problématique »[56]. Cette situation qui s'observe en France, met en évidence l'articulation théorique entre villes et relations internationales, laquelle fait depuis peu l'objet d'un intérêt scientifique, mais qui reste influencée par ce que l'auteur appelle « *l'approche macrosociologique des travaux anglo-saxons inspirés de l'œuvre braudelienne* »[57].

Tout en reconnaissant ainsi l'importance de la polarisation économique analysée par de nombreux auteurs dont Pierre Veltz (1997), Antoine Vion tente de déplacer le regard de l'économique vers le politique, des mégapoles vers les métropoles régionales. En prenant pour terrain les capitales régionales françaises, il essaye de comprendre historiquement la production des enjeux internationaux dans le gouvernement de ces villes. Son approche tend ainsi à analyser l'émergence d'un ordre social dans et par l'activité organisante appliquée par les membres d'une société, leurs actions, relations et environnement. En cherchant à comprendre comment les institutions locales produisent de nouveaux rapports à l'international, son analyse vise à restituer l'autonomie du politique en définissant la place prise par les activités politiques locales dans les processus d'internationalisation.

Adda Bekkouche et Bertrand Gallet dans « La coopération décentralisée : l'émergence des collectivités et autorités territoriales sur la scène internationale » (2001)[58], partent également du constat selon lequel : « *l'émergence de nouveaux acteurs dans les relations internationales s'est accompagnée d'un aménagement de la souveraineté de l'État. Ce dernier, tout en restant le seul détenteur de nombreuses prérogatives, a permis à d'autres acteurs d'intervenir dans le champ international* »[59]L'observation qui est faite est que « *cette action extérieure des agents et organismes infra-étatiques, et notamment celles des collectivités territoriales nourrit ce processus* »[60]. C'est cette action des collectivités et autorités territoriales que l'on qualifie ici de coopération décentralisée[61].

---

[56] *Ibid*, p 362.
[57] Ibid.
[58] Adda Bekkouche et Bertrand Gallet : « La coopération décentralisée : l'émergence des collectivités et autorités territoriales sur la scène internationale », *Annuaire français des relations internationales* (AFRI), 2001.
[59] *Op cit.*, p376.
[60] Ibid.
[61] Ibid.

Ainsi, l'on observe que depuis un demi-siècle, des grandes institutions et des mouvements issus des villes et autorités territoriales encouragent et, souvent, créent les conditions de la mise en œuvre de la coopération décentralisée. Le bien-fondé de cette coopération n'est plus à prouver. Le rôle des acteurs infra-étatiques est très important dans le soutien au développement et la consolidation de la démocratie. Toutefois, quelles que soient la volonté et la bonne foi des acteurs, si les projets n'obéissent pas à une cohérence territoriale et sociale, la coopération décentralisée peut contribuer à une déstructuration des sociétés concernées. Pour ces raisons et d'autres, les organisations collectives, notamment les collectivités et autorités territoriales sont les acteurs appropriés pour le renouveau de la coopération pour le développement.

José Antonio Sequeira Carvalho, dans « *Enjeux géopolitiques et nouvelles approches pour la coopération au développement* » (2003), part d'un constat, celui selon lequel plus d'un milliard de personnes, soit 20% de la population mondiale, vivent avec un revenu de moins d'un dollar par jour. À cet effet, malgré les efforts fournis par les gouvernements du Sud, il serait intéressant « *d'accroître l'aide extérieure (...), car les besoins des populations et les enjeux géopolitiques justifiant cette aide n'ont jamais été aussi importants* »[62]. Dans cet ordre d'idées, un changement d'attitude est nécessaire de la part des bailleurs de fonds qui « *ne peuvent pas se limiter à assurer une aide de type charité ayant uniquement un but de réduction des situations de pauvreté et de misère et de soulagement des souffrances humaines provoquées par ces mêmes situations* »[63]. La meilleure démarche pour ces bailleurs de fonds consisterait donc à mener « *des actions d'ordre structurel et des réformes institutionnelles conduites dans une perspective de développement durable des sociétés qui en sont l'objet* »[64].

Bien qu'évoquant plusieurs autres solutions pour l'amélioration de l'aide au développement, lesquelles rendent presque flous les objectifs de sa recherche, José Antonio Sequeira Carvalho, tout en ayant des objectifs plus économiques que politiques, propose en partie la même solution que nous tenterons d'explorer dans cette recherche. Pour lui « *l'obtention d'impacts structurels durables sur les économies et les sociétés des pays*

[62] José Antonio Sequeira Carvalho, *Enjeux géopolitiques et nouvelles approches pour la coopération au développement*, Paris, L'Harmattan, 2003, p2.
[63] *Ibid.*
[64] *Ibid.*

en développement est liée à l'appropriation des programmes d'aide au développement par les acteurs locaux bénéficiaires, ce qui nécessite la mise en œuvre de modes de coopération participatifs et décentralisés »[65]. En critiquant la dispersion et le manque de coordination de ces coopérations participatives et décentralisées, il pense tout de même qu' « *il nous faut concevoir et mettre en œuvre des systèmes de gestion décentralisée de l'aide au développement qui nous permettent de réussir à conserver et à maîtriser la cohérence et l'efficacité nécessaires des politiques et des programmes de coopération poursuivis* »[66]. Mais le travail de José Antonio Sequeira Carvalho pose un problème parce qu'il traite principalement de la coopération multilatérale et tente de généraliser ses conclusions aux coopérations bilatérales comme si toutes répondaient aux mêmes exigences méthodologiques et théoriques. D'où l'idée d'aller plus loin en s'appesantissant sur le cas de la coopération française en général, et du programme C2D en particulier.

Dans un travail collectif portant sur « *Les relations entre les collectivités territoriales*, dirigé par Sylvie Caudal et François Robbe[67], l'on peut retenir que les relations entre collectivités territoriales sont foisonnantes, omniprésentes, d'une grande diversité, et témoignent de toute la vitalité de ces collectivités. De ces relations, le droit s'est saisi, y compris le droit constitutionnel, avec la révision en France du 28 mars 2003 qui, tout en prohibant toute tutelle entre ces collectivités, admet que la loi organise des actions communes à celles-ci, en attribuant à une collectivité la fonction de chef de file (article 72, alinéa 5 de la Constitution).

Dans ces relations, l'État est loin d'être absent pour en fixer le cadre, voire pour les encourager. Nous aurons à le démontrer notamment dans le domaine du financement de la coopération décentralisée, mais également en termes de respect des engagements pris par les pouvoirs centraux à l'international. Pourtant, les auteurs de ces actes montrent qu'il n'en a toujours pas été ainsi, et en deux siècles, son attitude a fortement évolué, car elle se résumait au départ en une forte suspicion. En témoigne par exemple l'article 1999 de la Constitution du 5 fructidor An III (22/08/1795), prescrivant aux administrations, soit de

---

[65] *Ibid.*
[66] *Ibid.*
[67] Actes du colloque organisé le 28 janvier 2005 publié par l'Institut d'Etudes Administratives de la Faculté de droit de l'Université Jean Moulin, Lyon 3.

département, soit de canton, de ne « *correspondre entre elles que sur les affaires qui leur sont attribuées par la loi, et non sur les intérêts généraux de la République* » : les révolutionnaires entendaient préserver l'unité et l'indivisibilité de la République qu'ils venaient de mettre en place, car ils redoutaient une dérive fédéraliste. Deux cents ans plus tard, le Code général des collectivités territoriales (CGCT) en France consacre entièrement sa cinquième et dernière partie à la coopération locale.

L'intérêt principal de ce colloque par rapport à notre travail est d'évaluer le rôle joué par le droit dans le foisonnement des relations entre collectivités territoriales : si le droit y contribue incontestablement, il autorise également de nouveaux types de rapports, susceptibles de remédier à certains dysfonctionnements, mais qui posent d'autres difficultés. Ce travail sera également approfondi, car nous y apporterons des exemples nouveaux touchant aux relations entre les collectivités françaises et celles d'Afrique.

L'objet de cette recherche si partiel et si parcellaire qu'il soit ne pourrait être défini et construit qu'en fonction d'une problématique permettant de soumettre à une interrogation systématique, les aspects de la réalité de la politique française d'aide au développement mis en relation avec les questions qui leur sont posées. La science ne commençant pas avec des faits et des hypothèses, mais avec un problème spécifié, l'on a pu deviner sous les apparences, les problèmes et les bonnes questions posées par l'efficacité de l'aide française en général et le programme C2D en particulier. Ces questions répondent à un besoin de « *cohérence logique* », mettant en œuvre un ensemble de problèmes qui orientent la recherche[68].

Pour ce faire, l'on s'est posé la question principale de savoir qu'est-ce qui explique, malgré la grande réforme de 1998, la faible efficacité de la politique d'aide au développement et, comment les C2D qu'applique la France en Afrique lutte contre la pauvreté et soutiennent le développement des territoires ciblés ?

Dans le cadre de ce travail, la centralisation de l'aide publique au développement sera examinée sous l'angle de l'analyse des politiques publiques. C'est une discipline qui apparaît aux États-Unis, au lendemain des premières politiques interventionnistes, suite au choc de la crise de 1929, et dont des « *développements spectaculaires* » se sont fait ressentir

[68] Madeleine Grawitz, *op cit.*, p 4.

en France ces vingt-cinq dernières années, tant sur les objets purement français, que sur l'analyse des politiques européennes.

En considérant l'aide au développement et les C2D comme une politique et un programme public, l'on tentera de mettre en exergue le fait que cette politique est adossée à la puissance publique qui, malheureusement, n'atteint pas toujours les résultats escomptés dans le domaine du développement et de la lutte contre la pauvreté dans de nombreux pays africains. Cela permet de mobiliser un cadre théorique qui, d'une part met en exergue une multiplicité de rationalités, et d'autre part permet de déceler les limites de la rationalité étatique où l'administration est pensée « *comme l'élément rationnel de l'État dont la fonction est la mise en œuvre des volontés des élites politiques élues par une administration hiérarchisée et organisée par blocs de compétences* »[69]. Faire de l'aide publique au développement une politique revient à reconnaître avec Vincent Lemieux, la nature à la fois interne ou nationale et externe ou internationale des politiques publiques. Pour lui : « *les politiques publiques peuvent porter sur des situations internes à une collectivité étatique, mais elles peuvent également porter sur des situations qui sont de l'ordre des relations entre les États et qui se situent donc dans l'environnement externe, de nature extra-sociétale, d'un système politique* »[70].

En mobilisant l'analyse des politiques publiques comme cadre théorique, l'on a bien voulu procéder à une interprétation nouvelle des faits connus, en tentant de faire apparaître des liens insoupçonnés avec des représentations dont on avait jusqu'ici négligé l'importance, et établissant des corrélations, voire des liens de causalité, entre des phénomènes apparemment éloignés les uns des autres. Trois approches théoriques seront mobilisées ici : le néo-institutionnalisme, l'incrémentalisme et l'approche séquentielle.

Le néo-institutionnalisme

Ce travail s'appuiera d'abord sur l'approche institutionnelle et ses trois variantes que sont l'institutionnalisme sociologique, l'institutionnalisme du choix rationnel et l'institutionnalisme historique. Comme les présentent Peter A. Hall et Taylor Rosemary CR, ces trois écoles de pensée distinctes se sont développées par réaction contre les

[69] Gilles Massardier, *Politiques et actions publiques,* Paris, Armand Colin, 2003, p 16.
[70] Vincent Lemieux, *op cit.*, p84.

perspectives behavioristes qui furent influentes dans les années soixante et soixante-dix[71]. Ainsi, les approches d'institutionnalisme historique (IH), d'institutionnalisme du choix rationnel (ICR) et d'institutionnalisme sociologique (IS), « *cherchent toutes à élucider le rôle joué par les institutions dans la détermination des résultats sociaux et politiques* »[72].

En effet, les institutionnalistes défendent l'idée selon laquelle la structure des institutions politiques influe sur l'action des gouvernements et sur la façon dont ils conduisent cette action. L'essentiel du raisonnement repose sur la place centrale qu'occupent les institutions dans l'action des pouvoirs politiques comme c'est le cas dans l'aide publique au développement. Ce travail va s'intéresser à la structure des institutions politiques en charge de la gestion de l'aide et des C2D, et l'influence de cette structure sur les objectifs définis en termes de lutte contre la pauvreté et de soutien au développement.

Cette approche institutionnelle sera complétée par l'approche organisationnelle appelée aussi « *analyse stratégique* » ou « *sociologie de l'action organisée* ». Elle demande de considérer l'action publique dans son ensemble et d'aller au-delà des programmes ayant un contenu, une orientation normative et une dimension coercitive. En tant qu'une méthodologie et des concepts, cette approche qui découle des recherches faites autour de Michel Crozier et Erhard Friedberg, permet d'analyser l'aide publique au développement et les C2D, en accentuant le regard sur le jeu des acteurs. Elle permettra également de privilégier le raisonnement inductif, lequel utilisera le terrain pour « *découvrir les modes de fonctionnement collectifs à l'œuvre et leurs fondements* »[73]. L'induction même est « *un type de raisonnement qui consiste à passer du spécifique au général [c'est-à-dire] qu'à partir des faits rapportés ou observés (expériences, évènements), le chercheur aboutit à une idée par*

---

[71] Le behaviorisme est un mouvement de psychologie qui préconise l'utilisation des procédures expérimentales pour étudier les mécanismes psychiques à travers le comportement, considéré comme une réponse à l'environnement. Cette approche issue de l'École américaine de psychologie, du fonctionnalisme et de la théorie darwinienne de l'évolution met en relief, comme ces Écoles, la façon dont les individus s'adaptent à leur environnement. Donc globalement, on est en présence de l'étude du comportement des individus dans leurs interactions avec leur milieu environnant (JB ; Watson, BF Skinner...).

[72] Hall et Taylor, « La science politique et les trois néo-institutionnalismes », RFSP, vol. 47, n°3, 1997, p 469.

[73] *Ibid*, p 71.

généralisation et non par vérification à partir d'un cadre théorique pré-établi »[74]. Ceci nous plonge dans le débat du nécessaire travail de terrain dans l'analyse des politiques publiques.

L'incrémentalisme

Soucieux de s'appesantir sur les transformations ayant été produites par la politique d'aide et le programme C2D, le deuxième cadre théorique dont nous nous servirons est l'Incrémentalisme, lequel vient fondamentalement des travaux de Charles E. Lindblom[75], et qui s'oppose aux modèles proposés par les théories sur la rationalité, partant de l'idée que les autorités publiques réalisent généralement des changements de l'action publique qui ne modifient que marginalement les situations en cours. Les décisions prises, les ressources mobilisées et les programmes d'action mis en œuvre ne suscitent que de petits ajustements marginaux, ou incrémentaux, qui visent à améliorer une action publique existante, sans réellement remettre en question la situation initiale des cibles de la politique publique. Dans ce cas, il sera montré que dans le cadre des méthodes classiques de l'APD de la France en Afrique, les autorités centrales en charge de l'aide au développement se « *débrouillent au mieux* », pour lutter réellement contre la pauvreté et soutenir le développement en Afrique. Leurs choix ne sont pas dans ce cas rationnels, mais raisonnables, et n'aboutissent qu'à de faibles résultats[76].

L'approche séquentielle

Cette approche permet d'identifier les différents acteurs et structures qui interviennent dans les différentes phases de l'aide française et du programme C2D. Elle est offerte par Charles O. Jones dont les travaux ont popularisé cette manière d'analyser les politiques publiques en se servant d'une grille subdivisée en cinq étapes :

- *Problem identification* (identification du problème). Cette phase correspond à l'étape au cours de laquelle le problème est intégré dans le travail gouvernemental ;

- *Program development* (développement du programme). C'est la phase de traitement proprement dite du problème. Elle comprend les

---

[74] Blais et Martineau, *op cit.*, p 5.
[75] Charles E. Lindblom, "The Science of Muddling Trough" (1959) ; "Still Muddling, Not Yet Through", Public Administration Review, 39 (6), 1979, p 517-526.
[76] Herbert Simon, *Théories de la rationalité limitée*, 1957.

processus de *formulation* (les méthodes et les solutions pour résoudre le problème) et de *légitimation* (acquisition d'un comportement politique) ;

-*Program Implimentation* (mise en œuvre du programme). C'est la phase d'application des décisions, de l'utilisation des ressources autorisées pour la politique, du déploiement du programme d'action, et de la réception par les publics de ces programmes ;

- *Program Evaluation* (évaluation du programme). C'est la phase préterminale de mise en perspective des résultats du programme. Elle touche à la *spécification* des critères de jugement, la *mesure* des données, leur *analyse* et la formulation de *recommandations.*

-*Program termination* (terminaison du programme). C'est la phase de clôture de l'action ou de mise en place d'une nouvelle action. Pour Pierre Muller, cette phase suppose « *la résolution du problème et la terminaison de l'action* »[77].

S'il est vrai que toutes les cinq étapes sont nécessaires pour expliquer et comprendre la pertinence et la faible efficacité de l'aide publique au développement et du programme C2D, seules les quatre premières étapes feront l'objet d'application ici, étant entendu que la dernière étape (terminaison du programme) n'est pas envisagée ici.

La question du terrain de la recherche touche à la problématique de savoir où avons-nous collecté les données et les informations nécessaires pour accomplir cette recherche. Il s'agit de dire où avons-nous mené nos enquêtes, lesquelles doivent être originales au lieu d'être une simple répétition ou reproduction d'enquêtes déjà faites. Le terrain de l'enquête renvoie donc à une science politique en acte, le politologue étant véritablement dans l'action pour collecter les informations pertinentes pour son objet d'étude. C'est le lieu où le chercheur doit s'appliquer à rassembler les renseignements qui favoriseront mieux le traitement des faits sociaux qu'il s'engage à expliquer et à interpréter.

L'on s'est prioritairement référé au travail de codification accompli par les institutions françaises en charge de l'aide publique au développement et des C2D. Pour saisir « les pratiques valorisées »[78] de

[77] Pierre Muller, *Les politiques publiques*, 4e édition, Presses Universitaires de France, 2000, pp 30-31.

[78] Louis Pinto : « Expérience vécue et exigence scientifique d'objectivité » in Patrick Champagne, Remi Lenoir, Dominique Merllié et Louis Pinto : *Initiation à la pratique sociologique*, Paris, Dunod, 1990, p 13.

ces institutions, l'on a observé les règles, les canevas et les principes contenus dans les documents officiels de la coopération française ; documents élaborés non seulement dans une intention pédagogique, mais également dans un but de domination du centre sur la périphérie. De façon plus générale, les sociologues pensent que ce type de document a « *pour intérêt de redoubler par tout un travail de verbalisation le savoir-faire que possèdent des agents de l'institution, mais qu'ils sont souvent incapables d'expliciter* »[79]. Mais malgré cela, ces textes constituent un matériel précieux. C'est dans cet ordre d'idées que Louis Pinto pense : « *dans leur souci d'efficacité, ils ne négligent pas de s'attacher à des détails qui pourraient sembler, de prime abord, insignifiants. C'est ainsi que l'observateur se trouve parfois lui-même devancé dans un discours ethnographique, un discours indigène, qui se réfère ouvertement à de petites choses minutieusement consignées (horaires, maintien, situations diverses...)* »[80]. Il est en de même dans la politique française d'aide au développement et le programme C2D, où il existe un certain nombre d'exigences que doivent respecter à la fois les administrations françaises et les pays receveurs pour que les dotations leur soient effectivement versées. Ainsi, les documents officiels produits par les administrations contiennent déjà une bonne partie des informations permettant aux chercheurs de commencer leur analyse. Mais ces codifications officielles ne suffisent pas : « *l'attention légitimement portée aux domaines explicitement réglés par les textes ne doit pas interdire les recueils des faits beaucoup moins codifiés* »[81]. Autrement dit, pour l'auteur, il faut aller au-delà des informations officielles, au-delà des organigrammes, pour saisir et donner du sens au moindre détail qui peut rendre intelligible une institution ou une politique. À cet effet : « *le sociologue doit veiller à ne pas se soumettre plus ou moins consciemment à une hiérarchie sociale et intellectuelle des procédés d'acquisition et de collecte des données : à condition d'être subordonné à la construction d'objet, toute méthode peut être considérée comme utile et pertinente* »[82].

Le terrain de cette recherche est constitué d'un premier espace documentaire reposant sur le texte de la réforme de la coopération française publiée en 1998. Le second espace d'observation renvoie aux textes relatifs au contrat de désendettement et de développement adopté

[79] *Ibid.*
[80] *Op cit.*, p 14.
[81] *Ibid.*
[82] Pinto, *op cit.*, p 15.

par la France à titre d'initiative additionnelle d'annulation de la dette des pays pauvres très endettés. À cela, il faut ajouter tous les autres textes nécessaires à l'explication et à la compréhension de la politique française d'aide au développement.

À partir de la question de recherche qui porte sur le fait de savoir qu'est-ce qui explique la faible efficacité de la politique française d'aide au développement, on a pu retenir certaines variables qui seront mesurées ici, et qui sont reprises, leur nature est définie, ainsi que la façon de les mesurer et l'endroit où leurs valeurs ont été recueillies sont indiqués. Il s'agit de montrer comment de façon opérationnelle, les concepts sur lesquels porte la recherche sont traduits en variables, préciser ensuite comment les données seront recueillies et discuter la qualité de ces données.

- Variable dépendante : la faible efficacité de l'aide publique au développement;
- variable indépendante : la centralisation institutionnelle.

Trois méthodes ont été utilisées dans ce travail : la recherche évaluative pour mesurer la variable dépendante qu'est la faible efficacité de l'aide publique au développement , l'analyse fonctionnelle et l'analyse systémique pour mesurer la variable indépendante qu'est la centralisation institutionnelle de la politique d'aide et du programme étudié.

La recherche évaluative

L'évaluation des politiques publiques (Evaluation Research), appelée également recherche évaluative se caractérise par le recours aux méthodes des sciences sociales pour « *apprécier les effets des politiques vues comme des processus d'actions spécifiques* »[83].Il s'agit donc, à partir d'un examen de la politique française et du programme C2D, d' « *apprécier les effets de l'action publique* ». Cette appréciation se fera à plusieurs niveaux[84], car Nioche distingue théoriquement : un premier type d'évaluation se situant au niveau des moyens. Il s'agit de « *s'assurer que les moyens prévus ont été mis en place dans l'espace et dans le temps* »[85]. Un deuxième type d'évaluation se situe au niveau des réalisations opérées. Il s'agit dans ce cas d'apprécier « *quels ont été les*

[83] Schuman, 1967.
[84] Rossi et Wright, 1977.
[85] Nioche, *op cit.*, p 35.

résultats immédiats de l'activité productrice de l'administration dans le cadre de la politique »[86]. Le troisième niveau est celui de l'évaluation d'impact. Il s'agit de mesurer l'impact final de l'action administrative dans l'environnement socio-économique. Pour Nioche, « *l'élément fondamental de l'évaluation d'impact est qu'elle cherche à apprécier les modifications de la situation ou des comportements des individus, des entreprises ou des collectivités touchées par la politique* »[87].

Dans le cadre de ce travail, c'est d'une évaluation des objectifs, des moyens et de l'impact qu'il s'agit. Il sera question d'examiner les hypothèses retenues par le gouvernement français sur le lien entre désendettement et développement, car *une politique publique est une hypothèse implicite ou explicite*[88]. Si le gouvernement français s'est engagé à réduire le désendettement des pays africains, c'est bien parce qu'il faisait l'hypothèse que cette réduction pourrait permettre à ces pays d'avoir des ressources additionnelles pour financer leur développement. L'évaluation *ex ante* ici consisterait à s'assurer que les dispositions budgétaires et autres ressources diverses sont prises à temps et mises à la disposition des bénéficiaires pour que les hypothèses soient réalisées.

L'analyse fonctionnelle

Elle naît au début des années vingt d'une suite d'écoles basées sur l'anthropologie culturelle anglo-saxonne, lesquelles ont profondément marqué la sociologie américaine jusque dans les années soixante-dix. Fondé par l'anthropologue, ethnologue et sociologue britannique d'origine polonaise Bronislaw Kasper Malinowski (1884-1942), ce courant d'analyse tourne autour de la notion de fonction quipermettra d'examiner le rôle de chaque institution dans l'émergence, la formulation et la mise en œuvre de la politique publique d'aide au développement et du programme C2D. En effet, la notion de fonction qui habite la sociologie depuis sa naissance, est issue des mathématiques (fonction cosinus, fonction sinus, fonction tangente…), et adaptée« *probablement* » par la biologie, renvoie « *aux processus vitaux ou organiques* » qui contribuent « *au maintien de l'organisme* ». Mais au sens que lui donne l'anthropologue et ethnographe britannique Radcliffe-Brown (1881-

[86] *Ibid.*
[87] *Ibid.*
[88] *Ibid.*

1955, fonctionnalisme absolu), la fonction c'est la*contribution*qu'un usage social particulier apporte à la vie sociale, considérée comme l'ensemble du fonctionnement du système social. C'est également un *rôle* que peut jouer un élément culturel, social ou politique dans la stabilisation du système tout entier. Ainsi, la méthode fonctionnaliste part de l'idée que chaque élément d'une culture remplit une fonction et surtout que chaque institution, organisation, ou pratique sociale remplit une fonction pour satisfaire tel ou tel besoin dans un ensemble global donné.

Outre la notion de fonction, la méthode fonctionnelle fournit d'autres notions qui permettent d'examiner le rôle de chaque institution dans la politique française d'aide en général et dans le programme C2D en particulier. Il s'agit des notions de fonction manifeste, de fonction latente et de dysfonctionnement.

L'analyse systémique

Le schéma d'Easton élaboré dans les années 50 dans sa théorie des systèmes est « *une sorte de boucle continue composée de deux types de flux et d'un système gestionnaire de ces flux* »[89]. David Easton s'inspire ainsi de la cybernétique pour analyser les systèmes politiques. Le premier type de flux est l'arrivée aux portes du système politique des demandes sociales ou d'exigences et des soutiens, ce qu'il appelle les « *inputs* ». Le second type de flux est constitué des réponses données aux différentes demandes formulées par l'environnement du système politique, c'est ce qu'il appelle les « *outputs* ». Le système politique résiste donc grâce à sa « *boîte noire* » décisionnelle par laquelle transitent les exigences et d'où partent les réponses à ces exigences. En observant les institutions de l'aide publique de la France et la manière dont les décisions relatives à l'octroi de l'aide publique sont formulées, l'analyse systémique permet ainsi d'interroger « *la boite noire décisionnelle par laquelle transitent exigences et soutiens, et qui régurgite des réponses appropriées aux exigences afin d'assurer la survie* »[90] du système de l'aide publique au développement. Cette méthode permet également d'examiner l'aide française en tenant compte du système international dans lequel elle a tendance à se glisser.

---

[89] Gilles Massardier, *Politiques et actions publiques*, *op cit.*, p 29.
[90] *Ibid.*

Les statistiques

Cette technique permet de rendre parlants et visuels les données de l'APD, du contrat de désendettement et de développement, et les coopérations décentralisées nouées entre les collectivités territoriales françaises et celles d'autres États de par le monde. Il s'agit de recourir aux données publiées par les institutions internationales pour dégager les tendances, centrales ou extrêmes, « *à partir des données qui peuvent être relativement complexes* »[91]. Bien plus, les statistiques ont permis de mettre en équation certains aspects de ce travail, notamment l'examen de la régression des volumes de l'aide en recourant aux statistiques publiées par les instances internationales. Elles ont également aidé à quantifier le nombre de coopérations nouées entre les collectivités territoriales de France et celles des pays d'Afrique centrale et les volumes financiers mobilisés. C'est ainsi qu'on a pu observer que les sept frontières immédiates de l'hexagone représentent à elles seules 56 % des actions de coopération décentralisée en France : l'Allemagne, la Grande-Bretagne, l'Espagne, l'Italie, la Suisse, la Belgique et le Luxembourg. Bien plus, chacun des grands voisins de la France représente plus d'actions de coopération décentralisée que des ensembles continentaux comme l'Amérique ou l'Asie. Jusqu'en 2001, l'Allemagne venait en tête avec 1638 actions de coopération décentralisée, soit 27, 81 % de l'ensemble des actions engagées par les collectivités françaises à l'étranger.

Mais loin de considérer ces informations statistiques comme des réalités données ou toutes faites, l'on a gardé à l'esprit que l'on est en présence d'un « *produit d'une activité de construction* »[92] sociale face à laquelle il faut adopter une attitude critique. L'aspect généralement officiel, sinon exhaustif des données statistiques de l'OCDE, de l'ONU ou des autres grandes institutions internationales ne saurait en rien « *suspendre* » l'esprit critique face à une politique qui mériterait d'être traitée avec toute la rigueur qu'elle impose.

La recherche documentaire

La recherche documentaire constituera la principale technique de collecte et d'analyse des informations relatives à l'aide publique au développement de la France en Afrique et du programme C2D. Il

---

[91] Joseph Yao, *Méthodes d'étude et de recherche en sciences économiques et sociales avec application au contexte de l'Afrique noire,* Paris, L'Harmattan, 2005, p 29.
[92] Dominique Merllié, *op cit.*, p 103.

convient ici de présenter *les sources* des documents qui seront utilisés et *les techniques* qui permettront de les analyser.

Comme sources, ce travail mobilise tant les bibliographies de science politique que les documents de première main. Dans les bibliographies de science politique, on se limite principalement à la bibliographie dite de base, celle constituée des ouvrages de référence à la fois généraux et spécialisés capables de fournir des informations et des analyses inédites et utiles sur notre objet d'étude. Quant à ce qui concerne les documents de première main, ce travail fait recourt principalement aux archives publiques et aux documents officiels à l'instar des multiples rapports publiés par le Parlement français sur la coopération au développement entre la France et les pays bénéficiaires de son aide. Il fait également recours aux rapports publiés par certains acteurs de la société civile sur le programme d'annulation de la dette des pays pauvres. C'est le cas des rapports et études publiés par la plate-forme CADTM dette et développement. Il a été abondamment fait recours aux évaluations faites par l'AFD sur la mise en œuvre des projets C2D par le programme national de développement participatif au Cameroun. Ces rapports permettent de voir comment la politique française d'aide au développement, qui au départ était très centralisée, s'inscrit progressivement dans une dynamique de territorialisation. Enfin, les classements du PNUD sur l'indice de développement humain (IDH) serviront également à voir si les pays recevant l'aide sur une période donnée améliorent leur classement.

Comme techniques, ce travail fait recours tant aux techniques qualitatives qu'aux techniques d'analyse quantitative. Les techniques qualitatives sont plus ou moins dérivées de l'analyse littéraire et de la méthode historique, et sont dites intensives dans la mesure où elles visent une analyse en profondeur de documents, par opposition aux techniques quantitatives qui sont extensives, car elles cherchent à extraire l'essentiel d'une masse de données[93].Le texte de la réforme de 1998 étant le principal document à analyser, il est question d'en faire une analyse à la fois interne et externe. Dans l'analyse interne, il s'agit de faire un travail à la fois rationnel et subjectif. Rationnel dans la mesure où on cherche à dégager les lignes fondamentales de ce document, à rattacher ces lignes des aspects secondaires et à saisir les liaisons des idées avec les autres textes, documents et évènements liés à la coopération au développement

---

[93] Duverger, *op cit.*, 1959, p 97.

entre la France et les pays africains. On s'attache ainsi à suivre l'articulation naturelle du document dans toute la mesure du possible. C'est dans ce sens qu'on dit de l'analyse interne qu'elle est une technique organique. Mais c'est également une approche subjective dans la mesure où le contenu du texte est interprété par celui qui l'étudie. Mais en raison de l'impératif d'impartialité qu'impose tout travail scientifique, surtout quand on est en présence des faits matériels comme des dates ou des statistiques, cette subjectivité se transforme en objectivité dans la mesure où elle produira des résultats invariables, quelle que soit la personne qui en fait l'étude. Mais tout compte fait, un effort considérable est fait pour réduire le coefficient personnel de subjectivité qui affecte toujours l'analyse interne.

Une analyse externe est également faite sur le texte de la réforme de 1998. Celle-ci consiste à replacer le document étudié, dans le contexte dont il est issu afin d'en apprécier d'une part le degré de véracité, et de l'autre le retentissement[94]. Le contexte du document renvoie à la fois à l'ensemble des documents dont est issu celui qu'on analyse, mais également l'ensemble des circonstances de fait qui ont accompagné la rédaction du document. C'est ce qu'on appelle en science politique la connaissance des « *arrière-plans* ». En ce qui concerne le retentissement, l'analyse externe permet de mesurer l'effet recherché par ceux qui ont rédigé le texte de la réforme de 1998, ce qui permet de mesurer sa signification.

Quant aux techniques d'analyse quantitatives, ce travail fait uniquement recours à l'analyse de contenu (laisse de côté la sémantique quantitative), qui peut être définie comme une technique de recherche visant la description objective, systématique et souvent quantitative du contenu, manifeste et parfois latente des communications. Pour faire cette analyse de contenu, on s'intéresse aux unités d'analyse à base grammaticale et aux unités d'analyse à base non grammaticale. Les premières sont constituées essentiellement par le mot, la phrase ou le paragraphe. Pour les mots, on va analyser, soit tous les mots, soit plutôt certains d'entre eux, ceux qui sont considérés comme des symboles ou mots-clés. Dans l'analyse de la phrase ou du paragraphe, l'unité d'analyse

---

[94] Le discours de l'indépendance du Cameroun prononcé par Ahmadou Ahidjo, le discours de Kwame Nkrumah lors de la création de l'Organisation de l'unité africaine (OUA) en mai 1963, le discours historique de Martin Luther King « I have a dream », le discours du 18 juin 1940 de Charles de Gaulle lors de l'occupation de la France par les nazis...

est plutôt un groupe de mots réunis grammaticalement, mais cela pourrait également être un thème. Dans les unités d'analyse à base non grammaticale, ce travail analyse également l'entièreté de la réforme de 1998, et les différents rapports de l'AFD sur la mise en œuvre des C2D.

En somme, dans ce travail, l'on s'est rendu compte que la séparation entre approches qualitatives et quantitatives n'est donc qu'une question de culture épistémologique que d'opposition réelle au niveau des façons d'envisager ou d'organiser la recherche ou de concevoir la causalité. Les méthodes qualitatives complètent les résultats obtenus au moyen de l'utilisation des méthodes quantitatives et vice-versa. Les premières se sont développées en réaction à la « *quantophrénie* » qui consiste à réduire les sciences sociales à la production de données quantitatives, sans interrogation réelle sur le sens des opérations de collecte de ces données[95]. L'on a suivi l'exemple d'un Roger-Gérard Schwartzenberg qui a combiné les deux types de méthodes pour expliquer la corrélation positive entre le développement économique et la modernisation politique[96]. Mais comme on a pu le constater, la plupart des travaux de science politique se sont rarement intéressés à la combinaison des deux approches pour examiner la coopération entre la France et les pays africains dans le cadre de l'aide publique au développement. Dans son étude sur les quatre décennies de cette coopération, Franck Petiteville traite justement des « *usages et usures d'un clientélisme* » à partir d'une posture historique et donc qualitative qui met en évidence non seulement « *l'instrumentalisation géopolitique* » de cette coopération, mais également la mise sous tutelle des institutions de la coopération au profit de la cellule élyséenne et des différents réseaux en œuvre[97]. Rien n'est en revanche dit sur les quantités et leur impact sur l'efficacité de l'aide, ce qui n'est pas bien sûr l'objet de cette recherche. Mais ces compléments semblent utiles pour une compréhension globale du phénomène.

---

[95] Alain Beitone et al, *Sciences sociales,* 4e édition, Sirey, 2004, p 26.

[96] Roger-Gérard Schwartzenberg, *Sociologie politique,* Paris, Montchrestien, 1998, p 146.

[97] Franck Petiteville, *op cit.*, p 572 et s.

Protocole de recherche

Variable	Comment sera-t-elle mesurée ?	Techniques et instruments de mesure des variables
La faible efficacité de l'aide publique au développement et du programme C2D (variable dépendante)	Évaluation des moyens, des réalisations opérées (objectifs) et de l'impact au regard des principes énoncés par la réforme de 1998	- Recherche documentaire et études statistiques (techniques) - Bibliographie de base et sources de première main (instruments)
La centralisation institutionnelle (variable indépendante)	-Analyse fonctionnelle pour étudier le degré de concentration du pouvoir entre les mains des autorités centrales/ répartition des compétences et distribution verticale des pouvoirs entre le centre et la périphérie/ Fonction des différents organes intervenant dans la politique française d'aide au développement et le programme C2D	- Recherche documentaire (technique) - Bibliographie de base et sources de première main

Chaque recherche comportant un objectif différent, l'on a dû adapter notre construction à notre objet d'étude et à notre question de recherche. Le but est de proposer une réponse principale ou une série de réponses à la question de recherche posée au niveau de la problématique. Ces hypothèses aident ainsi à sélectionner les aspects à traiter. Elles permettent de les interpréter, de leur donner une signification qui, comme le précise Madeleine Grawitz, *«constituera un élément possible de début de théorie »*[98].

Comme hypothèse principale de ce travail de recherche, on pense que l'efficacité relative de la politique française d'aide au développement en direction du Cameroun et d'autres pays en voie de développement est due au fait qu'on est en présence d'une politique à la confluence des rémanences centralisatrices et d'une inscription dans des dynamiques réticulaires.

Nous insistons cependant sur le fait que la réforme de 1998 a permis aux gouvernements successifs de prendre conscience de l'impact négatif de cette centralisation et que la solution passe par une territorialisation large de cette politique via la coopération décentralisée. L'objectif de cette recherche est donc de montrer que, face à une forte centralisation, la territorialisation constitue la solution permettant d'obtenir des résultats

[98] *Ibid,* p. 398.

substantiels en termes de transformation des conditions de vie des populations cibles.

En retenant pour objectif l'idée que le caractère fortement centralisé de l'aide publique au développement de la France est la principale entrave à la réalisation des objectifs de lutte contre la pauvreté et de soutien au développement, et que la territorialisation est la voie permettant d'atteindre des transformations durables souhaitées, ce travail sera structuré autour de deux grands axes : l'emprise des rémanences centralisatrices (première partie), et l'inscription progressive dans une dynamique de territorialisation (deuxième partie).

ENCADRÉ 1

LE C2D AU CAMEROUN

Le Contrat de désendettement et de développement (C2D) est le support de l'annulation de dette bilatérale octroyée de manière additionnelle par la France dans le prolongement de l'initiative "Pays pauvres très endettés" (PPTE). Les C2D sont conclus lorsque le pays partenaire atteint le point d'achèvement de l'initiative PPTE.

Le Cameroun a atteint le point d'achèvement en avril 2006. Le premier C2D entre le Cameroun et la France a été signé le 22 juin 2006 pour un montant de 352 milliards de FCFA, soit 537 millions d'euros sur cinq ans. Le montant du deuxième C2D, portant sur la période 2011-2016, s'élève à 214 milliards de FCFA (326 millions d'euros).

Dans le cadre de l'exécution du 1er C2D, les affectations de la subvention sont concentrées dans les domaines suivants : i) les infrastructures, ii) l'éducation, iii) la santé et la lutte contre le sida, iv) l'agriculture et la sécurité alimentaire, v) l'environnement et la biodiversité, vi) la recherche et vii) la culture. Selon les secteurs, les financements sont mis en œuvre sous forme d'aide budgétaire sectorielle ou d'aide projet, la maîtrise d'ouvrage étant confiée aux ministères camerounais.

La mise en œuvre des programmes C2D respecte pour une grande part les principes d'inscription, de transparence et de contrôle qui président à l'exécution budgétaire du Cameroun dans un cadre pluriannuel. Les financements sont mis en œuvre au travers de procédures mixtes :

- alignement sur les procédures nationales :

- les dépenses C2D sont inscrites au budget de l'État, votées par le Parlement et inscrites dans les comptes du Trésor en recettes et en dépenses ;

- les passations de marchés s'effectuent suivant la réglementation camerounaise et sont conduites par les maîtres d'ouvrage ;

- les visas de régularité prévus par la réglementation camerounaise sont appliqués, assortis de dispositions qui garantissent la transparence et la bonne utilisation des fonds :

- l'avis de non-objection (ANO) de l'AFD est requis sur les éléments déterminants de la mise en œuvre des projets et programmes (programmation, passation de marchés…) ;

- les ressources sont versées sur un compte de la Banque des États d'Afrique centrale

(BEAC) à double signature (ministère en charge des finances et AFD) ; trois organismes payeurs opèrent les dépenses C2D, à savoir le Trésor, la Caisse autonome d'amortissement (CAA) et le Fonds routier ;

- le rôle d'organisme payeur confié à la CAA, au Trésor et au Fonds routier est encadré par des procédures qui impliquent directement le ministère des Finances. La seule exception formelle porte sur l'absence du contrôle financier au stade de la liquidation de la dépense.

Chacun des projets ou programmes financés par le C2D fait l'objet d'une convention d'affectation spécifique, signée entre le ministère camerounais en charge de l'économie et l'AFD.

La supervision, la mise en œuvre et le suivi des programmes sont assurés par un dispositif institutionnel constitué d'un Comité d'orientation stratégique (COS), d'un Comité technique bilatéral, du Secrétariat technique d'appui dédié à l'exécution du C2D (STADE) et des Maîtres d'ouvrages des différentes activités. En collaboration avec les maîtrises d'ouvrage nationales, l'Agence française de développement (AFD) est chargée, pour le compte de l'État français, de la mise en œuvre et du suivi technique et financier du C2D.

Source : *AFD : évaluation de deux programmes financés par le C2D Cameroun, novembre 2014.*

ENCADRÉ 2

LE PROGRAMME NATIONAL DE DÉVELOPPEMENT PARTICIPATIF AU CAMEROUN

Le PNDP a pour objectif de mettre en œuvre un mécanisme de financement décentralisé, pour un développement participatif en milieu rural. Plus précisément, il appuie :

(i) la mise en place d'un mécanisme de transfert des fonds vers les communes en milieu rural, afin de financer les infrastructures collectives prioritaires ;

(ii) le renforcement des capacités des communes dans la planification et la gestion de leur développement ; et

(iii) l'élaboration d'un cadre légal et réglementaire permettant la mise en œuvre des activités de développement rural au niveau décentralisé.

Il s'agit d'un programme d'envergure nationale prévu pour une durée totale de 12 ans, en trois phases de 4 ans. D'un montant total d'environ 75, 5 millions d'euros, la première phase du programme a concerné 6 régions et a été financée par le premier C2D à hauteur de 20 millions d'euros, soit plus de 25% du budget du programme.

La première phase du PNDP a permis :

- de financer 689 microprojets. Les principaux ouvrages générés par les microprojets achevés sont d'environ 247 salles de classe équipées, 6 611 tables bancs, 16 146 manuels, 467 points d'eau aménagés, 32 centres de santé construits et équipés, 160 km de piste rurale aménagés, 237 boutiques construites, 805 comptoirs de marchés, 42 hangars et 8 magasins de stockage construits ;

- d'étoffer le cadre législatif et réglementaire, orienté vers l'adoption et la promulgation des trois principaux textes suivants : la loi n° 2009/019 du 15 décembre 2009 sur la fiscalité locale, la loi n°2009/011 du 10 juillet 2009 portant régime financier des Collectivités territoriales décentralisées (CTD) et l'arrêté n°00136/A/MINATD/DCTD du 24 août 2009 rendant exécutoires les tableaux types des emplois communaux ;

- de renforcer les capacités de plus de 120 communes ayant débouché à l'élaboration de 3096 Plans de développement local (PDL) et 135 Plans de développement communal (PDC).

La 2e phase, lancée officiellement en mai 2010, couvre les 10 régions du Cameroun. Les principaux bénéficiaires sont les 151 communes touchées par la phase 1, ainsi que 178 nouvelles communes concernées par cette 2e phase. Les fonds du deuxième C2D, d'un montant total de 57, 7 M €, constituent 50 % du budget de la phase II. Elle aura pour principales retombées (i) l'appui aux investissements agricoles communaux, et (ii) la mise en place de mécanismes innovants d'appui aux communes en matière de changement climatique, orientés vers le financement de projets pilotes REDD+ portés par les communes. Je le répartis en deux volumes.

La phase 3 qui court de 2016 à 2020 va poursuivre l'appui aux politiques et objectifs du gouvernement camerounais en matière de stratégie pour la croissance et l'emploi, dans son volet développement rural et politique de décentralisation. Il s'agira de renforcer la gestion des finances publiques locales, ainsi que les processus participatifs de développement au sein des communes en vue de garantir la fourniture des infrastructures et des services socio-économiques durables et de qualité. Comme le précise le Coordonnateur national aux 329 communes déjà couvertes, *« s'ajoutent 31 nouvelles communes d'arrondissement. Les autres parties prenantes, notamment les élus, les administrations publiques, les organisations de la société civile, bénéficieront d'un renforcement des capacités leur permettant d'assurer un appui approprié aux communes pour jouer efficacement leur rôle de moteur du développement local »*. Entre autres défis, le PNDP s'engage à poser les jalons d'une économie locale, densifier les investissements, améliorer le contrôle citoyen de l'action publique locale, et poursuivre l'amélioration de la gestion budgétaire et comptable des communes camerounaises.

Source : *AFD : évaluation de deux programmes financés par le C2D Cameroun, novembre 2014,* Les Echos du PNDP, n°011, janvier, février, mars 2016.

Première partie

L'emprise des rémanences centralisatrices

L'on parle de rémanences centralisatrices dans la mesure où la centralisation observée dans la politique d'aide au développement de la France a partie liée avec l'histoire de l'État en France. Dans l'introduction de ce travail, la centralisation a été considérée comme la confiscation par l'appareil de l'État, de la prétention et de la capacité à produire l'action publique. La conservation du pouvoir au niveau du centre, les autres échelons administratifs, en particulier les territoires et leurs institutions, ne sont dans ce cas, que des partenaires que l'on associe de façon souvent parcimonieuse, à la réalisation de l'action publique. Cette définition peut être approfondie par celle qui fait de la centralisation un « *système d'organisation d'un pays dans lequel la totalité des tâches administratives qui sont à gérer sur toute l'étendue du territoire national est réunie sous la compétence des organes centraux de l'État* »[99]. L'administration qui est caractérisée par un mécanisme centralisateur assure sa fonction par le canal d'une structure administrative unifiée et hiérarchisée. À l'opposé de la centralisation, l'État peut pratiquer- comme c'est le cas de la France et des pays africains objet de cette recherche- une administration décentralisée, laquelle renvoie à « *un système dans lequel les collectivités locales membres de l'État unitaire se voient reconnaître la compétence de gérer leurs propres affaires. Dans la pratique, il peut exister des degrés intermédiaires entre l'une et l'autre* »[100]. Il s'agit à cet effet des mécanismes de déconcentration d'une part, et des différentes étapes de transfert de compétences et de ressources aux collectivités territoriales décentralisées d'autre part. Globalement, la centralisation a une triple signification administrative, politique et technique. Au plan administratif, le maintien d'un système centralisé se traduit par une méconnaissance, ou le fait de minimiser l'existence de collectivités locales, en ne les considérant que comme de simples circonscriptions géographiques de l'Etat destinées à faciliter et accueillir l'aménagement territorial de ses

---

[99] Http : //www.universalis.fr/encyclopedie/centralisation/ consulté le 10 février 2005.
[100] *Ibid.*

propres services. Ceci suppose absence d'autonomie au niveau local[101]. Au plan politique, la centralisation suppose la volonté de l'État d'imposer un système d'administration uniforme et autoritaire. On parle également du refus de laisser s'épanouir les particularismes locaux. C'est pour cela qu'on parle de la décentralisation comme un mécanisme instituant les libertés locales. Au plan technique la centralisation vise un meilleur rendement de la machine administrative ; rendement supposant suppression des services locaux à double emploi ainsi que la dispersion des moyens et des centres de décision. Au plan technique, la centralisation autorise la rationalisation et la planification de l'action, donc une meilleure productivité économique[102].

L'hypothèse principale de ce travail est que cette centralisation est manifeste dans la politique française d'aide au développement en général, et dans une certaine mesure, dans le programme de désendettement et de développement en particulier adopté en complément de l'Initiative des pays pauvres très endettés (IPPTE). Tout se passe comme si la France veut préserver l'*unité* de son administration et partant, celle de l'émergence et de la mise en œuvre de la politique publique d'aide au développement. Ceci suppose également une centralisation de la coopération française. Comme le précise Jacques Chevallier, l'unité de l'appareil administratif centralisé se présente « *comme un ensemble cohérent et intégré dont les éléments constitutifs-tels les rouages d'une machine- sont étroitement liés, interdépendants et solidaires : ils ne disposent pas d'une logique d'action autonome, mais contribuent au fonctionnement du tout* »[103]. La cohérence dont parle Chevallier constitue effectivement l'une des préoccupations des auteurs de la réforme de 1998.

L'objectif de cette partie est de montrer que la centralisation qui persiste actuellement dans la politique française d'aide au développement est liée à l'histoire institutionnelle de la France. Ainsi, pour fixer les éléments essentiels de notre démonstration, nous traiterons d'une part de l'héritage de l'histoire (chapitre 1) et d'autre part de l'impact de cette histoire sur la politique française d'aide au développement (chapitre 2).

---

[101] C'est le cas en France sous le système de l'an VIII.

[102] Http : //www.universalis.fr/encyclopedie/centralisation/ consulté le 10 février 2005.

[103] Jacques Chevallier : *Science administrative,* 3e édition fondue, Paris, PUF, 2002, p 330.

Chapitre 1

Un héritage de l'histoire

Ce chapitre est commandé par l'idée selon laquelle, tout phénomène social est inscrit dans un sentier historique, lequel conditionne l'existence actuelle de ce phénomène et pourrait permettre de prédire ce que sera ce phénomène au futur. Pour Paul Pierson, qui est l'un des premiers à utiliser le concept de *Pathdependency* dans les sciences sociales, une fois établis, les modèles de mobilisation politique, les règles du jeu institutionnel, et même les façons de voir le monde politique, vont souvent auto-générer des dynamiques auto-renforçantes[104]. En effet, on est en présence d'une pensée selon laquelle, un ensemble de décisions passées peuvent influer sur les décisions futures (*institutionnalisme historique*). Dans le cadre de la politique française d'aide au développement, la centralisation observée malgré les intentions de la réforme de 1998, et les autres réformes de 2004-2005 et 2011, tire ses sources dans l'histoire profonde de l'État en France. Par ailleurs, la centralisation observée au sein des pays africains objet de cette recherche est héritée de la France qui appliquait durant la période coloniale le principe de l'administration directe.

Dans le cadre de ce chapitre, il sera ainsi question de remonter aux sources de la centralisation en France (Section 1) et leur dissémination dans les pays africains (Section 2).

Section 1
Les sources de la centralisation en France

Parler de « *sources de la centralisation* » revient à parler des origines de la concentration du pouvoir de l'administration entre les mains des organes centraux de l'État. Pour parler des sources de cette centralisation administrative en France, il sera adopté une perspective éliasienne, laquelle accorde une place centrale à l'historicité, car les hommes, leurs modes de relations, et les formes de sensibilité qui leur sont associées

---

[104] Paul Pierson, Dismantling the Welfare State, 1994.

sont des produits historiques, dont les caractéristiques varient en fonction des époques[105].Cette historicité n'est pas conçue de manière finaliste, c'est-à-dire que l'histoire des sociétés humaines n'est pas orientée par une fin donnée à l'avance. Elle évolue selon les circonstances, les évènements, et même selon la volonté des hommes qui sont à la tête des institutions. À cet effet, les structures administratives et les institutions que dirigent ces hommes sont également inscrites dans un sentier historique qu'il convient ici de remonter pour comprendre pourquoi nous sommes en présence d'une centralisation dans la politique française d'aide au développement. Les sources de la centralisation en France peuvent se situer au moins à deux niveaux : au niveau de l'histoire de la construction de l'Etat en France (I), et au niveau d'une tradition découlant d'évènements internationaux contemporains (II).

I. L'histoire de la construction de l'État en France

Si les origines du mot « *État* » ne font pas l'unanimité entre les spécialistes, on peut néanmoins observer que Jean Bodin dans ses *Six livres de la République* (1583) y fait déjà allusion, notamment quand il tente de donner une définition à la souveraineté. Cette souveraineté est selon lui « *la puissance absolue et perpétuelle d'une République* ».Elle est employée également, dit-il, pour désigner « *ceux-là qui manient toutes les affaires d'État d'une République* »[106]. Le sociologue allemand Max Weber définit l'État contemporain comme « une communauté *humaine qui, dans les limites d'un territoire déterminé [...] revendique avec succès pour son propre compte le monopole de la violence légitime* »[107].Pour Charles Tilly, l'État est une organisation qui contrôle « *la population occupant un territoire défini dans la mesure où elle est différenciée des autres organisations opérant sur le même territoire, où elle est autonome, où elle est centralisée et où ses subdivisions sont coordonnées les unes avec les autres* »[108]. Si Weber insiste sur l'une des caractéristiques essentielles de l'État qu'est la violence légitime, le fait pour Charles Tilly de parler de centralisation donne à croire que malgré

---

[105] Nobert Elias : *La société des individus* (1991) cité par Philippe Corcuff : *Les nouvelles sociologies. Entre le collectif et l'individuel*, 2e édition refondue, sous la direction de François de Singly, Paris, Armand Colin, 2007, p 24.

[106] Jean Bodin : *Les six livres de la République* (1583), collection « Les classiques des sciences sociales, http : //classiques.uqac.ca

[107] Max Weber : *Le savant et le politique* (1919), Les Classiques des sciences sociales, 2001, p 29.

[108] Charles Tilly, *The Formation of National States in Western Europe*, *op cit*. p 70.

les efforts fournis par les États de distribuer le pouvoir entre le centre et la périphérie, dans le cadre des processus de décentralisation, la centralisation demeure un élément de définition et de caractérisation de l'État. Tout se passe comme si tout État à sa naissance est d'abord un État centralisé avant de s'engager dans une dynamique de redistribution du pouvoir entre le centre et la périphérie, soit de façon volontaire, soit sous la pression d'acteurs souvent externes, à l'instar des institutions internationales pour qui la décentralisation rime avec démocratie, bonne gouvernance et même développement.

Loin d'être un mouvement uniforme, la centralisation des structures administratives trouve des explications singulières selon les sociétés. Bertrand Badie et Pierre Birnbaum pensent à cet effet les modes de centralisation *« sont extrêmement variés, étroitement dépendants des cultures et des conjonctures : la construction de l'Etat n'est qu'une forme parmi tant d'autres de centralisation des instances politiques, et elle se réalise en outre selon les modèles très différents d'une société à une autre »*[109].

En France, cette centralisation est liée à l'histoire de l'État. Elle découle ainsi de la désintégration de la féodalité (A), et s'est poursuivie par un renforcement continu du centre (B).

A. La désintégration de la féodalité

Rappelons que la féodalité, différente du féodalisme, est un régime social qui domine la société médiévale et, partiellement le monde moderne, jusqu'à la Révolution française de 1789[110]. C'est un système politique, économique et social progressivement mis en place aux alentours du Xe siècle en Europe. Pour Norbert Elias, la plupart des États de l'Occident européen « *se sont en effet développés au sein des structures de la monarchie féodale où les souverains, grâce à la constitution des réseaux de fidélité féodo-vassalique, ont pu trouver les*

---

[109] Bertrand Badie et Pierre Birnbaum, *Sociologie de l'Etat,* Hachette Littératures, 2004, p 111.

[110] Xavier Landrin souligne à juste titre que la « *féodalité* » est un vocable de création récente, postérieure à la réalité qu'il a fini par désigner, mais surtout qu'il ne faut pas la considérer comme un univers clos sur lui-même, chronologiquement distinct de la genèse de l'Etat moderne. Xavier Landrin : « *Vie et mort des groupements et des formes politiques* » in Antoin Cohen, Bernard Lacroix et Philippe Riutort : *Nouveau manuel de science politique*, Paris, La Découverte, 2009, p 37.

moyens d'une domination territorialement étendue »[111]. Que l'on soit en France ou en Allemagne, les relations d'autorité avaient donc pour fondement des liens et une situation d'échange et de marchandage existant entre les seigneurs et leurs vassaux.

La féodalité est symbolisée par la concession des terres. Elle se développe pour résoudre la violence née de la dissolution de la monarchie carolingienne et de l'émiettement de l'autorité, ou ban public, en une multitude de circonscriptions territoriales. Pour Xavier Landrin, l'effondrement du pouvoir carolingien dans les premières décennies du IXe siècle, qui a permis l'avènement de la féodalité, « *s'explique par l'indépendance croissante des auxiliaires du pouvoir par rapport aux souverains* »[112]. D'autres observations sont faites notamment le fait qu' « *en considérant les charges et les biens légués par le roi comme un élément de leur patrimoine personnel, transmissible à leurs héritiers, ducs et marquis chargés de mener la guerre s'étaient progressivement regroupés, entre le dernier tiers du IXe siècle et le milieu du Xe siècle, autour des principautés quasi indépendantes assurant la protection de clientèles locales »*[113]. Xavier Landrin décrit ainsi la manière dont s'établissait le lien féodal et quelle était la nature des échanges qu'on pouvait y observer. En effet : « *le lien féodal se concrétisait par l'octroi d'un fief à un vassal, c'est-à-dire le plus souvent une terre lui permettant d'assurer sa subsistance, en échange d'une obligation de sécurité, d'aide et de conseil à l'égard du seigneur, contracté au cours d'un rite spécial (la « cérémonie de l'hommage ») »*[114]. Malgré la possession d'une propriété donnant l'impression d'une liberté, le système féodal établissait un lien de dépendance entre le seigneur et les vassaux, et ce à travers la terre qui était octroyée à ces derniers.

Dans *La société féodale* (1939), Marc Bloch présente une synthèse des connaissances sur l'organisation sociale au Moyen Âge. En décrivant les caractères fondamentaux de la féodalité européenne, il souligne que celle-ci coïncide avec un profond affaiblissement de l'État, notamment dans sa fonction protectrice[115]. En France, l'État et la centralisation qui l'accompagne sont donc liés à cette histoire de l'Europe, en général, et de l'Europe occidentale en particulier ; et d'une époque, celle de la

[111] Norbert Elias (1939) cité par Xavier Landrin, *ibid.*
[112] Xavier Landrin, *ibid*, p 38.
[113] Ibid.
[114] *Ibid*, p 39.
[115] Marc Bloch, *La société féodale,* (1939), Paris, Albin Michel, 1968.

Renaissance. Celle-ci débute dans l'Italie du XIVe siècle et s'étend à l'Europe occidentale au XVIe siècle. Durant cette période, la société féodale morcelée du Moyen Âge, avec son économie agricole et sa vie intellectuelle et culturelle dominée par l'Église, s'est transformée en une société de plus en plus subordonnée à des institutions politiques centralisées, avec une économie urbaine et commerciale, et un patronage laïque de l'enseignement, des arts et de la musique[116].

Le fait étatique, en Europe occidentale comme en France, « *est avant tout la solution d'une crise* »[117], la crise de la féodalité. Jacques Chevallier précise d'ailleurs à cet effet que l'État absolutiste mis en place en Europe durant le XVIe siècle« *ressemble par plus d'un trait au pouvoir despotique qui domine hors d'Europe* »[118]. Cet État est caractérisé par une centralisation à outrance par la mise en place d'une puissante administration et par l'extension du rôle de l'État. On navigue entre « *despotisme oriental* » et « *despotisme éclairé* »[119].

Durant l'époque féodale, le centre ne dispose que d'un pouvoir faible. Les maîtres des principales forteresses s'attribuent « *un pouvoir de commandement sur certaines localités au sein desquelles étaient associés des hommes libres rattachés au Seigneur du domaine par un lien de vassalité* »[120]. De nombreuses conséquences ont pu être observées à cet effet dont « *la redistribution du droit de commander et de punir* » ou encore « *une fragmentation de l'autorité publique et une recomposition des relations entre les protecteurs et leurs clientèles autour de domaines seigneuriaux* »[121]. Ceci suppose l'existence du pouvoir de commander entre les mains de plusieurs entités avec un risque énorme de désordre social et une difficile coordination des activités d'intérêt général.

En France, si Hugues Capet (941-996), Duc, puis roi de France entre 987-996, fondateur de la dynastie des Capétiens, règne sur l'Île-de-

---

[116] Le terme de *Renaissance* est utilisé pour la première fois en 1855 par l'historien Jules Michelet pour parler de la « découverte du monde et de l'homme » au XVIe siècle. Jakob Burckhardt, dans sa *Civilisation de l'Italie au temps de la Renaissance* (1860), élargit la conception de Michelet ; en définissant la Renaissance comme la période située entre Giotto et Michel-Ange, Burckhardt caractérise l'époque par la naissance de l'humanisme et de la conscience modernes.

[117] Badie et Birnbaum, *op cit.*, p 112.

[118] Chevallier, *op cit.*, p 137.

[119] *Ibid*, 137-138.

[120] Xavier Landrin, *op cit.*, pp : 38-39.

[121] *Ibid.*

France, son pouvoir ne s'étend pas sur l'Anjou, l'Aquitaine et la Normandie[122]. C'est la crise de la féodalité qui viendra mettre un terme à cet émiettement du pouvoir en France. Pour Chevallier, cette crise est à la fois d'ordre économique (effondrement de l'agriculture), démographique (régression de la population en raison des guerres- la guerre de Cent Ans débute en 1340- épidémies- la peste noire ravage l'Europe en 1348-1349- famines), religieux (schisme de 1378), social (développement progressif d'« estats » et de corps en marge de, et contre, la hiérarchie féodale) et administratif (déclin des institutions seigneuriales)[123].

L'on est en présence d'une solution dite « extrême » vers laquelle les sociétés européennes ont dû tendre face aux difficultés « *dans la différenciation de leurs structures internes* »[124]. La mise sur pied de l'État s'est donc accompagnée par une forte centralisation de ces structures. Cette centralisation est même consubstantielle à l'État, elle sert à le définir. Elle permet ainsi à l'État de protéger la société traditionnelle en pleine déliquescence, contrairement à ce que pensent certains auteurs d'inspiration marxiste qui associent le développement de l'État à la révolution économique (Immanuel Wallerstein). Pour Badie et Birnbaum, « *même analysé dans ses rapports avec la société civile, l'État paraît en fin de compte avoir été davantage l'agent adaptateur et protecteur d'une société rurale et féodale en crise, que le défenseur d'une nouvelle élite capitaliste* »[125]. Une fois l'État mis sur pied, la centralisation se développa également progressivement. En 1793, la Constitution en France affirme, peut-être inconsciemment, cette centralisation en proclamant que la République française est « *une et indivisible* ». Ceci se poursuivra avec la Renaissance, et la fin du XVIIIe siècle pour que naisse véritablement en France le modèle de l'État absolu, pour que les frontières soient considérées comme naturelles, « *pour que la loyauté à l'égard de l'État-nation s'impose à tous, par-delà la diversité des religions, des appartenances socioculturelles et linguistiques* »[126].

---

[122] *Ibid*, p 174.
[123] Jacques Chevallier, *Science administrative*, *op cit.*, pp 138-139.
[124] *Ibid.*
[125] Badie et Birnbaum, *op cit.*, p 121.
[126] *Ibid*, p 174.

B. Le renforcement continu du centre

Après les phases de désintégration de la féodalité et celles de mise sur pied de l'État, le processus de centralisation ne s'est guère arrêté. Au contraire, le pouvoir royal va reprendre le cours de son développement à partir de ce que Chevallier appelle les « *deux ressorts essentiels de l'armée et des finances* »[127].Ce développement se traduit sur le plan pratique par« *l'amorce d'une centralisation du pouvoir, et sur le plan idéologique par l'apparition d'une doctrine monarchique forgée par les légistes, et qui met l'accent sur la puissance du monarque vis-à-vis de l'extérieur, mais aussi de l'intérieur...* »[128].

La crise du féodalisme fait place au tournant du XVIe siècle à des « mutations décisives » liées au pouvoir royal. Apparaît donc d'abord l'idée « *d'absolutisme monarchique* » avec la prééminence du roi grâce à ses qualités personnelles, ensuite la création des bases mêmes de l'organisation étatique avec la structuration qui s'opère au niveau central[129] et au niveau local[130], et enfin la puissante contribution du pouvoir royal à la prospérité, avec l'intervention active dans l'économie, notamment par l'intermédiaire du surintendant des Finances (1562)[131].

Entre le XVIIe et le XVIIIe siècles, la rupture avec le féodalisme est marquée par plusieurs traits que sont : *l'institutionnalisation* avec la séparation entre l'autorité et la propriété privée au profit d'une entité abstraite qu'est l'État censé être la source du pouvoir[132] ;*la toute-puissance du monarque*[133] avec un roi qui concentre entre ses mains tous

[127] Chevallier, *Science administrative, op.cit.*, p 139.

[128] *Ibid.*

[129] Spécialisation des différentes formations au sein du Conseil du roi et mise en place du secrétaire d'État.

[130] Commissaires royaux en 1535.

[131] Chevallier, *op cit.*, pp : 139-140.

[132] D'une part, la personne du roi et celle de l'État se confondent désormais, se superposent, adhèrent l'une à l'autre (Louis XIV est à la frontière entre l'homme et le mythe), d'autre part, la disjonction s'opère, le roi s'efface derrière la figure monumentale de l'État souverain, dont il n'est que le serviteur.

[133] Pour Jacques Chevallier, ce pouvoir du roi est absolu parce qu'il est *sans contrôle* (le dialogue noué avec le corps social s'interrompt et le roi n'aura de cesse que de reprendre aux Parlements le jugement des litiges provoqués par ses agents), il est *total* parce qu'il est exclusif (le souci constant du monarque est de détruire et d'assujettir les pouvoirs parallèles au sien, en expropriant les seigneurs féodaux de leurs droits régaliens, en supprimant les autonomies provinciales, en réduisant les franchises locales, en contrôlant les corporations, enfin en régentant les affaires religieuses). Mais

les pouvoirs de l'État (pouvoir de faire les lois, pouvoir de rendre justice, pouvoir de lever les impôts, pouvoir d'administrer le royaume)[134] ; et *la mise en place d'une puissante administration* couvrant l'ensemble du territoire, mise en place par le pouvoir royal et se substituant progressivement aux seigneurs féodaux pour accomplir les tâches administratives. Cette administration a des fonctions militaires, policières, sociales, culturelles et économiques. Elle est également caractérisée par une complexification qui laisse apparaître au niveau central la création des secrétaires d'État spécialisés d'abord géographiquement (1588) puis par fonction (1661), et au niveau local la mise sur pied des intendants entre 1600 et 1644 dans les provinces. On a par ailleurs une diversification du statut des agents du pouvoir royal. Mais comme le note Chevallier : « *l'administration française de l'époque ne présente en fait, à la différence de l'administration prussienne, aucun des traits d'une organisation de type bureaucratique. D'une part, elle se présente sous la forme, non d'un appareil hiérarchique et cohérent, mais de structures hétérogènes et balkanisées* »[135].A cet effet l'observation est que chaque fonction publique« *constitue une entité autonome ; et le système des offices soustrait leurs titulaires à l'emprise du pouvoir royal. Au demeurant, l'objectif d'unité et de centralisation n'a été qu'imparfaitement atteint »*[136].

Badie et Birnbaum, se référant notamment aux travaux de Pierre Legendre[137], affirment combien après les deux temps forts que constituent l'État absolu et la période révolutionnaire et napoléonienne, *« la bureaucratie ne cesse de se renforcer, y compris à l'époque du libéralisme triomphant. Au XIXe siècle, et à l'opposé du libéralisme anglais, en France, à l'âge d'or du capitalisme et du libéralisme, notre administration économique n'était pas seulement napoléonienne : elle était à proprement parler louis-quatorzienne* »[138].

---

ce pouvoir n'est pas despotique dans la mesure où le roi est tenu de respecter une série de normes objectives (loi de Dieu, lois naturelles, lois fondamentales du royaume). Chevallier, *ibid*, p 141.

[134] C'est dans ce sens que Louis XV dit le 3 mars 1766 : « c'est en ma seule personne que réside l'autorité souveraine ».

[135] Chevallier, *ibid*, pp 143-144.

[136] Ibid.

[137] Pierre Legendre, *Histoire de l'administration de 1750 à nos jours,* cité par Badie et Birnbaum, *ibid*, p 182.

[138] Ibid.

C'est dire que, contrairement à bien des idées reçues, il n'existe nulle rupture entre la centralisation de l'Ancien Régime[139], celle du XIXe siècle, et celle de l'époque contemporaine. Avec d'autres temps forts, comme le régime de Napoléon III, les deux guerres mondiales et leurs suites immédiates, ou encore le gaullisme, l'État s'institutionnalise sans cesse en renforçant son administration, et en poursuivant la concentration du pouvoir entre les mains de l'exécutif.

Nous verrons un peu plus loin justement que la Seconde Guerre mondiale et la présence de Charles de Gaulle au pouvoir ont justement renforcé les pouvoirs de l'exécutif en France, et surtout permis la concentration de l'initiative de la coopération internationale entre les mains du chef de l'État et des administrations centrales de la République. On voit donc dans ce cas que la centralisation est intimement liée, soit à l'histoire lointaine de la France, soit aux évènements plus contemporains.

Quant aux trente glorieuses, notons que cette expression vient de l'économiste français Jean Fourastié qui a voulu désigner la période de forte croissance que connaît la France entre 1945 et 1975. Cette croissance est accompagnée, ou a pour soutien principal, une aide financière venue des États-Unis sous le nom de *Plan Marshall*, du nom du secrétaire d'État américain, George Marshall qui a proposé le 06 juin 1947, un programme de reconstruction européenne sous le nom *d'European Recorvery Programm*. L'objectif de ce programme était d'aider à la reconstruction des pays européens dévastés par la Seconde Guerre mondiale. La France reçoit de ce programme, une aide de trois milliards de dollars, officiellement pour servir à sa reconstruction. En termes d'administration et du rôle de l'État, la période des trente glorieuses est caractérisée par une intervention croissante des pouvoirs publics dans le secteur productif, avec des nationalisations, notamment dans le domaine de l'industrie (Renault) et dans celui de la Banque (Crédit lyonnais). Cet interventionnisme et la centralisation qui l'accompagne, se traduisent également en des programmes de

---

[139] Désignation méprisante attribuée à la monarchie française par les révolutionnaires de 1789. Dès l'été 1789, nombre de députés à l'Assemblée nationale constituante ont utilisé cette notion pour désigner l'État monarchique existant avant la transformation des États généraux en juin 1789. Cette expression désigne donc, de façon homogène et uniforme, le gouvernement de la France tel qu'il a été exercé aux XVIIe et XVIIIe siècles, soit globalement les règnes d'Henry IV (1589-1610), Louis XIII (1610-1643), Louis XIV(1643-1715), Louis XV (1715-1774), et Louis XVI jusqu'en juin 1789.

planification qui montrent la volonté de l'État de mettre en œuvre divers moyens pour exercer une influence significative sur la production et la distribution des richesses. Cette volonté est l'œuvre d'élites modernisatrices placées au cœur de l'appareil de l'État, bénéficiant à tort ou à raison à la fois d'une légitimité savante ou experte, d'une légitimité administrative, et d'une légitimité politique.

On voit par-là que, tant dans le cadre de la crise de la féodalité, ou pour ce qui est de la période des trente glorieuses, la centralisation en France est toujours liée à une situation de crise au cours de laquelle, l'État naissant vient au secours des structures existantes, et se trouve comme obligé de concentrer les pouvoirs entre les mains de ses structures centrales. Telle est là une des multiples explications données par ce que Jean Leca désigne, soit par « *les théories sur l'émergence de l'État* », ou « *les recherches socio-historiques sur les fabrications de l'État, qu'elles soient macro-logiques à caractère de récit anthropologique plus que de modélisation économique, où une combinaison des deux conduiront à l'appréciation et l'évaluation des États en termes d'avantages comparatifs institutionnels dans des contextes institutionnels spécifiques* »[140].

La situation de centralisation décrite plus haut a pour but, non seulement de maintenir la cohérence de l'institution étatique, mais également de favoriser une meilleure coordination des activités d'intérêt général. L'État se présente donc comme le remède, ou mieux le rempart face au désordre sévissant au sein de la périphérie, et veut apporter une solution pour cette périphérie, ce qui légitime son existence, mais également toutes les contraintes qu'il impose, même si les objectifs de cohérence et de coordination évoqués ci-dessus ne sont pas toujours atteints dans leur globalité. Nous sommes en présence du « Léviathan » dont parle le philosophe anglais Thomas Hobbes dans l'ouvrage du même nom publié en 1651, ouvrage qui constitue un cheminement anthropologique menant de la nature humaine à l'homme dans la cité et au pouvoir politique. Dans cet ouvrage, Hobbes fonde sa théorie institutionnelle de l'État sur l'idée d'un contrat social. L'état de nature est pour lui un état de guerre de chacun contre chacun, alors que l'état social présuppose la dépossession humaine de droits naturels. La loi que produit le Léviathan garantit ainsi la paix dans l'état social.

---

[140] Jean Leca : « *Etat* », in Boussaguet, Jacquot et Ravinet : *Dictionnaire des politiques publiques*, op, cit, pp : 189-190.

Pour justifier ses choix et montrer la cohérence de son raisonnement, Hobbes écrit : « Et parce que l'état de l'homme, comme il a été exposé dans le précédent chapitre, est un état de guerre de chacun contre chacun, situation où chacun est gouverné par sa propre raison, et qu'il n'existe rien, dans ce dont on a le pouvoir d'user, qui ne puisse éventuellement vous aider à défendre votre vie contre vos ennemis : il s'ensuit que dans cet état, tous les hommes ont un droit sur toutes choses, et même les uns sur le corps des autres ». C'est pourquoi, aussi longtemps que dure ce droit naturel de tout homme sur toute chose, nul, aussi fort ou sage fût-il, ne peut être assuré de parvenir au terme du temps de vie que la nature accorde ordinairement aux hommes. En conséquence, c'est un précepte, une règle générale de la raison, que *tout homme doit s'efforcer à la paix, aussi longtemps qu'il a un espoir de l'obtenir ; et quand il ne peut pas l'obtenir, qu'il lui est loisible de rechercher et d'utiliser tous les secours et tous les avantages de la guerre.* La première partie de cette règle contient la première et fondamentale loi de la nature, qui est *de rechercher et de poursuivre la paix.* La seconde récapitule l'ensemble du droit de nature, qui est le droit de « *se défendre par tous les moyens dont on dispose ».* En constatant que l'homme est dans un état de guerre, que chacun est gouverné par sa propre raison, et que l'homme n'a pas de défense spécifique face à la volonté destructrice et dévoratrice de ses semblables, Hobbes pose la question de la nécessité d'une protection étatique, et donc de l'importance du *Léviathan* qui se traduit par un « pacte d'union ». Dans ce sens : « *la condition préliminaire de l'obtention de la paix est l'accord de tous pour sortir de l'état de nature, et pour instituer un état capable de permettre à chacun de suivre les prescriptions de la raison tout en ayant la garantie que les autres feront de même »*[141]. Pour que les gens vivent en paix *« la raison à elle seule ne suffit pas, si c'était le cas, il n'y aurait pas besoin de l'Etat, c'est-à-dire des lois civiles (les lois naturelles suffiraient) ».*[142]L'important est donc que les hommes*« s'accordent pour instituer un Etat qui rende possible une vie conforme à la raison. L'accord est un acte volontaire. En ce sens, l'État n'est pas un fait naturel, mais un produit de la volonté humaine : il est l'homme artificiel »*[143].

---

[141] Noberto Bobbio : *L'Etat et la démocratie internationale* Éditions Complexe, 2001, p 97.
[142] Ibid.
[143] Ibid.

L'on voit une fois de plus combien Hobbes justifie la nécessité d'un État et, au-delà, se soucie « *de l'unité de l'État, menacé d'un côté, par les discordes religieuses et l'opposition des deux puissances, et de l'autre, par le désaccord entre la couronne et le parlement et la querelle autour de la division des pouvoirs* »[144]. Hobbes défend l'unité contre l'anarchie, il est obsédé par l'idée de la dissolution de l'autorité, par le désordre qui découle de la liberté du désaccord sur le juste et l'injuste, par la désagrégation de l'unité du pouvoir « *destinée à se poursuivre lorsqu'on commence à soutenir que le pouvoir doit être limité, en bref par l'anarchie qui est le retour de l'homme à l'état de nature* »[145]. Pour Noberto Bobbio, la question qui hante le plus Hobbes, ce n'est guère l'oppression qui dérive de l'excès de pouvoir, mais « *l'insécurité qui dérive au contraire du défaut de pouvoir* »[146].

Cette concentration du pouvoir qui naît souvent des évènements historiques, finie par être consacrée tant par des normes juridiques, que par des pratiques politiques, en l'occurrence dans le cadre des politiques publiques, comme on le verra au sein de la politique publique d'aide au développement en général, et dans le programme de désendettement et de développement mis en œuvre au sein de certains pays africains.

II. Une tradition découlant également d'évènements contemporains

Si de façon générale, la centralisation qui est au cœur de ce travail découle des évènements historiques anciens, liés notamment à l'histoire de l'État en Europe et en France, il faut reconnaître que pendant et après la Seconde Guerre mondiale, d'autres évènements favorisent la concentration du pouvoir entre les mains de l'Exécutif (président de la République), plus précisément dans le domaine de la politique étrangère de la France où on retrouve les actions de coopération avec les pays africains.

L'examen que fait Bernard Chantebout de l'histoire politique et constitutionnelle de la France sous la Ve République fait ressortir l'idée que le président de la République est passé d'une fonction « *d'arbitre* » sous les Républiques précédentes (jusqu'à la IVe République), à une fonction dans laquelle il gouverne véritablement. Ceci est l'œuvre de

144 *Op cit.*, p 82.
145 *Ibid.*
146 *Ibid.*

Charles de Gaulle qui, selon Chantebout, voulait faire du chef de l'État « *le chef réel de l'Exécutif* »[147], pendant que Michel Debré y voyait « *un modérateur chargé de régler les conflits entre le Gouvernement et le Parlement, et de veiller à ce que l'un et l'autre prennent en compte les intérêts essentiels de la nation* »[148]. Si la thèse de Michel Debré a prévalu dans la définition de la fonction présidentielle, il a fallu néanmoins que la Constitution assure l'indépendance et renforce les pouvoirs du président de la République pour que celui-ci puisse effectivement assumer ses fonctions. En effet, avec la Ve République, tout change. Pour Charles de Gaulle, il s'agit avant tout de mettre fin au « régime des partis » et de rétablir l'autorité du pouvoir exécutif pour, *in fine,* rétablir l'autorité de l'État, qu'il estime gravement affaiblie.

Les partis sont mis en cause pour plusieurs raisons que Georges Burdeau énumère en parlant de « *répugnance française à un système de partis* »[149] et de « *procès des partis, en l'occurrence du mépris non dissimulé que le général de Gaulle témoigne à leur endroit* »[150]. Tout remonte en effet sous la IIIe République où les partis « *furent bien des instruments de classification des suffrages, mais ils n'ont que bien rarement assumé de façon cohérente la fonction gouvernementale* »[151]. Si leur place sur la scène politique française était visible, en ce sens que leur agitation était importante, tout comme leurs querelles et leurs réconciliations, Burdeau pense qu'ils n'ont pas en tout cas « gouverné ». On a pu observer sans doute leur situation parlementaire créant une ambiance favorable ou hostile à telle ou telle orientation gouvernementale, mais « *les décisions constitutives ne procédaient pas d'eux* »[152]. Cette situation s'est perpétuée sous la IVe République dont le contexte de la Libération était pourtant « *favorable à la constitution des partis qui ne seraient pas seulement des agences électorales, mais des forces aptes à assurer la responsabilité de l'exercice du pouvoir* »[153].Quant au procès fait à l'endroit des partis politiques en France, Burdeau souligne l'hostilité résolue que certains hommes

[147] Bernard Chantebout, *Droit constitutionnel et science politique à jour de la réforme constitutionnelle de 1995,* 12e édition, Armand Colin, 1995, p 405.
[148] *Ibid.*
[149] Georges Burdeau : *Traité de science politique. Tome III. La dynamique politique,* LGDJ, 1968, p 384.
[150] *Op cit.*, p 399.
[151] *Op cit.*, p 384.
[152] Burdeau, *op cit.*, p 384.
[153] *Op cit.*, p 385.

politiques et certains secteurs de l'opinion ont toujours eue à l'égard de ces formations. Cette hostilité semble fondée tant sur leur origine, que sur leur rôle dans les assemblées. De nombreuses critiques leur sont alors adressées, lesquelles sont considérées par Burdeau comme s'adressant en réalité aux institutions représentatives, et spécialement au régime parlementaire[154].

Au-delà du président de la République, on est de façon plus générale en présence de ce que Bernard Chantebout appelle « *les premières manifestations du renforcement de l'exécutif dans les démocraties occidentales* »[155]. Ce renforcement repose d'une part sur le besoin d'efficacité, et d'autre part, sur la tendance à la personnalisation du pouvoir. Au plan de l'efficacité, le renforcement des pouvoirs se justifie par le fait qu'à partir de la fin du XIXe siècle, les citoyens, réconciliés avec l'État, avaient chargé celui-ci de réaliser la justice sociale, et que les Parlements, investis par eux de la toute-puissance, avaient dans l'ensemble œuvré à cette tâche avec une certaine efficacité « *grâce au procédé de l'ordre public économique et à la redistribution des ressources prélevées par l'impôt et la parafiscalité sur les catégories aisées* »[156]. En effet, la nouvelle Constitution rédigée pendant l'été 1958 et approuvée par 80% de Français par référendum, instaure en France un régime parlementaire semi-présidentiel, appuyé sur le recours fréquent au référendum et dominé par un chef de l'État qui entend exercer effectivement le pouvoir suprême. Les partisans du général voyaient dans la consécration de l'appel à la volonté populaire, un gage de respect de la souveraineté nationale, alors que les opposants à la Constitution (François Mitterrand et Pierre Mendès France notamment), dénonçaient l'instauration d'un système plébiscitaire où l'autorité de l'Exécutif limite étroitement les mécanismes du parlementarisme démocratique.

[154] D'après cette vision, les partis sont donc des obstacles à une véritable démocratie. De Gaulle manifeste une volonté d'écarter cet écran qu'ils voudraient établir entre lui et le peuple. Il refuse de cautionner même celui dont le programme est de lui obéir. On reproche entre autres aux partis le caractère artificiel de la représentation qu'ils prétendent donner de l'opinion, leurs procédés démagogiques destinés à capter des suffrages inspirés par l'intérêt individuel ou des égoïsmes de classe, leur manière de brouiller les cartes pour continuer le jeu, leur dénaturation de la finalité de l'activité politique… Burdeau, *op cit.*, p 400 et s.

[155] Bernard Chantebout, *op cit.*, p 303.

[156] *Ibid*, p 304.

Mais l'affaiblissement des pouvoirs et la nécessité de leur renforcement dont parle Charles de Gaulle, et la mainmise qui suivra sur la politique avec les colonies africaines, sont dus aussi à deux évènements : la Seconde Guerre mondiale (A) et la guerre d'Algérie (B).

A. La Seconde Guerre mondiale

La Seconde Guerre mondiale est un conflit militaire qui se déroule entre 1939 et 1945, et ayant produit le plus grand nombre de pertes en termes de vies humaines et de destructions matérielles. Au départ, on est en présence d'un conflit opposant les États européens, principalement l'Allemagne hitlérienne à la coalition franco-britannique. Le conflit se généralise ensuite, entraînant dans les combats la presque totalité des continents et des États du globe. Au nombre des sources de la Seconde Guerre mondiale se trouvent en bonne place les héritages de la Première Guerre mondiale, l'échec des efforts de paix, la montée des fascismes, l'établissement des dictatures totalitaires et l'agression de ces dictatures. Mais comme conséquence, on verra que la Seconde Guerre mondiale a entraîné le souci d'une concentration du pouvoir entre les mains de l'Exécutif, incarné en la personne de Charles de Gaulle.

La Première Guerre mondiale est l'une des sources de la Seconde Guerre mondiale dans la mesure où à la conférence de Paix réunie à Paris, de janvier à mai 1919, le groupe dit « *conseil des quatre* » composé de la France, du Royaume-Uni, de l'Italie et des États-Unis avait imposé la volonté des vainqueurs aux vaincus, notamment à l'Allemagne. Pour celle-ci, considérée comme responsable du conflit, le traité de Versailles était « *un diktat impossible* ». Diktat parce que de par ses dispositions, ce texte lui imputait des territoires, le désarmait, et surtout le soumettait au paiement pour des décennies d'énormes réparations.

L'échec des efforts de paix était quant à lui dû au fait qu'un certain nombre de traités de paix signés par les États n'étaient pas respectés au point d'empêcher le déclenchement d'un autre conflit mondial. La création par exemple en 1919de la Société des nations était une solution pour garantir la paix par la sécurité collective, laquelle sera reprise avec de nombreuses difficultés par les Nations unies, paralysées pendant un demi-siècle ou presque par la guerre froide qui l'a empêchée « *d'exercer la plénitude de ses missions* »[157].

Mais le traité instituant la SDN portait lui-même les germes de frustrations pouvant aboutir à un nouveau conflit. En effet, seuls les vainqueurs ou les pays restés neutres pendant le premier conflit mondial pouvaient y adhérer. Bien plus, les pouvoirs de la SDN restaient limités à ses capacités de persuasion. En effet, en cas de difficulté, elle ne pouvait prendre, contre un État récalcitrant ou qui contrevenait aux principes de l'organisation, que des décisions et des sanctions morales ou économiques, ses membres étant libres de les appliquer ou non. Par ailleurs, ce traité fut rejeté par les États-Unis, ce qui a limité largement son champ d'action, sa légitimité et même son applicabilité. À cela, il faut ajouter sa paralysie à cause du principe d'unanimité qui sera remplacé au sein de l'Organisation des Nations unies par « *un directoire de grandes puissances, membres permanents du Conseil de sécurité et disposant d'un droit de veto* »[158]. D'autres traités de paix échouèrent, mettant un terme à l'illusion de paix entre les belligérants de la Première Guerre mondiale. C'est le cas des accords de Locarno issus de la conférence du même nom, tenue du 5 au 16 octobre 1925, lesquels ont marqué pendant une courte période la réconciliation franco-allemande, sous l'égide des deux ministres des Affaires étrangères Aristide Briand de France et Gustav Stresemann d'Allemagne. Les accords signés garantissaient les frontières européennes, en particulier celles de la France et de la Belgique avec l'Allemagne. On peut par ailleurs citer le pacte Briand-Kellog, des noms du secrétaire d'État américain et du ministre français des Affaires étrangères, signé à Paris le 27 août 1928 par une soixantaine d'États dans le but d'une « *renonciation générale à la guerre* », et dans lequel les signataires s'engageaient à résoudre tous les conflits de manière pacifique.

La montée des fascismes, l'établissement des dictatures et l'agression de ces dictatures constituent également des germes permettant d'avancer vers un nouveau conflit mondial. Dès 1920 par exemple, l'Italie bascule

---

[157] Pour Vaïsse, dans la mesure où les membres permanents disposent du droit de veto, il faut qu'ils soient unanimes pour accepter et appliquer une décision du Conseil de sécurité. Pendant la guerre froide, l'unanimité fut rarement atteinte, l'ONU n'arrivait donc pas à remplir son rôle ; dans le meilleur des cas, elle le remplissait mal. Maurice Vaïsse : *Les relations internationales depuis 1945*, 8e édition, Paris, Armand Colin, 2002, p 605.
[158] *Ibid*, p 5.

dans un régime fasciste avec Benito Mussolini. De nombreux autres pays, dans les années 30, adoptèrent ces mêmes régimes caractérisés par des politiques extérieures nationalistes, impérialistes et agressives qui entraînèrent la déstabilisation des relations internationales et furent responsables du déclenchement de la Seconde Guerre mondiale.

En France, il est couramment admis que c'est la guerre de 39-45 qui a fait que Charles de Gaulle adopte cette attitude de prépondérance dans les affaires extérieures de la France. En effet, au début de la guerre, Charles de Gaulle est un officier de quarante-neuf ans, pétri de brillants états de service, et doté de bonnes connaissances en stratégie militaire. Général à titre temporaire, il est sous-secrétaire d'État à la guerre et à la défense nationale dans le gouvernement de Paul Reynaud, avant qu'il ne présente sa démission pour marquer son refus à l'armistice signé par Pétain le 17 juin 1940. Avant de s'en aller pour Londres, la presse dit du bien de lui, notamment lors de son entrée dans le gouvernement de Reynaud. On pense alors que l'innovation la plus intéressante de Paul Reynaud est la nomination du général de Gaulle qui retient par ses livres, l'attention des militaires. Assez farouchement à droite, puissant théoricien, il est « *un apôtre presque fanatique de l'utilisation des chars, c'est un esprit lumineux, à la fois homme d'action, de rêve et d'abstraction* »[159]. Mais le général dissident ne fait pas l'unanimité de tous. On l'accuse souvent d'avoir des airs supérieurs, un ton doctoral de celui qui sait tout. D'aucuns sont agacés par son impatience mal contenue envers ceux qui ne comprennent pas assez vite, par ses jugements parfois injustes, et ses condamnations sans appel. On pense également qu'il a « *un orgueil indicible devant celui qui n'abonde pas dans son sens ou ne se laisse pas plier par son autorité évidente* »[160]. On pense qu'il a une fierté et une maîtrise de soi « *qu'ont modelées de longues années de réflexion, de combats intérieurs, de refus, d'obstination, d'isolement et de confrontation aux réalités acérées du monde* »[161].

Le 09 juin 1940, de Gaulle s'envole pour un premier voyage à Londres, en compagnie de son aide de camp, le lieutenant de Courcel, et de Roland de Margerie, chef du cabinet diplomatique de Reynaud. Leur mission auprès du premier ministre britannique, Winston Churchill, était

---

[159] *Times* du 7 juin 1940 cité par Pierre Vican : *De Gaulle 18 juin 1940. La guerre n'est pas finie*, Acropole 2001, p 17.
[160] Pierre Vican, *op cit.*, p 151.
[161] *Ibid.*

d'obtenir la participation accrue des forces et surtout de l'aviation britannique à la défense de la France. Mais pour Churchill, le front s'éloignait de l'Angleterre, et se battre à proximité des côtes anglaises rapportait de plus gros dividendes : « *pour un avion abattu loin d'ici, expliqua-t-il, nos aviateurs en descendent cinq aux bords de nos îles* »[162].

Mais le voyage du 17 juin sera plus décisif. Il intervient alors qu'à Bordeaux une politique contraire à ce qu'il estime être l'honneur et l'intérêt du pays est adoptée, mais aussi parce qu'il sent peu à peu se dérober sous ses pas ce qui est l'idéal de sa vie : « *un État exprimant et servant, par les voies et les idéologies les plus diverses, l'immuable, l'immarcescible nation française* »[163].Ce 17 juin, c'est la capitulation. Le maréchal Pétain prononce à Bordeaux le discours suivant : « *c'est le cœur serré que je vous dis aujourd'hui qu'il faut cesser le combat* »[164]. Mais de Gaulle rejette cet appel, contre l'avis du *Foreign Office* britannique, mais avec la bénédiction de Churchill, il prononce sur les ondes de la BBC l'appel du 18 juin 1940 dont les trois derniers paragraphes disent ce qui suit : « *Moi, général de Gaulle, actuellement à Londres, j'invite les officiers et les soldats français qui se trouvent en territoire britannique ou qui viendraient à s'y retrouver, avec leurs armes ou sans leurs armes* »[165]. L'appel concerne également d'autres acteurs comme « *les ingénieurs et les ouvriers spécialistes des industries d'armement qui se trouvent en territoire britannique ou qui viendraient à s'y retrouver* »[166]. Et le Général de conclure« *Quoi qu'il arrive, la flamme de la résistance française ne doit pas s'éteindre et ne s'éteindra pas. Demain, comme aujourd'hui, je parlerai à la radio de Londres* »[167].

Le général dissident parlera effectivement le lendemain sur les ondes de la BBC, cette fois en des termes plus durs, haussant même le ton, déclarant incarner la France, rejetant une fois de plus la capitulation de Bordeaux. Il dit : « *A l'heure où nous sommes, tous les Français comprennent que les formes ordinaires du pouvoir ont disparu. Devant la confusion des âmes françaises, devant la liquéfaction du gouvernement tombé sous la servitude ennemie, devant l'impossibilité de faire jouer nos*

---

[162] Jean Lacouture : *De Gaulle le rebelle, 1890-1944*, Paris, France Loisirs, Seuil, 1984, p 329.
[163] *Op cit.*, p 359.
[164] *Op cit.*, p 363.
[165] Ibid
[166] Ibid.
[167] Ibid.

institutions, moi, général de Gaulle, soldat et chef français, j'ai conscience de parler au nom de la France »[168]. Prenant sur lui la responsabilité de parler au nom de la France, il déclare: *« tout Français qui porte encore les armes a le devoir absolu de continuer la résistance (...) Dans l'Afrique de Clauzel, de Bugeaud, de Lyautey, de Noguès, tout ce qui a de l'honneur a le strict devoir de refuser l'exécution des conditions ennemies. Il ne serait pas tolérable que la panique de Bordeaux ait pu traverser la mer. Soldats de France, où que vous soyez, debout ! »*[169].

Mais malgré ces appels témoignant de la détermination d'un homme et d'un soldat soucieux de maintenir à la fois l'indépendance et la liberté de sa nation, malgré la reconnaissance à laquelle il bénéficie de la part du premier ministre britannique, Winston Churchill, de Gaulle fait face à son tour à de la résistance. Il rencontre plusieurs obstacles à cause du fait qu'il n'était considéré que comme un simple général de brigade en rupture de ban avec le pouvoir de Bordeaux. Ceci lui compliqua la tâche et mit un frein à toutes les initiatives qu'il voulut entreprendre à partir de Londres. Parmi les résistances auxquelles fait face de Gaulle se trouve en bonne place celle de Jean Monnet (1888-1979) qui, le 23 juin 1940 au soir, lui fait porter un message où il juge la démarche du général « *trop dramatique* » et « *trop personnelle* ». Il le met en garde en ces termes : *« je considère que ce serait une grande faute que d'essayer de constituer en Angleterre une organisation qui pourrait apparaître en France comme une autorité créée à l'étranger sous la protection de l'Angleterre. Je partage complètement votre volonté d'empêcher la France d'abandonner la lutte »*[170]. Mais le Général est convaincu que le gouvernement de Bordeaux aurait dû mettre en Afrique du Nord le Chef de l'État, les présidents des deux chambres, ainsi qu'un certain nombre de membres du gouvernement qui, d'accord avec le général Noguès, auraient fait de l'Afrique du Nord un bastion de la résistance française. A cet il observe *« (...) Mais ce n'est pas de Londres qu'en ce moment-ci peut partir l'effort de résurrection. Il appartient aux Français sous cette forme comme un mouvement protégé par l'Angleterre, inspiré par ses intérêts, et à cause de cela condamné à un échec qui rendrait plus difficiles les efforts ultérieurs de ressaisissement... »*[171].

---

[168] Lacouture, *op cit.*, p 374.
[169] Ibid.
[170] Ibid.
[171] O*p cit.*, p 387.

Si Jean Monnet n'est pas le seul à marquer sa défiance vis-à-vis de de Gaulle, et à considérer la démarche du général comme une autre forme de trahison ou d'intelligence avec une puissance étrangère, ce qui retient le plus l'attention dans cette attitude est le fait qu'on est quand même en présence d'un internationaliste qui « *juge impossible de se battre dans l'ombre du drapeau britannique* »[172]. Pendant ce temps, le nationaliste de Gaulle accepte « *de lever, sur une île étrangère, son propre drapeau, intensément tricolore* »[173]. On sait qu'alors qu'il est chargé de chercher de nouveaux marchés à l'étranger pour l'entreprise de cognac de son père, la Première Guerre mondiale propulse Jean Monnet sur la scène internationale. En 1914, on lui confie le poste de représentant de la France à Londres dans les comités alliés chargés de la répartition des ressources communes. Il devient, en 1916, délégué au ministère du Ravitaillement. De 1917 à 1918, il prend part à la création du Conseil interallié qui s'occupe de la gestion rationnelle du fret maritime entre les Alliés. Durant ces fonctions, Jean Monnet pense alors que le vieux continent ne pourra maintenir son prestige et son niveau économique qu'à la condition d'une solidarité transnationale.

De 1919 à 1923, Jean Monnet occupe les fonctions de premier vice-secrétaire général de la Société des nations (SDN), avec pour mission le règlement du différend germano-polonais au sujet de la Haute-Silésie, ainsi que le relèvement financier de l'Autriche. Une fois son travail accompli, il retourne au secteur privé, et crée la *Bank of America* avec Gianini. Il travaille également comme conseiller financier auprès de différents pays : réorganisation du chemin de fer chinois, développement économique de pays comme la Roumanie ou la Pologne. Entre 1938 et 1939, le président du Conseil, Édouard Daladier, lui confie la mission d'acheter des avions de guerre aux États-Unis. En 1939, il est nommé par les gouvernements français et britannique à la tête du comité de coordination de l'effort de guerre allié, et il est à l'origine du projet d'union franco-britannique. En 1940, Winston Churchill le place à la tête du conseil franco-britannique des approvisionnements de guerre. Après la capitulation française, bien que sceptique vis-à-vis du mouvement gaulliste, il opte pour la poursuite de la guerre, et participe à l'organisation de l'effort de guerre américain. Il convainc également Churchill d'unifier la politique entre Paris et Londres, et est chargé par la

---

[172] *Ibid.*
[173] *Ibid.*

Grande-Bretagne de négocier l'achat de matériel de guerre auprès des Américains. Par son activité de conseil auprès des États-Unis, il collabore au *Victory Program* de 1941.

Après le débarquement en Afrique du Nord, Franklin D. Roosevelt lui confie la délicate tâche de réconcilier le général de Gaulle et le général Giraud, mais il n'y réussit pas complètement. En juin 1943, il devient membre du Comité français de libération nationale (CFLN), et est chargé de l'équipement des troupes de la France libre en matériel américain. Mais sa distance vis-à-vis des initiatives de Charles de Gaulle affaiblira largement la volonté qu'il y avait à libérer au plus tôt la France, et contribuera à faire prendre conscience de la nécessité de renforcer les pouvoirs de l'Exécutif.

En effet, pendant la guerre, le personnel de la diplomatie française ne se conformait que de loin à l'attitude qu'adoptait le général de Gaulle. Pour beaucoup d'hommes qui étaient en charge des relations extérieures, l'accord avec l'Angleterre était une sorte de principe. Il y avait par ailleurs un grand décalage entre l'impulsion qu'il cherchait à donner et le comportement de ceux qui dirigeaient la diplomatie française. Ceci altérait selon de Gaulle, l'effet de sa propre fermeté. D'où la nécessité de surveiller de très près et de tenir en main les relations extérieures de la France. Ce qui aboutira à un renforcement de ses pouvoirs. Quand il revient au pouvoir en 1968, président du Conseil, puis président de la République, son ambition reste toujours de contrôler la politique étrangère de la France et de lui redonner ses lettres de noblesse, comme le souligne Jean-Baptiste Duroselle pour qui : « *écarté du pouvoir depuis sa brusque démission du 19 janvier 1946, le Général de Gaulle y revient donc après une éclipse de douze ans, et il va pouvoir réaliser son ambition essentielle qui est de développer la politique extérieure de la France pour faire jouer à ce pays, si limité soient ses moyens, un rôle essentiel dans la diplomatie mondiale* »[174]. Ceci n'ira pas de soi, car les évènements d'Algérie constitueront également une occasion pour le général de Gaulle de mesurer la faiblesse de son influence dans la politique étrangère de la France.

---

[174] Jean-Baptiste Duroselle et André Kaspi : *Histoire des relations internationales. De 1945 à nos jours*, 13e édition mise à jour, 2002, p 279.

B. La guerre d'Algérie

Cette guerre est également l'une des raisons ayant entraîné la concentration du pouvoir en matière de politique étrangère en France, et particulièrement entre les mains du président de la République. En effet, il était question pour Charles de Gaulle de régler personnellement le problème algérien qui engageait l'intégrité territoriale de la France, comme le soulignent les historiens des relations internationales. Pour Jean-Baptiste Duroselle et André Kaspi, on était juridiquement en présence d'un « problème intérieur français [175] « *...l'Algérie faisait partie intégrante du territoire national* »[176]. À la différence de la Tunisie et du Maroc, l'Algérie n'a pas constitué une nation. Elle était composée de 8 millions de musulmans et de 1 100 Français européens installés dans le pays depuis plusieurs générations, et qui n'acceptaient pas la création d'une République algérienne musulmane. C'est ainsi que lorsque la révolte éclate à la Toussaint 1954, « *les gouvernements successifs tiennent à faire respecter le maintien de la République, en l'assortissant de quelques réformes dont le collège électoral unique, c'est-à-dire un corps électoral composé indistinctement de musulmans et d'Européens* »[177]. Aucun des gouvernements français successifs avant 1959 ne voulait donc admettre l'indépendance de l'Algérie en commençant par Jacques Soustelle, gouverneur général depuis le 26 janvier 1955. Celui-ci a obtenu que les effectifs français fussent portés de 80 000 à 225 000 hommes, et préconisait l'intégration des musulmans dans la communauté française. Il fut remplacé par le général Catroux, qui fut à son tour remplacé par Robert Lacoste, favorable à une politique de fermeté à l'égard de l'Algérie. Lacoste réussit également à augmenter les effectifs français en les portant à 400 000 hommes, et des « *disponibles* » furent rappelés. Avec la bénédiction du gouvernement de la métropole, Lacoste préconise une politique assez semblable à celle de Soustelle avec une stratégie en trois points : 1) *Cessez-le-feu*, 2) Trois mois après le cessez-le-feu, *élections libres au collège unique*, 3) *Pas de séparatisme,* mais négociation du futur statut de l'Algérie par les représentants qualifiés qui seraient précisément des élus. Dans le langage français de l'époque, on admettait la« *personnalité algérienne* » et non le droit de l'Algérie à l'indépendance. Tout ceci empêchait la nouvelle organisation,

---

[175] *Ibid*, p 190.
[176] *Ibid.*
[177] Maurice Vaïsse, *op cit.*, p 57.

le Front de libération nationale de Ben Bella, de conquérir un territoire où il eût établi un gouvernement indépendant[178].

Cette guerre qui commence avec les évènements de la Toussaint de 1954 est une lutte des nationalistes algériens contre Paris. Elle n'est pas menée par les partis nationalistes traditionnels à l'instar du *Mouvement pour le triomphe des libertés démocratiques* de Messali Hadj ou de l'*Union démocratique du manifeste algérien* de Ferhat Abbas. C'est le fait d'un nouveau mouvement, le FLN, dirigé par Ben Bella réfugié au Caire. Il est soutenu non seulement par l'Égypte, mais aussi par Budapest qui multipliait des appels à la révolte contre la France. En dehors du souci de maintenir l'unité de l'empire français dans lequel l'Algérie occupait une place de choix, la découverte d'importants gisements de pétrole dans le Sahara en 1956 accrut la volonté de certains d'assurer la « *présence française* » dans ce pays, alors que pour d'autres, le traitement qui a été accordé au Maroc et à la Tunisie doit également être réservé à l'Algérie.

Au plan international, les répercussions de l'affaire algérienne sont nombreuses avec des divergences de points de vue, et surtout la pression de la diplomatie française qui réussit à arracher le soutien de certaines grandes puissances et à faire reculer parfois l'Organisation des Nations unies. C'est le cas de l'attitude des États-Unis qui, au départ « *inquiets de voir la France prélever des troupes en Europe pour les envoyer en Algérie et affaiblir ainsi le dispositif de l'OTAN, décidèrent néanmoins de soutenir leur allié, et le 20 mars 1956, Douglas Dillon, ambassadeur américain à Paris, déclara que la politique française en Afrique du Nord avait l'appui total des États-Unis* »[179]. Cette attitude tranche néanmoins avec celle de l'opinion publique américaine qui est beaucoup plus réticente au maintien de la France en Algérie.

L'Organisation des Nations unies affiche également un certain atermoiement face à la situation algérienne. La France y est très attaquée par le bloc des nations arabes et asiatiques, et le 30 septembre 1955, par 28 voix contre 27 et 5 abstentions, l'Assemblée générale porta la question algérienne à l'ordre du jour. Mais grâce à la pression de la France, une résolution du 25 novembre de l'Assemblée générale décide de ne pas continuer les discussions. Le 26 juin 1956, le Conseil de sécurité refuse d'inscrire la question algérienne à l'ordre du jour, mais à

[178] Duroselle et Kaspi, *op cit.*, pp : 191-192.
[179] Duroselle et Kaspi, *op cit.*, p 192.

la demande de 15 nations arabo-asiatiques profitant du trouble créé par l'affaire du canal de Suez, l'Assemblée générale décide, le 15 novembre 1956, d'inscrire cette question. Le gouvernement Mollet décide à son tour de ne pas s'y opposer et de participer activement aux discussions. Parmi les différentes résolutions proposées, seule celle du groupe latino-américain mentionnant « *l'espoir d'une solution pacifique et démocratique* » entre la France et l'Algérie est votée à l'unanimité des 77 votants le 16 février 1957.

Mais la lutte des nationalistes algériens n'a pas été considérée par la France comme un combat de décolonisation. Les mêmes qui avaient négocié l'indépendance de l'Indochine et favorisé l'émancipation des protectorats français se sont refusés à toute concession sur l'Algérie, et ont fait le choix de la répression. Pour le ministre de l'Intérieur de l'époque, François Mitterrand, « *l'Algérie, c'est la France* » et donc, la seule réponse aux revendications du Front de libération nationale algérien (FLN) était la répression. Or, cette répression a nourri la rébellion et accentué la césure entre les communautés[180]. Le Président avait donc l'obligation morale de se charger lui-même de la situation. Il procédera ainsi progressivement à la décolonisation de l'Algérie en usant à la fois des pouvoirs que lui conféraient la Constitution du 04 octobre 1958 et son charisme personnel. On pense que le général a d'abord eu une attitude ambiguë : « *je vous ai compris* ». Ensuite, en 1959, il a proposé l'autodétermination, c'est-à-dire une solution politique entre indépendance, assimilation ou association, puis infléchit son discours progressivement. En effet, comme le souligne Maurice Vaïsse, « *le général de Gaulle est animé du double souci d'éviter une nouvelle défaite coloniale et de se débarrasser du boulet algérien pour avoir les mains libres en politique étrangère. Il formule progressivement une politique de développement économique, de main tendue à la rébellion, d'association, d'autodétermination (16 septembre 1959)* »[181]. En 1960, il évoque « *l'Algérie algérienne* » et sait la décolonisation inévitable, tout en voulant garder pour la France, un rôle important en Algérie. Finalement, la politique personnelle de de Gaulle face à l'Algérie aboutit aux négociations d'Evian qui conduisent à l'indépendance de l'Algérie en 1962.

---

[180] CNED, « La France dans le monde, de 1945 à nos jours », http : //www.academie-en-ligne.fr/Ressources/7/HG00/AL7HG00TEPA0111-Sequence-11.pdf
[181] Vaïsse, *op cit.*, p 59.

La Seconde Guerre mondiale et la guerre d'Algérie contribuent ainsi à une concentration du pouvoir entre les mains du président de la République en France en matière de politique étrangère en général. D'autres facteurs sont également à signaler à l'instar de la personnalité exceptionnelle de Charles de Gaulle (légitimité charismatique), le soutien des Français lors du référendum constitutionnel du 28 septembre 1958, et lors des deux autres référendums de 1961 et de 1962, ou encore la complicité du premier ministre Michel Debré qui a consenti à une nouvelle hiérarchie au sein du couple exécutif.

Le président de la République, après la vague des décolonisations, lance donc la politique de coopération, à la fois pour préserver les intérêts nationaux de la France, mais également pour assurer son rayonnement à travers le monde. Georges Pompidou donne un certain nombre de raisons qui fondent cette politique impulsée par le président de la République.

Dans son discours à l'Assemblée nationale le 10 juin 1964, il déclare : [...] Ce sont d'abord, reconnaissons-le, des *raisons historiques*. En fin de compte, […] la politique de coopération est la suite de la politique d'expansion de l'Europe au XIXe siècle qui est marquée par la création ou l'expansion de vastes empires coloniaux, ou par la présence, l'influence économique et politique de l'Europe dans d'immenses contrées. […] La coopération a également des *raisons économiques*. […] Les pays industriels souhaitent pouvoir développer leurs ventes dans les pays non industriels, et l'expérience prouve de plus en plus que pour pouvoir maintenir ou développer ses ventes, il faut fournir des moyens d'achat aux pays preneurs, soit en leur achetant, soit en leur prêtant, soit même en leur donnant. […] La coopération a également des *raisons politiques*. C'est évident. Et je suis satisfait que certains orateurs l'aient indiqué clairement, car c'est faire preuve d'aveuglement ou d'une excessive pudeur que de nier que présentement, dans le monde, les pays en voie de développement sont pour beaucoup un champ de rivalités entre les pays industriels, particulièrement entre les pays du monde communiste et les pays du monde libre, plus précisément encore entre les États-Unis et l'Union soviétique. Il y a enfin et surtout à la coopération des raisons morales et humaines valables pour tous […]. « e*t en inversant la formule empruntée tout à l'heure au rapport Jeanneney, je dirais qu'ici l'éthique rejoint la politique au sens le plus élevé du terme. En effet, plus que la coupure dont on parle si fréquemment entre le monde* *communiste et le monde libre, et qui est en train de se modifier, ne serait-ce que par l'éclatement du monde communiste »*[182].

Les quatre raisons évoquées par Georges Pompidou, et celles données plus haut, présentent ainsi une importance capitale en France et pour son président, au point qu'elles ont fini par accentuer la concentration du pouvoir entre les mains du président de la République en matière d'initiative, c'est-à-dire de détermination des grandes lignes de la coopération, mais également de contrôle de l'exécution de celle-ci. C'est cette concentration qu'on retrouve également dans le domaine précis de l'aide publique au développement et, dans une certaine mesure dans le programme C2D, où toutes les grandes orientations sont prises au niveau de Paris, même si la mise en œuvre est de plus en plus faite par les acteurs locaux. Mais l'héritage de l'histoire qu'il est question d'examiner dans ce chapitre, ne se limite pas en France. Il se manifeste également au Cameroun. Ce pays est à l'image de sa puissance colonisatrice, caractérisé par une centralisation qui cache bien les efforts de décentralisation mis en œuvre depuis quelques années, ceci ayant également une incidence sur la mise en œuvre des politiques publiques en général, et de l'aide publique au développement en particulier.

Section II
La dissémination de la centralisation dans les pays africains

La section précédente a permis d'observer l'émergence de l'État en France, et la mise sur pied progressive de sa principale caractéristique qu'est la centralisation. Cette caractéristique est reconnue par Pierre Joxe qui rappelle combien par réaction « *l'État républicain restauré après la Libération, forgé dans la Résistance et la France Libre, fut trempé dans la tradition jacobine avec tous ses attributs : légalisme, républicanisme et centralisation »*[183]. Cette centralisation a sa raison d'être et sert notamment à l'achèvement de la guerre et au rétablissement de l'ordre public. Ceci montre d'ailleurs, d'après Pierre Joxe, que les Ire, IIe et IIIe Républiques étaient moins jacobines. Ce sont donc les IVe et Ve Républiques qui consacrent la centralisation, laquelle donne plus de prestige à l'État, sous la haute impulsion du général de Gaulle, libéré de la guerre d'Algérie et de la Seconde Guerre mondiale.

---

[182] CNED, *op cit.*

[183] Pierre Joxe : « La crise d'identité de l'Etat » in Roger Fauroux et Bernard Spitz : *Notre Etat. Le livre vérité de la fonction publique*, Paris, Robert Laffont, 2000, p 34.

La France est donc caractérisée par un pouvoir central que les lois de 1982 sur la décentralisation n'ont fait qu'atténuer. Si au Québec par exemple on peut aisément parler de « *gouvernance locale* » parce qu'on y retrouve, bien au-delà des services locaux du gouvernement fédéral canadien, et du gouvernement des provinces, des associations remplissant officiellement ou non une mission de service public, en France, la situation est différente. Pierre Joxe pense que l'idée même de pouvoirs locaux est suspecte[184]. Après l'adoption du statut de la Corse par le gouvernement et le Parlement par exemple, l'expression « peuple corse » fut annulée en 1991 par le Conseil constitutionnel « *parce qu'elle risquait de donner au nouveau statut décentralisé une coloration autonomiste* »[185]. On voit par-là l'existence des résistances centralisatrices d'un État qui s'efforce pourtant de réorganiser le partage du pouvoir entre le centre et la périphérie. Une situation que l'Afrique a gardée comme héritage après la période de la colonisation.

En effet, malgré les efforts fournis par de nombreux pays africains dans le sens de la décentralisation, l'État reste encore centralisé. Cette centralisation est fille de la colonisation, et produit un impact significatif, voire négatif sur les politiques publiques en général, et sur la mise en œuvre de l'aide publique au développement. Pourtant, certains écrits anciens ont tendance à prouver le contraire et à nier le lien existant entre l'Afrique et le reste du monde. C'est le cas de ceux du philosophe allemand F. Hegel (1770-1831) pour qui : « *le continent noir n'est pas intéressant du point de vue de sa propre histoire, mais par le fait que nous voyons l'homme dans un état de barbarie et de sauvagerie qui l'empêche encore de faire partie intégrante de la civilisation* »[186]. On peut comprendre la méconnaissance que Hegel a des incidences que la colonisation européenne et française a produites en Afrique. S'il est vrai que le philosophe allemand est l'un des penseurs les plus influents que l'Allemagne et l'Europe aient connus, il n'en demeure pas moins que c'est un homme du XIXe siècle, lequel décède en 1831 bien avant que l'épopée coloniale de la France ait connu son apogée en 1939, couvrant 12 millions de kilomètres carrés sur les cinq continents. L'ouvrage sur la philosophie de l'histoire dans lequel il parle du repli de l'Afrique sur elle-même est publié en 1837. Preuve de la méconnaissance que le

---

[184] *Op cit.*, p 43.
[185] *Ibidem.*
[186] F. Hegel : *La raison dans l'histoire. Introduction à la philosophie de l'histoire* cité par J.F. Bayart : *L'Etat en Afrique : la politique du ventre,* Fayard, 1992, p 21.

penseur allemand a de la réalité impériale et des héritages que l'Europe a laissés au continent noir.

Reconnaissons que la question de l'émergence de l'État en Afrique et du lien de cet État avec les structures étatiques occidentales ne fait pas l'unanimité entre les chercheurs s'intéressant à l'État africain à partir des indépendances. Cette absence d'unanimité ne permet donc pas de tirer des conclusions hâtives sur la dissémination de la centralisation française dans les pays africains. Il est donc intéressant de commencer par examiner les controverses scientifiques (I) avant d'affirmer l'existence d'une bureaucratie centralisée en Afrique héritée de la France (II).

I. Les controverses scientifiques

L'objectif principal de cette sous-partie est d'examiner la question de savoir si l'État en Afrique est un produit de l'État occidental, s'il a une historicité propre, ou alors s'il est la résultante d'une « *greffe* » occidentale et d'une historicité propre. Face à ce questionnement qui anime les débats de la science politique africaniste depuis les indépendances, Jean-François Bayart pense qu' « *au lieu de nous en tenir à ce débat sur la sociologie de l'export-import du politique et de ses avanies, il vaut mieux nous interroger sur les processus concrets de la formation de l'État, sous-jacents à sa greffe* »[187]. Contrairement à Bertrand Badie qui soutient l'idée que l'État en Afrique est un « pur produit de l'importation » occidentale, pour Bayart « *il n'est pas sûr que les trajectoires du politique, saisies dans leur historicité, puissent être ramenées à une formation commune de l'universalisation, de l'occidentalisation, de la globalisation ou au contraire de la singularité. En revanche, leur mise en perspective comparative demeure fructueuse* »[188]. Pour lui, loin de vouloir faire une description exhaustive de l'État, ou de donner une conclusion définitive aux débats l'entourant, il est question de livrer « *une problématisation un peu renouvelée de l'État, de ses œuvres, de ses contradictions, de ses incertitudes* »[189], en gardant à l'esprit que la plupart des débats qui l'agitent et qui défraient la chronique renvoient à son historicité[190].

---

[187] Jean-François Bayart : « L'historicité de l'Etat importé », *Les cahiers du CERI*, n°15, 1996, p 6.
[188] *Ibid.*
[189] *Ibid.*
[190] *Ibid.*

Il semble pour une grande part que certaines des positions adoptées sans concession par certains auteurs et certaines écoles de pensée participent de ce qu'Émile Durkheim et d'autres sociologues comme Pierre Bourdieu appellent *«l'illusion de la connaissance immédiate »,* celle-là même qui est selon eux « *un des obstacles à la connaissance scientifique* »[191].Bourdieu nuance cependant en pensant qu'il est vrai que la conviction d'avoir à construire contre le sens commun « *peut favoriser à son tour une illusion scientiste, l'illusion du savoir absolu* »[192]. Durkheim exprime très clairement cette illusion en soulignant combien les agents sont dans l'erreur qui est privation. Privés de la connaissance de tout, ils ont une connaissance du premier genre, tout à fait naïve. S'ensuit l'arrivée du savant qui appréhende le tout et qui est comme une sorte de Dieu par rapport aux simples mortels qui ne comprennent rien. Pour Bourdieu, il est important de « *mettre en question et l'illusion du savoir absolu qui est inhérente à la position de savant, et la forme particulière que cette illusion prend selon la position que le savant occupe dans l'espace de la production scientifique* »[193]. On peut penser dans ce cas que certaines positions associées à l'idée d'une greffe de l'État en Afrique ou celles niant tout lien entre l'État africain sont dans l'état de l'illusion de la connaissance immédiate. Mais un examen plus approfondi permet peut-être de relativiser ce jugement. Ceci nous suggère d'examiner les deux grandes positions qui s'opposent dans l'analyse de la « *formation* » ou de la « *construction* » de l'État en Afrique : la thèse de l'extranéité (A) et la thèse de l'historicité (B).

A. La thèse de l'extranéité

La thèse de l'extranéité- qui s'oppose à celle de l'historicité- est celle-là qui soutient que l'État en Afrique a été formé par des facteurs exogènes, lesquels nous viennent de l'Occident impérialiste ayant transmis au fil des années de colonisation, sa bureaucratie de type wébérien aux structures coloniales. Cette manière de voir est propre à deux écoles de pensée : « *les développementalistes libéraux* » et les « *dépendantistes néo-marxistes* ». À ces deux tendances, il convient d'ajouter ce que Jean-François Bayart désigne sous l'appellation sans doute péjorative de « *tiers courant de la sociologie historique* »[194].

---

[191] Pierre Bourdieu, Jean-Claude Chamboredon et Jean-Claude Passeron : *Le métier de sociologue*, 5e édition, Mouton de Gruytier, 2005, p ix.

[192] *Ibid.*

[193] *Ibid.*

[194] Bayart : *L'historicité de l'Etat importé, op cit.*, p 7.

Les développementalistes libéraux et les dépendantistes néo-marxistes soutiennent l'idée « *de la primauté des facteurs exogènes dans le changement politique qui affecte l'Afrique, l'Amérique latine et l'Asie depuis l'expansion mondiale de l'impérialisme* ». Ces facteurs qui viennent de l'Occident et se sont imposés par contraintes aux pays et peuples colonisés permettent ainsi de formuler la thèse « *de l'extranéité radicale de l'État contemporain de facture bureaucratique occidentale* »[195]. Les auteurs défendant cette manière de voir « *imputaient à cette aliénation la plupart des maux de ce qui était considéré comme le sous-développement politique* »[196]. Les développementalistes associent l'État à la modernité tout en l'opposant de toute évidence à la tradition « *qu'il s'efforçait de pénétrer à moins qu'il ne fût pénétré par elle* »[197]. Ils négligent à cet effet la pertinence de la tradition ou ce que Bayart appelle « *les racines de l'autochtonie* »[198]. Celles-ci sont même niées, et « *n'apparaissent que sur le mode résiduel de la résistance au changement* »[199]. Ceci suppose un déni de reconnaissance de l'identité des sociétés locales avec tout ce qu'elles comportent comme spécificités, et comme originalité dans la gestion de la vie quotidienne. Cette manière de voir ne rend donc pas service à l'Occident impérialiste qui est présenté comme dévorateur des pratiques locales au bénéfice d'une bureaucratie de type wébérien, au demeurant parfois inadaptée.

Les « dépendantistes » selon Bayart « *ont grossi le trait jusqu'à parfois refuser à l'Etat la moindre autonomie par rapport au système économique mondial* »[200]. Ils évoquent ainsi la constitution rapide de nouvelles couches sociales, privilégiées, presque uniquement de type administratif, dont la prospérité et le pouvoir dépendent de l'aide extérieure, et qui ne font preuve d'aucun dynamisme économique. Prenant l'exemple de la Côte d'Ivoire qui est l'un des pays où la colonisation française s'est le plus enracinée, et où les dirigeants ont été très fidèles au pouvoir colonial, Samir Amin écrit : « *la société ivoirienne n'a pas d'autonomie propre, elle ne se comprend pas sans la société européenne qui la domine : si le prolétariat est africain, la bourgeoisie*

---

[195] *Ibid.*
[196] *Ibid.*
[197] Bayart : *L'Etat en Afrique, op cit.*, p 26.
[198] *Ibid.*
[199] *Ibid.*
[200] *Ibid.*

véritable est absente, domiciliée dans l'Europe qui fournit capitaux et cadres »[201]. Par ailleurs, la prédation domestique, les fantoches gérant des « *fausses indépendances* » auxquelles néanmoins il était quelquefois reconnu quelque représentativité nationale, « *ne pouvaient nourrir d'autres ambitions que celles de laisser les segments de la bourgeoisie métropolitaine et, pour les plus puissants d'entre eux, de devenir les relais régionaux de l'impérialisme* »[202]. Ce débat se serait poursuivi en Afrique de l'Ouest avec semble-t-il, plus d'éléments d'analyse dans le cadre de la *Review of African Political Economy* sur la base des considérations théoriques de N. Poulantzas et de H. Alavi. Dans son approche économiciste, la revue aurait toujours tenu pour acquise la thèse de « *l'extranéité génétique de l'État tout en s'interrogeant sur le poids réel de l'héritage colonial* »[203]. Dans ce sillage, les anthropologues marxistes ont une fois de plus nié l'utilité de la problématisation endogène des champs politiques contemporains, se limitant donc aux thèses du caractère extraverti de l'État africain. Pourtant, reconnaît Bayart, ils ont « *attiré l'attention, en particulier à propos du Congo-Brazzaville, sur la répercussion en leur sein des dynamiques lignagères* »[204], c'est-à-dire à ces ensembles de sociétés acéphales se caractérisant par un pouvoir diffus, différentes des sociétés centralisées d'Europe.

Les thèses développées par les « *dépendantistes* » sur l'extranéité de l'État africain rejoignent plus globalement leurs positions en sciences sociales sur la situation de pauvreté, d'instabilité politique et de sous-développement des pays du Sud. Pour eux, ces maux sont la résultante de processus historiques mis en place par les pays du Nord en général, et les puissances impérialistes en particulier, avec comme résultat la dépendance économique des pays du Sud face à l'exploitation des pays du Nord. La conséquence de cette situation est que les pays du Sud dans lesquels on retrouve ceux d'Afrique sont dans l'impossibilité de se développer à cause de l'exploitation qu'ils subissent du Nord. Tous les maux que connaît le Sud proviennent par conséquent du Nord. Dans ce cas, si les structures de domination de la société sont inadaptées et

---

[201] Samir Amin : *Le développement du capitalisme en Côte d'Ivoire*, Paris, Ed. de Minuit, 1967 cité par Baryart : *L'Etat en Afrique*, *op cit.*, p 26.
[202] Bayart, *ibid.*
[203] *Ibid.*
[204] *Ibid.*

inefficaces, c'est bien à cause de l'Occident qui les a non seulement implantés au Sud, mais également qui a mal assuré leur appropriation.

Conçue dans les années 50, cette manière de voir est très influente durant les dix premières années d'indépendance de la majorité des pays d'Afrique (1960-1970). Elle participe d'une démarche globale et holiste de l'histoire sociale, politique et économique mondiale. Dans un raisonnement d'interdépendance inégale, les « *dépendantistes* » pensent que les pays les plus riches ont besoin des plus pauvres afin de s'assurer de la continuité de leur croissance. Mais si les premiers ont effectivement besoin des seconds, ceux-ci sont dans une situation d'exploitation qui ne leur permet pas de s'épanouir. Les thèses dépendantistes comptent de nombreux initiateurs et adeptes parmi lesquels on peut citer par ordre alphabétique : André Gunder Frank, Samir Amin, Sergio Bagu, Fernando Henrique Cardoso, Celso Furtado, Raul Prebish, Dieter Senghaas, Hans Singer, Immanuel Wallerstein, Theotonio dos Santos… La théorie de la dépendance, plus connue sous son appellation latino-américaine, est issue de la théorie léniniste de l'impérialisme et des thèses de Rosa Luxembourg qui transposent l'idée d'exploitation, constitutive du rapport capitaliste, de l'échelon national à l'échelon international, rapports Nord-Sud. Selon la théorie de la dépendance « *le système mondial est stratifié par la logique du capital entre, d'un côté, les pays du « centre », qui bénéficient d'une croissance élevée du fait de l'échange inégal avec les pays sous-développés, et de l'autre, le groupe des pays qui forment la périphérie du capitalisme mondial* »[205]. En d'autres termes, le sous-développement du Sud a pour origine l'exploitation des pays du Nord, appelés également pays du centre, et le développement inégal des nations est dû à « *la domination du mode de production capitaliste* »[206].

Pour Immanuel Wallerstein : « *la faiblesse des États de la périphérie était due nécessairement aux processus d'exploitation et d'accumulation des États du centre capitaliste* »[207].Samir Amin[208]quant à lui, part de la théorie des modes de production et tente de démontrer « *les raisons pour lesquelles le développement des pays de la périphérie était handicapé par les règles du capitalisme dominant* ». Il examine également les causes de l'expansion du capitalisme. Pour lui, le sous-développement

---

[205] Dussouy, *op cit.*, p 57.
[206] Roche Jean-Jacques, *op cit.*, p 122.
[207] Roche JJ, *op cit.*, p 123.
[208] « L'Accumulation à l'échelle mondiale » (1970) ou encore « Le développement inégal » (1974).

découle de l'expansion des mécanismes de marché à l'intérieur même des économies du Tiers-monde[209]. Alors même que le capitalisme du Sud ne pouvait aboutir à la croissance qu'ont connue les pays du Nord, Samir Amin arrive à identifier trois causes du sous-développement : 1) les inégalités sectorielles de productivité liées à l'absence de diffusion du progrès technique ; 2) la désarticulation profonde des mécanismes économiques à l'intérieur des pays du Sud avec pour conséquence le déséquilibre de développement entre différents secteurs de développement ; 3) une conception de l'économie des pays de la périphérie comme simple prolongement des économies développées avec pour conséquence une spécialisation inégale entre le centre et la périphérie. Au regard de ces trois raisons liées à la nature de l'économie capitaliste, Samir Amin trouve comme solution au phénomène du sous-développement, la rupture avec le mode de production capitaliste[210].

À ces positions présentées ci-dessus, il convient d'ajouter celle que Jean-François Bayart désigne sous l'appellation de 'tiers courant de la sociologie historique'. Ce courant a selon lui ignoré superbement l'Afrique subsaharienne et l'Amérique latine, et surtout « *n'a pas rompu avec cette vision des choses autant qu'on aurait pu l'attendre de lui* »[211]. Avant de défendre sa position sur l'historicité de l'État africain, Bayart donne quelques fondements qui justifient la position adoptée par le tiers courant de la sociologie historique. Pour lui ce parti pris méthodologique de la sociologie historique « *trouve son origine dans l'œuvre même de Max Weber... Chez le théoricien de Heidelberg, les sociétés ne peuvent être comprises comme des entités indépendantes et sont fondamentalement rattachées à la dimension changeante de leur environnement international, conçu au demeurant comme un ordre moins économique que géopolitique et militaire* »[212].Cette justification se poursuit par la manière même dont Weber conçoit l'État qui, à ses yeux, « *n'est attesté qu'en Occident (...) en dépit de tous les rapprochements possibles, si on accepte de voir en lui une institution politique ayant une Constitution écrite, un droit rationnellement établi, et une administration orientée par des règles rationnelles ou lois, des fonctionnaires compétents* »[213]. En jugeant la thèse de l'extranéité erronée et dangereuse

---

209 Roche JJ, *op cit.*, p 124.
210 *Op cit.*, p 125.
211 Jean-François Bayart : *L'historicité de l'Etat importé, op cit.*, p 7.
212 *Ibid*, p 8.
213 *Ibid.*

d'un point de vue politique, Bayart développe l'idée de l'historicité de l'État africain dans plusieurs de ses travaux.

B. La thèse de l'historicité

Face à la thèse de l'extranéité que développent les dépendantistes néo-marxistes et les développementalistes, Jean-François Bayart développe, au moins depuis la fin des années 80 la thèse de l'historicité de l'État africain. Ceci est fait de long en large dans son ouvrage *L'État en Afrique. La politique du ventre*, paru en 1989, dans lequel il suggère qu'il est important de « *comprendre que les sociétés africaines sont comme les autres* »[214], et qu'il faut « *penser leur banalité et, singulièrement, leur banalité politique* »[215]. Mais regrette-t-il, l'opinion publique occidentale est gorgée de stéréotypes, lesquels exaltent souvent un « *racisme* » que l'on aimerait dire d'antan. Bien plus, face à ceux qui nient l'historicité de l'État africain, etre fusent donc de penser la banalité politique en Afrique, Bayart pense qu'on est simplement en présence d'une attitude de paresse « *à saisir les ressorts historiques des sociétés perçues comme exotiques. C'est ce travers qui commande les représentations misérabilistes d'une Afrique moins sujet qu'objet de son devenir. Afrique mal partie, désemparée, désenchantée, déboussolée, convoitée, trahie, étranglée...* »[216]. On peut dire que cette attitude est également responsable de la mise sous tutelle de l'Afrique, non seulement par les institutions financières internationales comme on l'a connu dans les 90, avec les programmes d'ajustement structurel, mais également dans une certaine mesure par certaines politiques d'aide publique au développement, qui, au lieu d'émerger par « *le bas* » pour refléter les aspirations des populations bénéficiaires, sont conçues par les administrations centrales, et donc parachutées du « *haut* ».

Bayart se saisit des écrits de certains panafricanistes de premier ordre pour élaborer sa pensée. C'est le cas de ceux de l'historien sénégalais B. Barry qui, en étudiant le royaume de Sénégambie, relativise le facteur externe, comme facteur explicatif de premier ordre. Tout en constituant une expérience capitale pour l'Afrique, « *on doit le regarder comme un simple élément d'explication, capable d'éclairer l'histoire interne du Waalo* »[217].Il cite également Kwame Nkrumah pour qui « *nous devons*

---

214 Bayart : *L'Etat en Afrique, op cit.*, p 19.
215 *Ibid.*
216 *Ibid.*
217 *Ibid.*

écrire notre histoire comme l'histoire de notre société, jouissant de sa propre intégrité, son histoire doit être le reflet d'elle-même, et le contact avec les Européens ne doit figurer que sous l'angle de l'expérience des Africains »[218].

Ce sont là des bases importantes de réflexion et de méthode qui aux yeux de Bayart, permettent de prendre au sérieux l'historicité des sociétés africaines, et de la lier à la constitution de l'État africain. Mais pour lui, il ne s'agit pas « *d'oblitérer l'intervention des facteurs externes aux sociétés du tiers-monde, elles ont discerné dans leur caractère transitionnel la conséquence de l'intrusion coloniale qui les aurait catapultées sur la voie difficile de la modernité* »[219].Il est question de relativiser les idées des auteurs comme Bertrand Badie et Pierre Birnbaum pour qui « *les sociétés du tiers-monde ont abordé la construction étatique essentiellement par mimétisme, par reprise plus ou moins forcée de modèles exogènes, issus des sociétés industrielles de l'Est et de l'Ouest, artificiellement plaqués sur des structures économiques, sociales et politiques qui réclamaient probablement un autre type d'organisation* »[220]. On est donc en présence de ce qui est communément appelé la « greffe » de l'Etat en Afrique, celle-là même qui a consisté à installer dans les anciennes colonies, le modèle bureaucratique wébérien sans tenir compte des spécificités locales et des aspirations des populations autochtones. En examinant l'attitude des auteurs niant l'historicité des sociétés africaines, Bayart pense qu'au fond, cette dénégation n'est même pas réelle, et que dans leur foisonnement, les sources sur lesquelles ils s'appuient témoignent qu'il n'y a pas, positivement, un paradigme du discours occidental sur l'Afrique excluant toute reconnaissance de son historicité. Pour lui, la négligence des aspects historiques des sociétés africaines participe plutôt d' « *une réticence tendancielle à penser l'historicité des sociétés africaines dont il ne faut pas sous-estimer l'audience puisqu'elle se retrouve quelquefois sous la plume des auteurs les plus avertis* »[221].

Les exemples sur lesquels s'appuie Bayart lui viennent tant de l'Afrique de l'Ouest, du Nord, du Centre, que de l'Afrique australe, parfois dans une logique où il est difficile de savoir s'il confirme la thèse

---

[218] *Ibid.*
[219] *Op cit.*, p 25.
[220] *Ibid.*
[221] *Ibid.*

de l'historicité ou s'il la relativise. Il écrit par exemple que la Sénégambie, la Gold Coast, le delta du Niger, l'embouchure du Zaïre, la rade de Mombassa « *étaient fréquentés depuis trois ou quatre siècles par des Européens quand les Allemands pénétraient dans la forêt sud-camerounaise et entamaient l'ascension des Grassfields dans les années 1880-1890* »[222]. Fait-il une différence entre les Allemands et les Européens, et pense-t-il que les pratiques administratives des Allemands sont très différentes de celles des autres États européens ? En tout état de cause, Bayart veut relativiser le rapport entre la colonisation et la formation de l'État en Afrique sans toutefois le rejeter complètement. Pour lui : « *le différentiel de l'impact colonial est donc plus complexe qu'on ne le croit, mais il est indéniable. Le prouve entre autres exemples, la singularité qu'ont imprimée au mouvement nationaliste camerounais la pluralité des expériences coloniales du territoire- allemande, puis française et anglaise- et la spécificité de son statut juridique, qui en découla* »[223]. Il affirme donc l'existence d'un passé institutionnel et administratif hétérogène en Afrique avant les indépendances. Pour lui : « *les pays africains ont ainsi accédé à la souveraineté internationale moderne en étant dotés d'un passé institutionnel et administratif hétérogène qui aurait dû dissuader de les traiter en périphérie indifférenciée d'un centre capitaliste* »[224]. Souveraineté internationale moderne signifie donc qu'il y a eu avant cela une souveraineté internationale ancienne ou passée ; cela signifie-t-il surtout qu'avant cette souveraineté internationale moderne les formes institutionnelles et administratives étaient purement africaines et non occidentales ?

Pour Jean-François Bayart, il est impossible de méconnaître le fait que toutes les sociétés africaines ont affronté les épreuves de l'histoire, comme d'autres sociétés en Occident. Si elles n'étaient ni despotismes ni démocraties, « *elles agençaient plutôt des interactions subtiles entre le cercle de la domination et celui de la sujétion, qui incitent, au moins dans un premier temps, à récuser à leur propos l'idée facile de totalitarismes archaïques, d'ordre structurel, symbolique ou idéologique* »[225]. Bayart ne nie donc pas l'existence des rapports entre la colonisation et la formation de l'État en Afrique, mais il pense qu'il faut relativiser ce rapport que d'aucuns veulent trop étroits, car « *l'aptitude*

---

[222] *Op cit.*, p 34.
[223] *Ibid*, pp 34-35.
[224] *Ibid.*
[225] *Ibid.*

des sociétés à tirer parti des suites de l'occupation étrangère a naturellement été variable et leur comparaison sous cet angle est devenue un genre favori de l'anthropologie depuis l'étude classique de Georges Balandier : sa Sociologie actuelle de l'Afrique noire »[226].En effet, Georges Balandier est un anthropologue et sociologue français dont les études ont contribué à constituer l'ethnologie comme discipline, à renouveler l'approche des sociétés africaines contemporaines et à développer la réflexion sur la complexité et l'évolution des relations sociales dans le monde actuel[227].Sa sociologie qualifiée de « dynamique » s'oppose de prime abord au « structuralisme génétique », et à l'importance donnée aux faits de structure *« pour mettre au centre de sa réflexion l'étude des changements, des mutations, des mouvements sociaux, du devenir des sociétés »*[228]. Ces changements ont d'abord été examinés par de nombreux sociologues classiques à l'instar de Saint-Simon, d'Auguste Comte, Tocqueville, Karl Marx ou Herbert Spencer. Ces différents auteurs pensent « *la dynamique sociale* » et le devenir vers la société industrielle. Pour Alexis de Tocqueville, il est question d'analyser le processus d'égalisation des conditions et de démontrer que l'approfondissement des contradictions mène à l'effondrement du mode de production capitaliste[229].Georges Balandier participe ainsi de cette tendance et souligne la pluralité des changements qui traversent les sociétés africaines. Dans ce cas, ses analyses tendent implicitement « *à montrer que ces sociétés n'étaient aucunement, ou n'étaient plus, ces systèmes stables harmonieusement intégrés, ces sociétés froides ou sans histoire chères à l'ethnologie traditionnelle »*[230]. Pierre Ansart pense à cet effet que cette ethnologie traditionnelle que compte réviser Georges Balandier et qui était soupçonnée de vouloir découvrir des ordres constants et des structures permanentes, « *avait peut-être partie liée avec l'ancien ordre colonial porté à voir dans les sociétés colonisées des*

---

[226] *Op cit.*, p 41.

[227] De 1946 à 1948, il effectue son premier terrain au Sénégal, où il partage la vie de famille du fondateur de la revue *Présence africaine,* Alioune Diop, et se lie d'amitié avec Léopold Sédar Senghor. Il se rend par la suite en Guinée et au Congo. Pour ce futur universitaire, l'Afrique sera sa « véritable Sorbonne ». Proche d'Alfred Sauvy, il forge avec lui en 1956 le terme de « tiers-monde ». Critiquant le colonialisme, il préconise une décolonisation progressive et concertée. Lié aux acteurs des indépendances africaines, il vit avec engagement les difficultés de ces pays à utiliser leur nouvelle liberté et à prendre la voie de la démocratie.

[228] Pierre Ansart : *Les sociologies contemporaines*, Paris, Seuil, 1990, p 47.

[229] *Ibid.*

[230] *Op cit.*, p 49.

mondes immobiles qu'il importait, difficilement, d'ouvrir à la modernité »[231]. Le travail de Balandier présente donc une originalité en ce sens qu'il valorise l'objet Afrique dans les sciences sociales. Ainsi la possibilité même d'étudier un royaume africain comme un système politique engagé dans l'histoire *« indiquait combien d'autres approches étaient possibles et faisait des hypothèses de l'ethnologie traditionnelle autant d'hypothèses récusables. Dès lors, un autre soupçon est suggéré selon lequel le structuralisme, en polarisant l'étude sur les invariants et sur la répétition des ordonnancements sociaux, pourrait, dans une certaine mesure prolonger les principes de l'ethnologie ancienne »*[232]. Balandier fait donc perdre à la notion de structure « son privilège épistémologique », tout en lui substituant fréquemment les expressions « agencements sociaux », « permanences structurelles », *« pour bien rappeler que ces agencements ont un caractère provisoire, qu'ils sont le résultat de pratiques antérieures et seront transformés par les pratiques ultérieures »*[233].

Mais la thèse de l'historicité développée par Jean-François Bayart, aussi pertinente soit-elle, a été largement et longuement critiquée. De prime abord, on est déjà en présence d'une floraison d'exemples à tout le moins répétitifs qui ont le mérite de montrer que l'auteur s'acharne à faire de bout en bout une démonstration sur l'historicité de l'État en Afrique. Une sorte de boulimie démonstrative qui peut parfois lasser le lecteur en quête d'une synthèse permettant de lui faire comprendre l'essentiel de la pensée de l'auteur. Dans le même temps, on a l'impression de tourner en rond dans une démonstration qui est déjà faite. Ceci fait revenir sur la question du nombre de cas à retenir pour une démonstration en sciences sociales. Peut-être aurait-on pu penser qu'en lieu et place de certaines démonstrations rébarbatives que l'auteur fasse une classification permettant de montrer les similitudes et peut-être certaines divergences au niveau de l'historicité des sociétés africaines. En effet, le classement permet de mettre en ordre les données tant qualitatives que quantitatives dont on dispose pour comprendre et expliquer un objet d'étude. Il permet de gérer les données en nombre très élevé et de les répartir en catégories. Que l'on soit face à des données qualitatives ou des données quantitatives, on élaborera un ou des tableaux à double entrée ou tableaux croisés faits de deux ou plusieurs lignes et de

---

[231] *Ibid*, pp 49-50.
[232] *Ibid.*
[233] Ansart, *op cit.*, pp : 50-51.

deux ou plusieurs colonnes. Ces tableaux permettent de lire les relations entre lignes et colonnes.

Certaines critiques qui disent avoir lu et relu l'ouvrage de Jean-François Bayart sont de prime à bord surpris par le fait que, dans un livre où l'objet d'étude est si bien identifié ou clarifié par l'auteur, « *on y trouve pas de définition même minimale de l'État, fut-il en Afrique, d'Afrique ou africain* »[234]. Jean Copans pense à cet effet que c'est « *tout le sens de la démarche de l'auteur, et c'est tout simplement impossible si l'on adhère à sa perspective de sociologie historique* »[235]. En somme, Copans veut par-là dire que Jean-François Bayart ne se soumet pas aux exigences de base de la sociologie, notamment à la question de la définition préalable. Comme le fait remarquer Patrick Lehingue à ce sujet : « *sans élever cette exigence au rang de canon d'un catéchisme méthodologique auquel chacun doit pieusement sacrifier* »[236], il semble utile, en raison des confusions conceptuelles courantes tant dans le langage courant que dans certains débats scientifiques, de s'y soumettre. Marcel Mauss dit d'ailleurs de la définition préalable qu'elle « *transforme une impression indécise et flottante en une notion distincte* »[237], elle évite à cet effet « *les déplorables flottements et ces interminables débats entre auteurs qui, sur le même sujet, ne parlent pas des mêmes choses* »[238]. Une étude aussi approfondie de l'État en Afrique aurait ainsi gagné à se soumettre à ces exigences de base pour que la suite du débat soit comprise par le lecteur, ce d'autant plus qu'il est évident qu'en Afrique il n'existe pas un État, mais des États qui présentent des spécificités pouvant constituer des variantes, même si le noyau dur reste lié à l'héritage de l'Occident après la colonisation.

Le fait pour Jean-François Bayart d'exhorter les uns et les autres à comprendre que les sociétés africaines sont comme les autres, c'est-à-dire dotées d'une historicité, signifie-t-il qu'il n'existe pas de lien entre la forme occidentale de l'État et les États formés en Afrique après la colonisation ? Le fait de s'appuyer sur les écrits d'un historien comme B.

---

234 Jean Copans : «*La banalisation de l'Etat africain. A propos de l'Etat en Afrique de J.F Bayart* », *op cit.*, p. 95.
235 *Ibid.*
236 Patrick Lehingue : « La loyalty, parent pauvre de la trilogie d'A. O. Hirshman » in Josepha Laroche, *op cit.*, p 77.
237 Marcel Mauss et Paul Fouconnet : *La sociologie. Objet et méthode* cité par Josepha Laroche, *op cit.*, p 77.
238 *Ibid.*

Barry ou ceux de Kwame Nkrumah signifie-t-il que l'analyse de l'État en Afrique doit être dépouillée d'un prétendu héritage colonial ? En tout état de cause, pour Bayart, il n'est pas question d'ignorer les facteurs externes dans la formation des sociétés du Tiers-monde qui, selon lui, ont donc « *discerné dans leur caractère transitionnel la conséquence de l'intrusion coloniale qui les aurait catapultées sur la voie difficile de la modernité* »[239]. Si pour Bayart « *Tiers-monde* » est synonyme d'Afrique, il convient donc d'admettre qu'il y a eu dissémination de la forme centralisée de l'État occidental en Afrique, et que les pays ayant vécu sous domination coloniale française ont hérité de cette centralisation qu'appliquait la France sur le continent noir, laquelle persiste encore aujourd'hui malgré l'existence de lois et de politiques de décentralisation.

II. L'existence d'une bureaucratie centralisée héritée de la France

On parle d'une bureaucratie centralisée héritée de la France en raison des faits qui prouvent bien que la France jacobine par exemple appliquait dans ses colonies africaines le principe de l'administration directe, et donc a développé une tendance à la centralisation de l'administration publique en Afrique. La centralisation observée en Afrique aujourd'hui, notamment dans la mise en œuvre de la politique, des programmes et des projets d'aide publique au développement est donc inscrite dans une trajectoire comme l'ont globalement montré certains théoriciens des institutions. Les tenants de l'institutionnalisme historique, tout en définissant les institutions comme « *les procédures, protocoles, normes et conventions officielles et officieux inhérents à la structure organisationnelle de la communauté politique ou de l'économie politique* »[240], pensent qu'elles sont liées à une histoire. Ainsi, ces théoriciens formulent une conception du développement institutionnel « *qui privilégie les trajectoires, les situations critiques et les conséquences imprévues* »[241]. Des trois aspects valorisés et pris au sérieux par les institutionnalistes historiques, ce sont justement « *les trajectoires* » qui retiennent notre attention dans le cadre de cette analyse, car la centralisation observée dans les pays africains objet de cette étude est liée au sentier historique qui a donné naissance à l'État en Afrique,

---

[239] Jean-François Bayart : *L'Etat en Afrique..., op cit.*, p 25.

[240] Peter A. Hall, Rosemary C et R. Taylor : « La science politique et les trois néo-institutionnalismes », *Revue française de science politique*, 1987, vol.47, n°3, p 471.

[241] *Op cit.*, p 472.

lequel est celui de la colonisation, même s'il est avéré que les institutions africaines d'aujourd'hui sont également la résultante des formes locales d'organisation et de distribution de pouvoir. L'intérêt de s'appesantir sur cette centralisation tient au fait qu'elle a une incidence sur la réalisation de la politique publique d'aide au développement de la France en Afrique. Le constat est que cette incidence est globalement négative. Ceci rejoint la position des sociologues des organisations qui, en faisant une analyse des politiques publiques « *soulignent les difficultés de l'administration à mettre en œuvre les décisions prises, la faiblesse des compétences administratives, l'autonomie des agents au guichet, et donc au final, les limites de la capacité de l'État à résoudre les problèmes qu'il affirme prendre en charge* »[242]. Cette critique traduit le passage de « *l'optimisme rationalisateur des policy sciences au pessimisme sociologique* »[243] des sociologues des organisations (Lindblom, March, Simon, Wildawsky, Scharpf, Mayntz, Michel Crozier...). L'impact négatif que produit la centralisation sur la mise en œuvre des politiques publiques dans le domaine de l'aide publique au développement rejoint plus globalement l'érosion de la confiance en la capacité de l'État à résoudre les problèmes économiques et sociaux.

Que l'on s'inscrive donc dans la perspective des institutionnalistes historiques qui affirment l'importance des trajectoires dans la constitution des institutions, ou dans celle des sociologues des organisations qui critiquent sérieusement la rationalité de l'État consacrée par la centralisation bureaucratique, il est important d'observer qu'actuellement en Afrique, on est en présence d'une centralisation héritée de la colonisation (A) et d'un héritage toujours présent (B).

A. Une centralisation héritée de la colonisation

À la première lecture de ces travaux sur l'État en Afrique, notamment dans son ouvrage *L'État ailleurs. Entre noyau dur et case vide* (2002), Luc Sindjoun est réservé sur l'idée qu'il existe une centralisation administrative en Afrique. Il demande ainsi « *d'éviter les images certes frappantes, mais simplistes d'État hyper centralisé, d'État coupé de la société qui méconnaissent la complexité des relations entre l'État et la société. En effet, l'étatisation des sociétés locales induite par la déconcentration, la décentralisation et le fédéralisme va de pair avec les*

[242] Patrick Hassenteufel : *Sociologie politique. L'action publique*, Paris, Armand Colin, 2008, p 20.
[243] *Ibid.*

logiques d'indigénisation de l'État, de pénétration locale de l'État »[244]. Dès lors, l'auteur semble ne pas partager non seulement l'idée que l'État en Afrique est à l'image de l'État en Occident, mais également que l'héritage de la colonisation ne se perpétue pas jusqu'aujourd'hui. Pourtant en traitant dans le même ouvrage de la « *territorialisation de la domination politique* », il récuse l'idée d'une impossible extension de la forme occidentale de l'Étatà d'autres cultures, idée développée par Bertrand Badie et Marie-Claude Smouts[245], notamment.

À y regarder de près, Luc Sindjoun soutient bien la thèse d'une centralisation héritée de l'Occident colonisateur, tant des Allemands que des Français et des Britanniques. Il arrive à cette conclusion parce que selon ses propres termes, il va « *au-delà de l'énonciation de la centralisation du pouvoir comme principe actif de formation de tout État moderne pour appréhender les fondements de la monopolisation territoriale »*[246]. Ces fondements sont d'après lui d'origine coloniale. Bien plus, si l'État au Cameroun est centralisé, c'est la faute à l'Occident. Par là même, Sindjoun remet en cause les thèses de Bertrand Badie et de Guy Hermet relatives aux « *dynamiques orphelines* »[247] de l'État. En effet, ces deux auteurs font une critique acerbe de ce qu'ils appellent « *l'État périphérique* » par opposition à « *l'État hégémonique »*. Pour eux, le « *placage* » d'éléments partiels de la rationalité étatique a pour conséquence de graves dysfonctionnements au sein des États périphériques d'Asie et d'Afrique. Ces dysfonctionnements sont de plusieurs natures. D'abord, le placage « *contredit toute une culture qui, en Asie ou en Afrique, n'est nullement en affinité avec une conception étatique de l'ordre politique »*[248]. Cela signifierait dans ce cas que les logiques étatiques occidentales n'ont aucun rapport avec la régulation des sociétés africaines et asiatiques. Les risques de cette inadaptation sont alors énormes. Pour Badie et Hermet : « *L'État périphérique s'expose ainsi à une perte de légitimité, tout en risquant même d'échouer dans ses tentatives de pénétration des espaces sociaux, faute d'être attendu et*

[244] Luc Sindjoun : *L'Etat ailleurs. Entre noyau dur et case vide*, Paris, Economica, 2002, p 27.
[245] *Op cit.*, p 30.
[246] *Op cit.*, p 35.
[247] Bertrand Badie et Guy Hermet : *Politique comparée*, Paris, Armand Colin, p 169-201.
[248] *Op cit.*, p 169.

d'être compris »[249]. Ces auteurs minimisent donc toute la période coloniale au cours de laquelle a duré l'hégémonie étatique occidentale et qui, selon toute vraisemblance, a formé les élites et préparé les indigènes à vivre sous cette nouvelle forme de régulation politique imposée tant par les Allemands, que par les Britanniques et les Français. La rupture est même selon eux possible entre la société et l'État à cause de cette inadaptation. Ainsi, l'État se trouve à terme « *menacé d'être coupé de la société, et d'être relégué à l'état de scène politique officielle, devant subir la concurrence d'une scène politique légitime, constituée par le bas, à l'initiative des mouvements sociaux, relayés souvent en particulier par le revivalisme religieux qui s'érige en gardien du sens »*[250]. Par ailleurs, l'observé qui est faite de l'État périphérique est qu'il *« se trouve ainsi écarté entre deux logiques, une dynamique externe entretenant les relations de dépendance et soumettant son fonctionnement à des exigences internationales, et une dynamique interne ayant pour objectif d'éviter une dégradation critique des relations gouvernants-gouvernés »*[251]. Par-là, les deux auteurs veulent dire qu'en fait, ce n'est pas la structure originelle de l'État qui harmonise les relations entre le pouvoir et les citoyens. C'est une sorte de bricolage et d'adaptation aux circonstances qui favorise la paix entre les deux pôles.

Ces dynamiques orphelines dont parlent Badie et Hermet sont donc discutées, au moins pour les pays africains ayant subi la triple colonisation allemande, britannique et française. Pour Luc Sindjoun : « *Au Cameroun, le contrôle de l'espace social par l'Etat consacre le centre-providence qui est en même temps une stratégie de pénétration et une image symbolique. En tant que tel, le centre-providence n'est pas un accident structurel. Il est un produit de l'environnement sociopolitique. L'orientation objective de l'action politique est un fait constant* »[252]. L'environnement sociopolitique dont parle l'auteur ici renvoie à n'en point douter à la période coloniale vécue par les pays africains, laquelle a façonné la bureaucratie de manière presque homogène dans tous les États. La faute est donc à la colonisation, car pour Sindjoun : « *l'imposition de l'autorité centrale dans les périphéries sectorielles du Cameroun est largement conditionnée par l'histoire coloniale. Mieux,*

---

[249] *Ibid.*
[250] Ibid.
[251] *Ibid.*
[252] Luc Sindjoun : *L'Etat ailleurs..., op cit.*, p 36.

elle relève de l'innovation administrative coloniale. Le passage de la dépendance à l'indépendance entraîne la transmission du patrimoine administratif du colonisateur à l'ex-colonisé à des fins de reproduction du système de domination politique... »[253]L'auteur constate que *« la filiation qui lie le Cameroun à l'Occident n'est incontestable tant il est historiquement fondé que celui-là est une création allemande »*[254]. Les points sur lesquels insiste ici l'auteur et qui du moins sont attestés par l'histoire seront ainsi transposables dans d'autres pays d'Afrique quand il s'agira d'examiner l'héritage de la France au sein de ses anciennes colonies. En insistant sur le lien historique entre l'Occident colonisateur et l'Afrique, Sindjoun relativise et la thèse de Badie et Hermet, et celle de Jean-François Bayart sur l'historicité propre des sociétés africaines. Concernant l'Etat du Cameroun, il affirme qu'il est « *un Etat exporté (et non importé) et implanté par les Occidentaux puis récupéré et réinterprété ou adapté par les indigènes, par les nationaux (catégorie créée par la colonisation »*[255]. La colonisation apparaît comme l'évènement fondateur ou structurant qui, sur le plan de l'analyse des trajectoires politiques, *mérite d'être considéré plus qu'une simple parenthèse au nom de la permanence de l'historicité propre des sociétés africaines »*[256].Pour l'auteur, la responsabilité du fait colonial est donc incontestable tant pour la formation de l'État en Afrique en général, et au Cameroun en particulier, que pour la structuration de cet État dont on peut observer qu'il présente les traits de centralisation propre à l'État occidental. Chez Sindjoun, il y a une tentative de ne pas remettre complètement en cause les analyses faites par ses prédécesseurs, notamment celles faites par Bayart. C'est ainsi qu'il affirme combien « *le pesant de considération accordé au transfert colonial de technologies administratives n'implique pas de faire table rase du passé précolonial ; néanmoins, il est difficile qu'une archéologie de l'Etat contemporain au Cameroun ne considère pas la colonisation comme souche référentielle* »[257]. Il adhère dans ce cas aux analyses d'Ali Mazrui qui affirment « *la thèse de l'Etat héritier* »[258]. L'héritage dont parle l'auteur est à la fois d'origine allemande, britannique et française pour ce qui est

[253] Ibid.

[254] Luc Sindjoun, *op cit.*, p 36.

[255] Ibid.

[256] *Op cit.*, p 37.

[257] *Op cit.*, pp : 37-38.

[258] Ali Mazrui : « Le triple héritage de l'Etat africain » in Ali Kazancigil : *L'Etat au pluriel* (1985) cité par Sindjoun, *ibid.*

du Cameroun. Les autres pays d'Afrique centrale objet de cette recherche ont seulement hérité de la forme centralisée de l'État français.

L'héritage germanique remonte à l'entreprise coloniale allemande amorcée au Cameroun en 1884, et participe de l'application locale du principe de l'hinterland élaboré lors de la conférence coloniale de Berlin (1884-1885).Il s'agit selon les termes de Louis-Paul Ngongo repris par Luc Sindjoun de « faire connaître dans le maximum de localités possibles l'ordre et le drapeau allemand ». Cette centralisation suivait ainsi un cheminement précis. Pour Luc Sindjoun, « *la mise en place du réseau politique interne est déterminée par le principe du double degré de la domination étatique qui consiste en la construction du centre et en l'établissement des relais locaux* »[259]. L'auteur en parlant de réseau politique interne, veut sans doute faire allusion à la structure de domination politique mise en place par le colonisateur, laquelle s'est transformée par la suite en bureaucratie administrative. Cette bureaucratie constituera donc le lieu de la confiscation du pouvoir de l'État au détriment de la périphérie.

Avec la reprise en main du Cameroun suite à la défaite allemande lors de la Première Guerre mondiale, se confirme l'option centralisatrice de l'État que Sindjoun désigne par l'expression de « l'exportation équatoriale du jacobinisme » tant par les Français que par les Anglais. Il rappelle à cet effet combien « le positionnement du centre comme instituteur de la périphérie est une tradition en France »[260].La domination territoriale du centre permet de faire une distinction selon les périodes bien déterminées : « *entre 1916 et 1920, c'est la ville de Douala qui symbolise la domination politique française et anglaise du Cameroun oriental, suite à la défaite des Allemands ; en 1921, la ville de Yaoundé est choisie comme siège de l'autorité coloniale française pour des raisons d'ordre climatique et stratégique* »[261]. Même si le destin du Cameroun est passé des mains des Allemands à celles des Anglais et des Français, les premiers auraient légué aux deux seconds leur modèle d'organisation de l'administration. C'est dans ce sens que Sindjoun établit le lien entre les deux phases de la colonisation en soulignant : « *l'organisation administrative du territoire est dans une certaine mesure tributaire de l'héritage allemand. La construction changeante*

[259] Sindjoun, *op cit.*, p 38.
[260] *Op cit.*, p 41.
[261] *Ibid.*

constamment renouvelée de la périphérie entre 1916 et le début de la Deuxième Guerre mondiale, consacre le centre comme architecte de l'ordre politique interne »[262]. Si le centre joue donc le rôle que lui prête Luc Sindjoun sous la période coloniale, il est intéressant de savoir s'il y a persistance de cette centralisation plus de cinquante ans après les indépendances des pays africains ayant vécu sous le joug colonial de l'Allemagne, la France et la Grande-Bretagne. Il est question de voir si la périphérie subit encore selon l'expression de Luc Sindjoun « *la quasi-diabolisation* » constatée tant dans les discours politiques du président Ahmadou Ahidjo (1960-1982) que dans ceux de son successeur Paul Biya au pouvoir depuis 1982[263]. Pour l'auteur « *c'est généralement de manière pathologique que la périphérie est intégrée dans les discours. Aussi le tribalisme, l'ethnisme et le provincialisme sont condamnés* »[264]. Il y a donc selon lui une sorte de diabolisation de la périphérie et de sacralisation du centre. Si la périphérie représente la désintégration, le centre est plutôt synonyme de l'ordre, de l'intérêt général de la nation. Si la périphérie est synonyme de désordre, du règne des intérêts particuliers, du tribalisme, le centre renvoie plutôt à l'idéologie unitaire à la française, le mythe de l'indivisibilité. Il conclut ainsi : « *la répression symbolique de la périphérie plurale, notamment par le biais de la rhétorique de l'unité et de l'indivisibilité, vise à affirmer la primauté des compétences du pouvoir central sur l'étendue du territoire. Elle est le cache-sexe de la domination bureaucratique* »[265]. Il semble bien que Luc Sindjoun ait le souci de mettre l'accent sur l'historicité de la formation au Cameroun, même si le titre de son ouvrage donne les allures d'un travail plus général. Il paraît évident que les exemples retenus par l'auteur sont en majorité tirés de l'expérience camerounaise, comme l'a fait avant lui, dans un tout autre objectif, Jean-François Bayart dans son *L'État au Cameroun* (1979). Le mérite de l'œuvre de Luc Sindjoun est non seulement de tordre le cou aux thèses qui nient le lien entre l'État en Afrique et la forme occidentale de l'État appliquée durant la période coloniale, mais également de prouver que cette forme issue d'expériences étrangères trouve au moins en partie une application « ailleurs », notamment dans le contexte africain. Cet apport est inestimable tant au plan analytique, car présentant une innovation en termes de grille de

---

[262] *Op cit.*, pp 41-42.
[263] *Op cit.*, p 50.
[264] *Ibid.*
[265] *Op cit.*, pp 51-52.

lecture, qu'au plan pratique au regard des exemples concrets cités qui permettent de comprendre certaines dynamiques centralisatrices d'aujourd'hui. Mais dans une recherche comme la nôtre qui se veut néo-institutionnaliste et prend appui sur l'analyse des politiques, il est difficile de se satisfaire complètement d'une étude socio-historique qui fait l'économie des dynamiques institutionnelles et de leur impact sur les politiques publiques, qu'elles soient nationales ou internationales. Cela dit, notre insatisfaction n'enlève rien à la pertinence de ce travail, lequel permet de montrer que la centralisation vécue en Afrique est inscrite dans un sentier historique, mais qu'elle existe toujours.

B. Un héritage toujours présent

La perspective analytique et contemporaine dans laquelle s'inscrit ce travail n'autorise pas à s'arrêter sur les considérations d'ordre historique. Les débats s'appuyant sur un socle analytique socio-historique ont une importance indéniable dans la mesure où ils permettent de retracer la trajectoire de l'État africain en montrant par exemple, comme le fait Jean-François Bayart, que les approches marxistes et libérales placent les systèmes politiques africains moins dans la perspective de leur propre historicité, que dans celle de l'historicité du monde occidental. Pourtant selon lui, la colonisation n'a pas « gommé » les systèmes d'inégalité et de domination antérieurs qui poursuivent leur devenir historique et se trouvent transposés au sein des appareils politiques et économiques de l'État. Il est donc bon de savoir, au-delà des controverses théoriques, ce qu'il en est aujourd'hui. Mieux, il est bon de montrer que l'État est encore centralisé en Afrique malgré les lois adoptées sur la décentralisation. Il est bon de montrer que cette décentralisation reste un masque qui voile la confiscation du pouvoir réel entre les mains des bureaucraties centrales, et surtout que cette centralisation a une incidence sur les politiques publiques.

Le premier point qui constituera l'analyse de cette sous-partie porte sur la persistance de la centralisation dans les pays africains objet de cette recherche, que cette centralisation découle du modèle de l'État occidental, ou qu'elle découle du passé propre des sociétés africaines. Il est donc question de faire l'examen de ce que Jean-Jacques Chevallier appelle « *l'appareil administratif* », et plus précisément le modèle bureaucratique appliqué. Il est question d'examiner non seulement « *la configuration interne de l'appareil administratif* »[266], mais également d'aller voir le quotidien de la vie administrative pour mettre en évidence ce que les administrations africaines ont de centralisateur aujourd'hui. Chevallier distingue ainsi deux modèles d'organisation de l'appareil administratif : d'une part le *modèle centrifuge,* qui est caractéristique de la féodalité et se manifeste par une fragmentation et une hétérogénéité, et d'autre part le *modèle centripète* propre aux systèmes despotiques et basé sur la hiérarchisation et la centralisation. Le second, qui nous intéresse dans le cadre de cette recherche, est celui qui s'est imposé progressivement en Europe occidentale à partir de l'État absolutiste. C'est également celui dont ont hérité les pays africains ayant subi la colonisation européenne. Pour Max Weber, la hiérarchisation et la centralisation sont la forme d'organisation la plus rationnelle susceptible d'atteindre le rendement maximal[267]. Il trouve en la bureaucratie administrative une organisation idéale. C'est *un modèle de référence* où la norme implicite préside à la construction et à l'aménagement des systèmes administratifs. Comme le rappelle Chevallier, « *ce modèle repose sur la prééminence du droit : l'administration bureaucratique se caractérise par une juridicisation poussée : elle se présente comme coulée dans le moule du droit, qui modèle son organisation interne et constitue son mode privilégié d'action en direction de la société* »[268].

Mais les mérites que Weber a trouvés à la bureaucratie administrative ont malheureusement présenté avec le temps des travers et des faiblesses, notamment en termes de lourdeur, laquelle est également observable en Afrique. C'est cette lourdeur, caractéristique de la centralisation, qu'il est donc question d'observer dans les pays objet de cette recherche.

En partant donc de l'analyse que Jean-Jacques Chevallier fait de l'organisation interne du modèle bureaucratique wébérien, on peut retenir que la centralisation administrative se caractérise par *la spécialisation* et l'*intégration* dans laquelle on observe la hiérarchisation, la direction et la coordination. L'administration centralisée est caractérisée par la spécialisation, car « *l'appareil central est subdivisé en un certain nombre de branches, qui correspondent aux différentes facettes de l'activité*

---

[266] Chevallier, *op cit.*, p 307.
[267] *Ibid.*
[268] *Op cit.*, p 309.

administrative : ces découpages, cristallisés par la différenciation ministérielle, se prolongent au sein même des ministères »[269].

L'intégration quant à elle est un correctif à la spécialisation qui dans l'analyse de Chevallier est « une menace potentielle pour l'unité de l'appareil » administratif. Les mécanismes d'intégration sont au moins de deux ordres : ordre sociologique et ordre formel. Au plan sociologique, il s'agit de satisfaire certaines exigences liées notamment à la complémentarité des fonctions et des rôles des administrations, la similitude de leur position face aux élus et aux services extérieurs, l'homogénéité de la couche des hauts fonctionnaires qui dirigent l'administration, leur proximité non seulement physique, mais aussi psychologique pouvant créer une forte solidarité. Au plan de l'organisation formelle, l'intégration assurerait au moins théoriquement « *le maintien du cadre unitaire* »[270]. Elle est caractérisée par la hiérarchisation, la direction et la coordination. La hiérarchisation assurerait l'unité des structures intra-ministérielles, pendant que la direction limite les compétences des organes inférieurs par rapport aux organes supérieurs, avec une tendance lourde au renforcement du pouvoir d'impulsion du sommet de l'Exécutif. La coordination quant à elle vise à renforcer la cohérence de l'action en tentant de compléter les effets intégrateurs de la hiérarchisation et de la direction politique « *en jouant sur un plan horizontal et non plus vertical et en misant sur l'incitation plutôt que sur la contrainte* »[271].

L'observation de l'organisation formelle de départements ministériels dans les pays africains objet de cette recherche permet d'identifier clairement les phénomènes de hiérarchisation, de direction et de coordination. C'est le cas au sein du ministère camerounais de l'Enseignement supérieur où la lecture de l'organigramme et l'observation de la vie quotidienne du ministère permettent d'identifier le chef du département ministériel comme principal destinataire de tout le travail fait au sein du ministère. La hiérarchisation se manifeste par exemple par le fait que le ministère de l'Enseignement supérieur, tout le ministère, est placé sous la seule et unique autorité du ministre. Celui-ci exerce en outre la tutelle générale sur les universités d'État et la tutelle académique sur un certain nombre d'établissements publics que sont

---

[269] *Op cit.*, 331.
[270] Chevallier, *op cit.*, pp 333-334.
[271] *Op cit.*, pp 35-36.

l'Institut des relations internationales du Cameroun (IRIC), l'École supérieure des sciences et techniques de l'information et de la communication (ESSTIC), l'Institut national de la jeunesse et des sports (INJS), l'École nationale supérieure des postes et des télécommunications (ENSPT) et l'École nationale supérieure des travaux publics (ENSTP).

La *direction* qui a pour but de limiter les compétences des organes inférieurs par rapport aux organes supérieurs se manifeste d'une part entre le chef de département ministériel et l'ensemble des structures des services centraux, et d'autre part entre le chef de département ministériel et les services extérieurs, en l'occurrence les universités et les établissements placés sous sa tutelle. Au niveau des services centraux par exemple, on peut observer que toute initiative formulée sous forme de « Note à la haute attention de Monsieur le Ministre », a comme son nom l'indique, pour seul et unique destinataire le ministre de l'Enseignement supérieur. Le parcours ascendant des dossiers peut commencer chez un cadre, un chargé d'études assistant, ou un chef de service ; ils arrivent chez le chef de cellule correspondant ou le sous-directeur, passent par le chef de division correspondant ou le directeur pour avis du secrétaire général, qui à son tour juge de l'opportunité de transmettre le « *Note* » au ministre « *sans objection* » ou « *avec avis partagé* ». Au cas où le secrétaire général trouve à redire, le dossier peut être renvoyé au personnel qui l'a initié pour correction, tout comme il peut s'égarer dans le circuit administratif. Mais en tout état de cause, le déroulement normal le destine à la seule et unique personne du ministre. De façon concrète, une « Note » initiée par un chargé d'études assistant (CEA) de la cellule du suivi du dialogue et de la solidarité a pour destinataire final le ministre de l'Enseignement supérieur, même si elle passe sur les tables du chef de cellule de suivi du dialogue social (CSDS), du chef de division de la promotion, de dialogue et de la solidarité universitaire (DPDSU), et du secrétaire général (SG). Quand bien même un personnel des services centraux voudrait éviter qu'une note qu'il juge confidentielle et urgente ne soit bloquée et retardée dans le circuit administratif, il peut, en faisant jouer son entregent au sein du cabinet du ministre, porter directement son travail auprès de son destinataire. Mais une fois de plus, le Ministre est le seul et unique destinataire de toutes les notes, et donc de toute l'intelligence et l'ingéniosité déployées par les fonctionnaires, contractuels et autres agents décisionnaires affectés dans ses services. Ce cheminement obligatoire qui peut répondre à des exigences de traçabilité et qui procède d'un certain écrémage de ce qui doit être étudié par le Ministre, comme on le sait est très sollicité, est surtout commandé par la norme. Il s'agit du décret présidentiel du 1er octobre 2012 portant organisation du ministère de l'Enseignement supérieur. Ce décret fait du ministre le « *responsable de l'élaboration et de la mise en œuvre de la politique gouvernementale en matière d'enseignement supérieur* ». À ce titre, il est chargé de : « *l'organisation, du fonctionnement et du contrôle pédagogique de l'enseignement supérieur ; la pérennisation des missions traditionnelles de l'enseignement supérieur ; la promotion et la diffusion de la recherche universitaire* ... » (article 1er, al ; 1 et 2).

La coordination enfin qui vise le renforcement de la cohérence de l'action administrative, est formellement, pour ce qui concerne le ministère de l'Enseignement supérieur, du ressort du secrétariat général. Le secrétaire général, tout en suivant l'instruction des affaires du département, et recevant des délégations de signature nécessaires du ministre, « *coordonne l'action des services de l'administration centrale et des services extérieurs et des organismes rattachés du ministère, et tient, à cet effet, des réunions de coordination dont il adresse les procès-verbaux au ministre* ». Cette disposition du décret de 2012 a tendance à valoriser le secrétaire général, en faisant de lui le coordonnateur des services du ministère de l'Enseignement supérieur. Mais à vrai dire, s'il est prouvé que toutes les « *notes* » qui veulent prendre le circuit normal passent par le secrétaire général, il est par contre difficile d'établir qu'il tient ses réunions de coordination et dresse des procès-verbaux au ministre. L'observation qu'on peut faire est que c'est le Ministre même qui tient les réunions de coordination. En 2014, ces réunions se tenaient le mardi à partir de 10 heures dans la salle 1036 réservée presque exclusivement aux réunions présidées par le Ministre lui-même.

L'écart entre les textes et la réalité peut s'expliquer au moins par deux éléments d'ordre politique et sociologique. Au plan politique, ce qui peut être considéré comme un accaparement par l'actuel ministre de l'Enseignement supérieur de la fonction de coordination, peut s'expliquer par la forte personnalité politique du professeur Jacques Fame Ndongo, longtemps proche collaborateur du président de la République, membre titulaire du Comité central du Rassemblement démocratique du peuple camerounais (RDPC), parti au pouvoir, et secrétaire général adjoint, chargé de la communication au sein du parti. Longtemps ministre, il est par ailleurs le représentant personnel du président de la République, président national du RDPC dans la région du Sud, fief électoral du parti au pouvoir, et région natale du président Paul Biya.

Après l'analyse de la persistance de la centralisation dans les administrations publiques en Afrique, l'autre point de la dernière partie de ce chapitre porte sur l'incidence de la centralisation sur les politiques publiques. Cette incidence a une source normative dans la mesure où le droit en vigueur prévoit clairement, malgré les efforts de déconcentration et de décentralisation, la mainmise du pouvoir central sur la mise en œuvre des politiques publiques. En ce qui concerne le ministère de l'Enseignement supérieur du Cameroun, cette mainmise est explicitement prévue par le décret du 1er octobre 2012 qui fait du ministre de l'Enseignement supérieur le « *responsable de l'élaboration et de la mise en œuvre de la politique du gouvernement en matière d'enseignement supérieur* »[272]. Dans un pays qui consacre l'autonomie des universités, remettre l'initiative de l'élaboration et de la mise en œuvre de la politique de l'enseignement supérieur revient à accréditer la thèse de la centralisation et de son incidence sur les politiques publiques.

Dans le langage courant, *l'élaboration* renvoie à la préparation qui précède la mise en œuvre. Dans le langage des politiques publiques, elle renvoie à ce que Vincent Lemieux désigne par l'expression « *formulation des politiques publiques* », laquelle a été un peu délaissée au profit du processus de mise en œuvre et d'évaluation des politiques publiques. Lemieux considère cette formulation comme « *consistant principalement dans le couplage du courant de la politique publique et du courant des solutions, les deux courants étant eux-mêmes couplés, mais de façon plus lâche, avec le courant des problèmes* »[273]. Il analyse la place de cette formulation dans les règles officielles auxquelles sont soumises les politiques publiques, qu'elles soient nationales ou internationales. D'après lui, « *la formulation s'achève par l'adoption de mesures de régulation. Ce peut être le fait du Parlement, d'un Conseil des ministres, ou d'une autre instance autorisée, dont les instances administratives, donc de différents sous-systèmes du système politique* »[274]. Le ministère de l'Enseignement supérieur est ainsi considéré comme un sous-système du système politique camerounais global, qui à son tour englobe d'autres sous-sous-systèmes que sont les différentes structures du ministère.

---

[272] Article 1er alinéa 2 du décret de 2012.
[273] Vincent Lemieux, *op cit.*, p 83.
[274] *Ibid.*

Dans le cadre de l'élaboration de la politique du gouvernement en matière d'enseignement supérieur, il s'appuie par exemple sur la Direction du développement de l'enseignement supérieur (DDES) qui est chargée entre autres de « *l'élaboration et du suivi de la mise en œuvre des stratégies de développement de l'enseignement supérieur ; du renforcement et de la diversification de l'offre de formation universitaire ; de la promotion de la professionnalisation et des modes alternatifs d'enseignement et d'apprentissage dans l'enseignement supérieur…* »[275].

La mise en œuvre qui est confiée aux services centraux de l'État constitue également une caractéristique de la centralisation administrative dans les pays africains. La mise en œuvre ou *Programm implimentation,* renvoie à la phase d'application des décisions, de l'utilisation des ressources autorisées pour la politique, du déploiement du programme d'actions, et de la réception par les publics de ces programmes. Si elle correspond dans le schéma séquentiel de Charles O. Jones (1970) à la troisième phase, Padioleau (1982) en donne une définition qui permet de révéler son importance par rapport aux autres phases de la politique publique, et de montrer qu'on n'est pas dans une phase figée, mais plutôt une démarche roulante où devraient apparaître les changements nécessaires pour lesquels la décision gouvernementale a été adoptée. Pour lui : « *la mise en œuvre peut être considérée comme un processus au sein duquel se succède une série d'actions sociales mettant en jeu des ensembles d'acteurs plus ou moins organisés, qui occupent des positions hétérogènes et portent des intérêts et des ressources différentes* »[276]. Dans le cadre de l'enseignement supérieur au Cameroun, malgré la reconnaissance de l'autonomie des universités, le décret présidentiel du 1er octobre 2012 donne bien au ministre de l'Enseignement supérieur la compétence de la mise en œuvre de la politique du gouvernement en matière d'enseignement supérieur. Dans ce cas, l'autonomie qui est donnée aux universités est une autonomie déléguée dont le contrôle reste de l'apanage du ministre de l'Enseignement supérieur.

En partant du concept de Pathdependency, l'objectif de ce chapitre était de montrer que la centralisation observée aujourd'hui dans l'organisation institutionnelle de la France et du Cameroun est issue des

---

275 Article 28 (1) du décret présidentiel du 1er octobre 2012.

276 Antoine Megie : « Mise en œuvre » in Boussaguet, Jaquot et Ravinet (sous la direction), *op cit.*, p 286.

trajectoires politiques et institutionnelles des deux pays. Pour la France, la référence se trouve principalement dans la désintégration de la féodalité qui est un régime social qui domine l'Europe jusqu'à la Révolution française de 1789. Cette société féodale était caractérisée entre autres par la fragmentation de l'autorité politique et la recomposition des relations entre les propriétaires et leurs clientèles autour de leurs domaines seigneuriaux. Le pouvoir de commander se trouvait donc disséminé entre plusieurs entités, avec ce risque énorme de désordre social, et une difficile coordination des activités d'intérêt général. La solution à cette situation fut la mise sur pied de l'État à travers une forte bureaucratie.

Au fil des années, la France a vécu un renforcement continu du centre, y compris à l'époque du libéralisme triomphant, au point où l'administration économique française a été qualifiée de « *louis-quatorzienne* ». Les trente glorieuses à leur tour ont renforcé cette centralisation, notamment par un interventionnisme accru des pouvoirs publics dans le secteur productif, avec des nationalisations (Renault, Crédit lyonnais). On a également pu observer la mise sur pied de programmes de planification attestant de la volonté de l'État de mettre en œuvre certains moyens pour exercer une influence significative sur la production et la redistribution des richesses.

En dehors de la désintégration de la féodalité, on a pu montrer que la centralisation en France découle également d'évènements contemporains importants que sont la Seconde Guerre mondiale et la guerre d'Algérie. Ces deux évènements ont favorisé la concentration du pouvoir entre les mains de l'Exécutif, et plus précisément du président de la République. Le chef de l'Exécutif en France est passé du rôle d'arbitre sous les républiques précédentes, à un véritable maître du jeu tant au plan de la politique interne, que dans la diplomatie. Cette mutation ne se limite d'ailleurs pas à la seule fonction du président de la République. On est globalement en présence des premières manifestations du renforcement de l'Exécutif dans les démocraties occidentales. On pense que ce renforcement repose d'une part sur le besoin d'efficacité, et d'autre part sur la tendance à la personnalisation du pouvoir.

Pour le Cameroun, la centralisation est également liée à l'histoire politique et institutionnelle de l'État. Plusieurs thèses s'affrontent à ce sujet. Si pour les tenants de la thèse de l'extranéité, l'État en Afrique a été formé par des facteurs exogènes, lesquels viennent de l'Occident impérialiste, pour les tenants de l'historicité de l'État africain, cet État est basé sur un passé institutionnel et administratif hétérogène construit avant les indépendances. Alors que pour la thèse de l'extranéité, la toute-puissance du centre sur les périphéries sectorielles est largement conditionnée par l'histoire coloniale, pour les défenseurs de l'historicité propre des sociétés africaines, les pays africains ont accédé à la souveraineté internationale moderne en étant dotés d'un passé institutionnel et administratif qui aurait dû dissuader de les traiter en périphérie indifférenciée d'un centre capitaliste.

La position de cette recherche, plus proche de celle des tenants de l'extranéité, affirme qu'on est en présence d'un héritage toujours présent. Les efforts de décentralisation ne supplantent en rien les fondements centralisateurs de l'État au Cameroun. Ce voile qui a du mal à cacher la confiscation du pouvoir a une incidence sur les politiques publiques nationales et internationales dans leurs différentes phases, ainsi qu'on a pu le démontrer à travers la politique du Gouvernement camerounais en matière d'enseignement supérieur.

Tout ce qui précède répondait donc à un préalable socio-historique permettant de montrer la dépendance des institutions au sentier historique comme le pense Paul Pierson. Mais la démonstration a été possible à travers des exemples généraux permettant de montrer l'incidence de la bureaucratie centralisatrice sur les politiques publiques. Il est maintenant important pour la suite de cette recherche d'examiner l'impact de cette centralisation sur notre objet d'étude qu'est la politique française d'aide au développement et le programme C2D.

Chapitre 2

L'impact de la centralisation sur l'aide publique au développement

L'importance de ce chapitre tient au fait qu'il permet d'entrer de plain-pied dans la problématique de cette recherche, laquelle repose sur la question de savoir qu'est-ce qui explique, malgré les réformes successives, la faible efficacité de la politique française d'aide au développement au Cameroun, et comment peut-on l'améliorer au regard des limites que présente la principale réforme de 1998. Comme réponse anticipée à la question posée, nous défendons l'hypothèse que la forte centralisation des administrations française et camerounaise constitue un obstacle à la réussite des objectifs fixés tant par la France que par le Cameroun dans le cadre de la politique d'aide au développement et du programme C2D. Cette hypothèse lie donc l'efficacité d'une politique extérieure à l'organisation institutionnelle des États bailleurs et récipiendaires.

Cette hypothèse a rarement été défendue tant par les auteurs qui ont analysé la coopération française en Afrique, que par ceux qui s'intéressent plus globalement à la politique étrangère des États. Les premières critiques faites sur la coopération française, en l'occurrence celles de René Dumont (1962), ont insisté sur le rapport entre l'immensité des besoins et la modestie des moyens disponibles. En somme, la question des volumes de l'aide publique au développement. Pour l'agronome français, le FIDES a certes permis à l'Afrique d'obtenir d'importantes sommes d'argent, mais plus il y avait des besoins sociaux, plus il était nécessaire d'augmenter les financements. Il fait l'observation selon laquelle 46% des ressources du FIDES furent consacrées, surtout dans le premier plan quadriennal, à bâtir l'infrastructure portuaire, aéroportuaire et routière, mais la primauté excessive du social dans ce programme a constitué son erreur fondamentale. Dumont regrette par ailleurs que les premières années de l'aide publique de la France n'aient pas été orientées vers les investissements productifs, et que les pays africains n'aient pas su constituer un front commun pour traiter d'égal à égal avec les grandes puissances colonisatrices ;en somme, des préoccupations qui sont encore d'actualité, mais qui ne touchent pas à la question de la forte centralisation de la politique d'aide publique au développement.

Claude Freud quant à lui, dans son ouvrage intitulé *Quelle coopération ? Un bilan de l'aide publique au développement* (1988) souligne le fait que la construction des économies africaines s'est faite dans un cadre bien précis, parfaitement hétérodoxe, puisqu'il combinait le libéralisme et le protectionnisme. D'après lui, l'avantage de la politique d'aide au développement est qu'elle a permis- au moins à l'époque où l'auteur publiait son ouvrage- d'élever les prix en moyenne de 25% par rapport aux cours mondiaux, et a donc permis un accroissement important des productions avant les indépendances. Mais cette situation a malheureusement été accompagnée par une autre aux effets dévastateurs, en l'occurrence la construction européenne. En effet, en perdant l'accès privilégié au marché français dans des conditions de sur-prêt, lors de l'entrée de la France dans le Marché commun, les pays africains ont commencé à connaître une insuffisance de recettes de l'État. Ceci a entraîné des déséquilibres de leurs finances publiques, et surtout le surendettement qu'ils connaissent depuis un certain temps, et qui a justifié la mise sur pied, non seulement de l'Initiative des pays pauvres très endettés, mais également le programme additionnel de la France C2D. Question encore d'actualité, mais qui néglige, comme on peut le constater, les aspects liés à la structure administrative des États donateurs et receveurs de l'aide au développement.

L'hypothèse qui lie l'efficacité d'une politique extérieure à l'organisation institutionnelle des États bailleurs et récipiendaires est également négligée par les analystes de la politique étrangère des États. Dans les trois premiers chapitres de « *Paix et guerre entre les nations* », Raymond Aron développe longuement la question de la politique étrangère des États, en mettant en avant d'autres éléments d'analyse à l'instar de l'interaction entre la stratégie et la diplomatie qui selon lui, constitue « l'unité » de cette politique étrangère. Il écrit à cet effet : la rationalité commande *« de songer à la paix en dépit du vacarme des combats, de ne pas oublier la guerre, en dépit du silence des armes. Le commerce des nations est continu, la diplomatie et la guerre n'en sont que des modalités complémentaires, l'une ou l'autre dominant tour à tour, sans que jamais l'une s'efface entièrement au profit de l'autre, sinon dans des cas limites soit d'inimitié absolue soit d'amitié ou de fédération totale* »[277]. Traitant ensuite des moyens de la politique étrangère, il identifie deux moyens que sont la puissance et la force. La puissance renvoie pour lui à « *la capacité d'une unité politique à imposer sa volonté aux autres unités politiques* »[278]. En tant que relation humaine, il fait ainsi une distinction entre la *puissance défensive,* qui est la capacité d'une unité politique de ne pas se laisser imposer la volonté des autres, et la *puissance offensive* qui est la capacité d'une unité politique d'imposer aux autres sa volonté. Si pour Aron la puissance renvoie à une relation humaine, car on est puissant par rapport à ..., la force est une affaire de moyens, de muscles ou d'armes pour l'État. Cette force peut également être économique ou morale. La puissance est dans ce cas « *la mise en œuvre de ces forces dans des circonstances et en vue d'objectifs déterminés* »[279]. Aron traite enfin des buts de la politique étrangère, et y voit « *la puissance, la gloire et l'idée* ». Il se pose la question de savoir pourquoi les unités politiques veulent imposer l'une à l'autre leur volonté. Quels objectifs vise chacune d'elles et pourquoi ces objectifs sont-ils ou semblent-ils incompatibles ? Pour répondre à ces questions, Aron s'appuie sur Thomas Hobbes dans son analyse de l'état de nature. Ainsi : « *toute unité politique aspire à survivre. Gouvernants et gouvernés sont intéressés à, désireux de maintenir la collectivité qu'ils constituent ensemble par la grâce des siècles, de la race ou de la fortune* »[280].

Ces différents éléments d'analyse constituent toujours des préoccupations des États plusieurs décennies après la publication de *Paix et guerre entre les nations*. Bien plus, alors que l'essentiel de la réflexion d'Aron se focalise sur les grandes puissances européennes et d'Amérique du Nord, il est indéniable que de nombreux petits États non engagés dans la compétition mondiale qu'analysait le politologue français, ont désormais les mêmes préoccupations que ces grandes puissances. Par rapport au couple diplomatie/stratégie, il est incontestable que les « petits »États d'Afrique, exclus de l'analyse d'Aron, et qui de surcroît pour certains, sont accablés par des guerres civiles, transnationales[281] ou

---

[277] Raymond Aron : *Paix et guerre entre les nations* (1962), Paris, Calmann-Lévy, 1984, p 52.
[278] *Ibid.*
[279] *Op cit.*, p 59.
[280] *Op cit.*, p 82.
[281] Comme le Cameroun et le Tchad, plusieurs autres pays en Afrique subissent les conséquences des conflits se déroulant à l'intérieur des territoires des États qui leur sont

interétatiques, ont à la fois des soldats au front et des émissaires à travers le monde qui négocient les conditions d'une cessation d'hostilité et d'un retour à la stabilité à l'intérieur de leurs frontières. Tous ces États disposent d'une armée, preuve qu'ils accordent une importance à la force, et nombre d'entre eux tentent de plus en plus d'influencer le comportement des autres États sur la scène soit régionale, soit mondiale, même si le discours officiel affirme le choix pour des actions collectives dans le cadre des structures d'intégration régionale.

Mais une fois de plus, la question de l'organisation institutionnelle et son impact sur les politiques étrangères des États ne sont pas examinés. C'est dans cet ordre d'idées qu'on aura à charge dans ce chapitre d'examiner d'une part, la confiscation de l'émergence et de la formulation par le centre (section 1) et d'autre part la mainmise des bureaucraties centrales dans la mise en œuvre de la politique d'aide au développement (section 2).

Section 1
La confiscation par le centre de l'émergence et de la formulation

La confiscation de l'émergence et de la formulation constitue les deux premiers critères à partir desquels nous jugeons de l'impact de la centralisation administrative sur la politique française d'aide au développement au Cameroun. Ces deux phases font partie du schéma que nous offre Charles O. Jones, et qui porte sur le séquençage dans l'analyse des politiques publiques. Ce séquençage est considéré comme « *une grille organisée en séquences d'actions permettant de diviser un processus politique- développement d'une politique publique –en étapes distinctes* »[282]. Les objectifs du séquençage sont définis tant par Charles O. Jones que par les autres analystes des politiques publiques. Il s'agit : « *d'élaborer un idéaltype de l'action publique et de son fonctionnement, de construire un cadre fixe et suffisamment général pour pouvoir*

---

voisins. C'est ainsi que durant la guerre qui a opposé les groupes armés du nord du Mali au gouvernement de Bamako soutenu par une coalition internationale, en tête de laquelle se trouvait la France, l'Algérie a par exemple subi des conséquences qui se sont traduites par l'enlèvement en janvier 2013 de plusieurs personnes parmi lesquelles se trouvaient des Européens travaillant dans un complexe gazier près d'In-Amenas, dans l'est du pays ; complexe exploité par le groupe britannique BP, le norvégien Statoil, et l'algérien Sonatrach.

[282] Sophie Jacquot : « Approche séquentielle » in Boussaguet, Jacquot et Ravinet, *op cit.*, p 73.

l'appliquer à toute politique, de structurer et de rationaliser l'analyse elle-même des politiques publiques »[283]. Avec le séquençage, on tente de sérier le déroulement de la politique publique « *grâce à un mode de découpage temporel* »[284]. S'il est vrai qu'Harold Lasswell (1956) est le premier à analyser une politique ou un programme comme un processus (policyprocess), et que de nombreux autres auteurs se sont inscrits dans cette perspective[285], c'est Charles O. Jones dans *An Introduction to the Study of Public Policy* (1970) qui nous donne la décomposition qui permet de distinguer les différentes étapes de la politique d'aide au développement. Aussi, sur la base de ce schéma dont on présentera plus loin quelques critiques qui en ont été faites, entendons-nous vérifier tout au long de cette section qu'il existe une centralisation dans la phase d'émergence (I) et dans la phase de la formulation de la politique française d'aide au développement (II).

I. Les caractéristiques de la phase d'émergence

L'émergence qui se rapproche de l'inscription sur agenda d'un problème correspond à ce que Charles O. Jones désigne par le terme « *Problem Identification* » ou « *identification du problème* ». C'est la phase où les autorités gouvernementales prennent connaissance du problème à travers, soit un fait de société rendu public par les médias, soit une plainte individuelle ou collective portée à leur connaissance. Cette étape comprend « *la perception des évènements et leur définition en termes de problème public, l'agrégation des intérêts et l'organisation des demandes, puis enfin la représentation et l'accès aux autorités* »[286]. On parle de perception, car la transformation d'un fait social ordinaire en un problème public nécessitant légitimement un traitement non routinier est un problème de représentation, et même de construction sociale. Ceci signifie qu'il n'y a pas de naturalité dans les problèmes publics ; le passage sur la table des gouvernants et la prise en compte par ceux-ci de cette question passant par un travail d'étiquetage et de labellisation qui permet aux autorités compétentes de mobiliser du temps, des moyens et de toutes sortes de ressources nécessaires au traitement de la question qui a été porté à leur connaissance. Rien n'est naturel, tout est construit, soit par des « *marqueurs* », soit par des « *lanceurs d'alerte* » quand la

---

[283] *Ibid.*
[284] *Op cit.*, p 74.
[285] Brewer, 1974 ; Anderson, 1975 ; Brewer et Deleon, 1983…
[286] Jacquot, *op cit.*, p 74.

question ne fait pas explicitement l'objet d'une plainte ou d'une requête à l'attention des autorités publiques, qui comme nous l'avons souligné plus haut, peuvent être gouvernementales ou décentralisées.

L'émergence comme les autres phases de l'action publique qu'identifie Charles O. Jones met donc en jeu des acteurs qui peuvent être des individus, des associations ou des collectifs d'associations défendant la cause des déshérités ou celle des pays du Sud dans leurs relations avec les États riches et industrialisés du Nord. C'est le cas de la Plate-forme dette et développement qui milite pour l'annulation totale de la dette des pays pauvres, et dont on présentera plus loin le degré de participation dans la politique française d'aide au développement.

L'émergence met également en jeu des relations entre les acteurs requérants et les décideurs autour des modes de régulation sociale particuliers que ce soit au sein ou autour de l'autorité publique (intervention du législateur, des cabinets ministériels, du gouvernement, de l'administration, mais aussi des groupes d'intérêts, des médias...). Mais si pour certains, l'ouverture du modèle de Charles O. Jones permet « *notamment d'éviter de poser un regard, trop juridique ou légaliste sur l'action publique* »[287], nous pensons dans le cadre de ce travail que la politique française d'aide au Cameroun dans ses fondements laisse peu de place aux acteurs non gouvernementaux et sub-étatiques dans sa phase d'émergence, tout comme c'est le cas pour la phase de formulation. La déception peut donc être grande pour qui veut porter un regard sociologique sur cette politique et par exemple « *établir comment les publics d'une politique peuvent se transformer en acteurs du processus qui les touche* »[288]. Ici la volonté de prendre en compte tout l'environnement de l'action publique dans l'analyse se heurte à l'omniprésence de la bureaucratie centrale.

A. La réforme de 1998 et ses tentatives de mutation

Si la centralisation de l'État en France tire ses sources lointaines de la crise de la féodalité comme il a été montré dans les premières lignes du chapitre 1er, observons ici que dans le cadre de la politique publique d'aide au développement, cette centralisation a pour fondement la réforme de 1998. Mais avant d'exposer le contenu de cette réforme, il est intéressant d'observer que la confiscation de l'initiative de la politique

---

[287] *Op cit.*, p 76.
[288] *Ibid.*

d'aide au développement par les organes du pouvoir central remonte au décret n°59-462 du 27 mars 1959 qui crée la configuration institutionnelle en charge de la coopération au développement en général, et celle en charge de l'aide publique au développement en particulier. Ce premier texte a un double objectif : d'une part, il transfère à différents départements ministériels les services de l'ancien ministère de la France d'outre-mer, et prévoit la mise en place de structures spécialisées au sein de ces ministères, lesquels ont à fournir les moyens nécessaires à l'exécution des décisions à prendre. D'autre part, et c'est le point le plus important de ce décret, il attribue au premier ministre la direction de l'ensemble des relations de la République avec les États autres que la France, membres de la Communauté. Autrement dit, depuis le décret de 1959, le Premier ministre a le monopole institutionnel de l'émergence de la politique de coopération de la France en Afrique, et des questions relatives à l'aide publique au développement. Parmi les 14 États concernés par ce décret se trouve le Cameroun, l'un des terrains de cette recherche. Il faut néanmoins remarquer que si les attributions sont reconnues au premier ministre, elles sont exercées par délégation par un ministre d'État. Le décret du 27 mars 1957 énonce également les conditions de mise en œuvre de l'aide et de la coopération.

L'émergence est de la compétence officielle des organes centraux de l'État conformément aux dispositions du décret, notamment celles selon lesquelles le Premier ministre « *assure la négociation des conventions d'aide et de coopération, sauf à charger de cette conduite un représentant de l'administration concernée... Il dispose des missions d'aide et de coopération* ». La possibilité qu'a le Premier ministre de déléguer à une autre administration la charge de la négociation des conventions d'aide et de coopération tient au fait qu'on est dans un domaine transversal dans la mesure où il englobe des secteurs aussi divers que variés à l'instar de l'éducation, l'enseignement supérieur et la recherche, la santé, l'assainissement, l'agriculture, les pêches et l'élevage, l'environnement... Mais malgré la possibilité qu'ont les autres départements ministériels de s'occuper d'un pan de la coopération en général et de l'aide publique au développement en particulier, il n'en demeure pas moins que la coordination demeure ici centralisée dans les services du premier ministre, sous l'impulsion et même l'œil vigilant du président de la République qui, comme nous l'avons souligné dans le chapitre 1er, est passé d'une fonction d'arbitre (jusqu'à la IVe

République) à un maître du jeu de la politique interne et externe de l'État (à partir de la Ve République).

En dehors de la charge qu'avait le Premier ministre sur les relations entre la France et les États de la communauté, il avait également la responsabilité particulière de « *l'action d'aide et de coopération dans les domaines économique, financier, culturel et social* »[289]. Ces compétences attribuées au premier ministre ont donné lieu à la création d'un « *Conseil interministériel pour l'aide et la coopération entre la République et les autres États de la communauté »*. Celui-ci était formé d'un secrétariat réunissant des fonctionnaires de l'ancien ministère de la France d'outre-mer, des administrateurs venus d'autres ministères, ainsi que des contractuels. Selon un rapport d'information du Sénat français fait au nom de la commission des affaires étrangères, de la défense et des forces armées, sur la réforme de la coopération, on était en présence d'un « *embryon d'administration centrale* » qui avait été complété sur le terrain en Afrique par des missions d'aide et de coopération (décret du 25 juillet 1959), et la mise en place du Fonds d'aide et de coopération (FAC), ayant succédé au FIDES, et destiné à « *appuyer, sous forme de subventions d'investissements, le développement des pays issus de l'ancien empire colonial français* »[290].

Mais le caractère embryonnaire de l'administration de la coopération observé à la fin des années 50 n'a pas empêché qu'elle monte en puissance par la progression de ses effectifs : 165 agents, dont 30 issus de l'ancien ministère de la France d'outre-mer, 27 du ministère de l'Intérieur, 23 du ministère des Finances, 25 du secteur privé, les autres de différents ministères, notamment l'Éducation nationale, l'Agriculture, l'Industrie...[291].À la veille de la publication de la réforme de 1998, le ministère de la Coopération comptait 637 personnes en administration centrale, et 366 dans les missions de coopération et d'action culturelle. Ce qui permet déjà d'affirmer l'existence d'une centralisation de la politique de la coopération et celle de l'aide qui l'accompagne, dans la mesure où l'essentiel des personnels qui en ont la charge est en poste dans les administrations centrales de Paris. La centralisation se manifeste donc d'une part entre les organes centraux du ministère de la Coopération

---

[289] Décret du 27 mars 1959.
[290] Sénat : « La réforme de la coopération », rapport d'information fait au nom de la commission des affaires étrangères, de la défense et des forces armées, session ordinaire de 2001-2002, p 6.
[291] *Ibid.*

et les missions de coopération installées en Afrique, et d'autre part entre les services centraux de l'État français et certaines institutions sub-étatiques à l'instar des grandes collectivités territoriales engagées dans la coopération décentralisée.

Analysant les innovations de la réforme de 1998, les sénateurs français y relèvent particulièrement des changements d'ordre institutionnel. Pour eux : « *La principale transformation introduite par les mesures gouvernementales de 1998 s'est traduite par la disparition du secrétariat d'État à la coopération et la prise en charge de ses attributions par le ministère des Affaires étrangères* »[292]. Ils poursuivent en soulignant combien cette mesure comporte trois implications : « *l'intégration progressive des quelque 1 150 agents en poste au secrétariat d'État à la coopération au sein du ministère des Affaires étrangères ; la transformation des 31 missions de coopération et d'action culturelle en services de coopération au sein des ambassades ; la mise en place d'un budget unique du ministère des Affaires étrangères regroupant l'ensemble des crédits dévolus aux affaires étrangères et à la coopération* »[293]. La prise en charge des attributions du secrétariat d'État à la Coopération par le ministère des Affaires étrangères semble être une démarche de centralisation qui dépossède une administration inférieure des missions qu'elle assumait jadis, au profit d'une administration supérieure. Cette dépossession entraîne d'ailleurs disparition de l'administration inférieure. L'absorption par les ambassades des missions de coopération et l'unicité budgétaire du ministère des Affaires étrangères est la confirmation de cette option de centralisation qu'introduit la réforme de 1998. L'année qui a suivi la publication de la réforme s'est donc manifestée par la mise en place de la nouvelle organisation des services et celle du budget unique. L'observation de cette nouvelle organisation des services permet ainsi de voir qui a la charge de l'émergence et de la formulation de la politique d'aide dans les services centraux en charge de la coopération et de l'aide publique au développement de la France.

L'une des plus grandes innovations de la réforme de 1998 est la création du Conseil interministériel de la coopération internationale au développement (CICID), lequel remplace le Comité interministériel de l'aide au développement institué par le décret n°96-234 du 21 mars

[292] Sénat, op, cit, p. 8
[293] Ibid.

1996.Institué par le décret n° 98-66 du 4 février 1998, le CICID « *définit les orientations* » de la politique de coopération internationale et de l'aide au développement. Il est présidé par le Premier ministre et composé des ministres les plus directement concernés par les questions de développement (Affaires étrangères, Économie, Finances, Budget et commerce extérieur, Intérieur, Immigration et codéveloppement, Population, Éducation, Défense, Environnement, Outre-mer et autres ministres intéressés).

Tout en ayant la charge de déterminer la zone de solidarité prioritaire comprenant les pays vers lesquels sera concentrée l'aide au développement bilatérale, le CICID « *fixe les orientations relatives aux objectifs et aux modalités de la politique de coopération internationale et d'aide au développement dans toutes ses composantes bilatérales et multilatérales* »[294]. Cette responsabilité en matière d'orientation s'étend sur tout ce que les autres composantes de la coopération établissent en termes de priorités géographiques. À ce titre, le CICID procède à « *l'établissement annuel des orientations d'une programmation globale* »[295] et « *assure une mission permanente de suivi et d'évaluation de la conformité aux objectifs fixés et aux moyens assignés des politiques et des instruments de la coopération internationale et de l'aide au développement* »[296].

S'il est vrai que plusieurs ministères sont membres statutaires du CICID, il est à retenir que le secrétariat de cette instance est assuré par les trois ministres principalement concernés par la coopération internationale et l'aide au développement. Il s'agit du ministre des Affaires étrangères, du ministre chargé de l'économie et des finances et du ministre chargé de l'immigration et du codéveloppement. Dans le cadre de ce co-secrétariat, plusieurs documents stratégiques sont élaborés dont le document-cadre de la coopération au développement publié en mars 2010, ou les stratégies sectorielles auprès des institutions comme la Banque mondiale. De 1998, date de sa création, au 31 juillet 2013, le CICID s'est réuni neuf fois, et a acté 28 décisions organisées autour de quatre axes principaux concourant à la redéfinition de la politique française de coopération au développement.

---

[294] Article 3 al. 2 du décret du 4 février 1998.
[295] Article 3 al. 3.
[296] Article 3 al. 4.

Des observations de centralisation peuvent également être faites au sujet, non seulement de l'intégration du secrétariat d'État à la coopération au sein du ministère des Affaires étrangères, mais également au sujet de la DGCID créée par la réforme de 1998.

La principale observation que l'on peut faire au sujet de l'intégration du secrétariat d'État à la Coopération au sein du ministère des Affaires étrangères est que l'absorption des services de la rue Monsieur n'a entraîné de bouleversements de l'organigramme du Quai d'Orsay que pour la prise en charge des responsabilités assumées par la direction la plus importante de l'ancien secrétariat d'État, la direction du développement. En effet, les attributions de cette direction ont été réunies avec celles de la direction générale des relations culturelles, scientifiques et techniques, elle-même, direction la plus importante du Quai d'Orsay par ses effectifs. Le nouvel ensemble issu de cette fusion constitue la direction générale de la coopération internationale et du développement créée par décret n° 98/1124 du 10 décembre 1998. Pour le reste, la direction de l'administration générale et de la coopération fusionne avec la direction générale de l'administration du ministère des Affaires étrangères. Notons enfin que la mission militaire de coopération est devenue la direction de la coopération militaire et de défense rattachée à la direction générale des affaires politiques et de sécurité.

Selon le rapport du Sénat sur la réforme de la coopération française, l'étendue des attributions de la nouvelle DGCID « *peut donner des vertiges* ». Au regard de l'étendue de son champ d'attributions, l'importance de ses effectifs, la diversité des directions et services qu'elle réunit, la DGCID apparaît selon la haute chambre « *comme une structure très lourde* ». Ainsi, l'organigramme initial de la DGCID superpose aux quatre directions sectorielles (coopération culturelle, développement, coopération scientifique, audiovisuel extérieur) « *une Direction à vocation horizontale chargée de la stratégie, de la programmation et de l'évaluation. Cette structure constituait alors « l'innovation emblématique de la réforme* ». Elle apparaît selon les élus « *comme un creuset de la fusion des cultures de la diplomatie et du développement* ». Lui incombaient les fonctions de coordination et d'organisation de la concertation, de mise en évidence des contradictions et des conflits (...), la fonction d'arbitrage ou plus souvent de préparation d'arbitrages... Mais comme le déplore le Sénat, « *Aucune des directions et sous-directions sectorielles ou des missions de la DGCID ne peut seule décider de sa politique, de ses modes opératoires, du déploiement de ses budgets et de ses programmes, de l'exécution de ses projets »*. Mieux, l'étendue et surtout la diversité des tâches que présente la DGCID requièrent une instance de coordination. Parallèlement, cette structure introduit un nouvel échelon dans le processus de décision et dans la chaîne hiérarchique. Elle entraîne de nombreux délais à rebours pour l'objectif d'efficacité mis en avant par la réforme.

Au regard de ce qui précède, on se rend compte que la DGCID fonctionne encore- et pire s'enlise avec la réforme de 1998- sur la base du vieux modèle bureaucratique traditionnel aux dépens de la gestion par résultat. L'on reste encerclé par le *« vieux modèle bureaucratique »* centralisé et hiérarchisé où les gestionnaires ont peu de latitude pour rendre les organisations qu'ils pilotent plus performantes. C'est le modèle conçu par Frédéric Taylor (1856-1915) lequel promeut l'organisation scientifique du travail industriel. Celle-ci renvoie à la division et à la compartimentation des tâches dans une structure verticale et dépersonnalisée qui correspond pour l'administration publique au scénario hiérarchique et classique de la décision-exécution. Mais Daniel Mockle dit néanmoins que si Taylor est contesté c'est *« uniquement parce qu'on cherche à gérer autrement »*. Le nouveau management public s'inspire beaucoup de ses travaux, car en réalité les principes fondamentaux de l'organisation scientifique du travail ne sont pas remis en cause, tout au contraire. Ces principes se résument en cinq points : utiliser la science, pas les méthodes empiriques ; chercher l'harmonie et non la discorde ; chercher la coopération plutôt que l'individualisme ; chercher le maximum de productivité et promouvoir le développement de chaque employé pour sa plus grande efficacité et prospérité. L'application du management scientifique et des préceptes de Taylor fait progresser la productivité des entreprises américaines et leurs profits de manière fantastique. Ces méthodes ne se cantonnent pas uniquement aux industries, elles se diffusent dans de nombreux secteurs d'activité, devenant la référence en matière d'organisation, les entreprises européennes s'en inspirent également. Mais l'argument principal contre les idées de Taylor est la vision réductionniste du travail qui le déshumanise. L'allocation du travail selon ce système précise non seulement ce qui doit être fait, mais aussi comment cela doit être fait et le temps exact dans lequel la tâche doit être accomplie. Il n'y a donc plus de possibilité pour un exécutant de *« penser »* son travail ou même d'exceller ; tout étant prédéfini et standardisé. C'est d'ailleurs pourquoi, sous les mots *« Taylor »*, *« taylorisme »* ou *« système taylorien »*, la mémoire collective n'a retenu que les plus mauvais aspects d'une méthode de management efficace et qui se voulait équitable, mais dévoyée de son concept original. Bref à l'observation, la DGCID est marquée par trop de règles qui paralysent les gestionnaires et nuisent donc à la fluidité de la politique d'aide au développement.

B. Les Contrats de désendettement et de développement

En partant du fait que l'émergence met en jeu non seulement des acteurs qui peuvent être des institutions, des individus, des associations ou des fédérations d'associations, mais également des relations entre acteurs requérants et décideurs autour des modes de régulation sociale particuliers, il convient d'examiner si c'est le cas dans les projets C2D. Il s'agit d'éviter de poser un regard trop juridique ou légaliste sur l'action publique. Il faut examiner la place des autres acteurs que les institutions centrales dans l'émergence des projets qui sont financés sur fonds C2D. Mais avant cela, il semble judicieux de faire un détour historique sur ces contrats de désendettement et de développement.

Suite à l'Accord « *historique* » signé à Londres en juin 2005 par les ministres des Finances des pays du G8, il a été convenu d'une annulation « *immédiate* »de 40 milliards de dollars US de dette multilatérale de 18 pays pauvres très endettés, parmi lesquels 14 pays africains[297]. Il s'agit des dettes envers le FMI, la Banque mondiale et la Banque africaine de développement. Au total, l'accord porte sur l'annulation de 55 milliards de dette, dont 6 milliards dus au Fonds monétaire international, 44 milliards à la Banque mondiale et 5 à la Banque africaine de développement. Cette décision est prise dans un contexte où la dette est présentée comme l'un des obstacles majeurs au développement des pays du Tiers-monde. Les chiffres montrent que l'Afrique subsaharienne par exemple dépense quatre fois plus d'argent pour rembourser sa dette extérieure que pour toutes les dépenses sociales : éducation, santé, assainissement, formation… Pis encore, depuis la crise de la dette de 1982, les pays endettés ont remboursé plus de sept fois ce qu'ils devaient. Plus de vingt ans plus tard, ils sont quatre fois plus endettés. S'il est vrai, comme l'avait dit le ministre britannique des Finances d'alors, Gordon Brown, que l'Accord de Londres est la plus large déclaration jamais faite

[297] Les 18 pays africains concernés par l'Accord de Londres sont : le Bénin, la Bolivie, le Burkina Faso, l'Éthiopie, le Ghana, le Guyana, le Honduras, Madagascar, le Mali, la Mauritanie, le Mozambique, le Nicaragua, le Niger, le Rwanda, le Sénégal, la Tanzanie, l'Ouganda et la Zambie.

par les ministres des Finances sur la question de la dette et de la lutte contre la pauvreté, force est de constater tout de même que l'IPPTE continue d'essuyer des critiques. Notre historique nous permet donc de voir que les C2D découlent de l'IPPTE (*Pathdependency*), ce qui signifie que leur émergence et leur formulation sont non seulement liées à des décisions historiques, mais également que les méthodes d'affectation ne découlent pas des territoires, mais du centre, éloigné parfois des populations concernées.

L'initiative en faveur des pays pauvres très endettés (Initiative PPTE) a été lancée à Lyon en 1996 par la Banque mondiale et le FMI, puis renforcée à Cologne en 1999. Fondée sur une approche de l'allégement de la dette incluant pour la première fois les créances multilatérales, elle est destinée à alléger le fardeau excessif de la dette extérieure de certains pays les plus pauvres de la planète. Pour la Banque mondiale, « *(...) elle représente une innovation majeure en termes de financement du développement* »[298].

Ainsi, l'Initiative PPTE fait un lien entre l'efficacité de l'aide et le contexte global de l'action des pouvoirs publics, ainsi que la coordination de l'aide entre la conditionnalité et la prise en charge des politiques macroéconomiques, et les ordres de priorité établis pour les dépenses publiques. Dans son cadre initial, l'objectif officiel de l'Initiative est de réduire la dette extérieure des pays remplissant « *les conditions voulues* »au moyen d'une stratégie visant à établir un « *niveau d'endettement tolérable* », à éliminer ainsi l'excédent de la dette et le frein que ce facteur exerce sur la croissance et la réduction de la pauvreté[299].

Mais après 1996, des pressions ont continué à s'exercer pour un allégement qui soit à la fois « *plus large, plus rapide et plus important* ». C'est ainsi qu'a été conçue l'Initiative PPTE renforcée, qui a été approuvée en 1999. Un ensemble plus ambitieux d'objectifs a de ce fait été assigné à l'Initiative renforcée : assurer une sortie définitive du cycle de rééchelonnement de la dette ; promouvoir la croissance, délibérer les ressources pour un surcroît de dépenses sociales.

---

298 Banque Mondiale, *Initiative PPTE : Accomplissement et perspectives,* Précis, hivers 2003, n°230.

299 Le niveau d'endettement tolérable renvoie à peu près à ce qu'on appelle *« insoutenabilité de l'endettement ».* Celle-ci dépend du rapport entre les revenus d'exportation et le montant du service de la dette.

Mais de nombreux acteurs sont réservés sur ce mécanisme, et sur sa capacité non seulement à apporter des ressources additionnelles aux pays bénéficiaires, mais également à susciter le développement dans ces pays. C'est le cas de la plateforme *Dette et Développement* qui joue un rôle de lobbying très important auprès du gouvernement français, mais également auprès des institutions financières internationales en vue d'une annulation totale de la dette des pays pauvres. L'une des remarques qu'elle fait est que de nombreux pays sont exclus de tout allègement, car ils ne sont pas considérés comme assez pauvres ou comme assez endettés au regard des créanciers. Or, la dette des 41 pays sélectionnés par la Banque mondiale comme très pauvres et très endettés ne concerne que 10% de la dette des pays en développement. Bien plus, l'IPPTE ne prévoit qu'un allègement partiel des créances bilatérales et multilatérales devant permettre d'atteindre un niveau d'endettement considéré comme « *soutenable* » par les institutions financières internationales. La plateforme pense à cet effet : « *malgré les allégements bilatéraux supplémentaires de la part des pays du G7 et notamment de la France, les remboursements ne diminuent que d'un tiers en moyenne, car ces allégements incluent la partie des créances qui n'aurait de toute façon jamais été remboursée* »[300]. La plateforme *Dette et Développement* insiste donc sur une annulation totale de la dette multilatérale, car en l'absence de celle-ci, l'effort français d'allègement de la dette risque d'être « *capté* » directement ou indirectement par le remboursement de la dette de ces pays auprès des institutions financières internationales. Cela est envisageable directement, car les marges budgétaires dégagées par les allégements français *« peuvent servir pour le remboursement des autres créanciers qui l'étaient peu ou mal précédemment. Indirectement, parce que même si ces marges de manœuvre sont « sanctuarisées », leur impact en faveur de la réduction de la pauvreté peut être anéanti par la diminution d'autres budgets sociaux* »[301].

En 2001, 24 pays avaient atteint le « point de décision »qui permet de bénéficier d'allégements intérimaires du service de la dette, parmi lesquels quinze pays africains. En Afrique centrale, le Cameroun et le Gabon ont signé le mémorandum pour adhérer à ce mécanisme depuis le 31 mai 2003.

---

[300] Dette et Développement : « La dette des pays du Sud et le financement du développement », Rapport 2001-2002, p 60.
[301] *Ibid.*

Le Cameroun a atteint le point de décision de l'initiative PPTE en octobre 2000. Les critères d'éligibilité à l'Initiative, qui portent à la fois sur le volume de la dette par rapport aux exportations, sur la réussite d'un programme économique soutenu par le FMI et la Banque mondiale, sur le niveau de revenu par habitant (qui doit être inférieur à 785 US$ par habitant) ainsi que sur la rédaction d'un Document de stratégie de réduction de la pauvreté intérimaire (DSRP-I) ont en effet été remplis. Le DSRP-I, construit à partir des résultats des consultations participatives menées en avril 2000, constitue un cadre pour l'affectation des premiers financements issus de la remise de dette. Le Programme national de développement participatif (PNDP) qui est l'un des cadres opérationnels de la stratégie de réduction de la pauvreté mis en place par le gouvernement camerounais, avec l'aide de plusieurs partenaires techniques et financiers, a bénéficié des fonds PPTE pour mettre en œuvre un certain nombre de programmes. Par cet outil, le gouvernement camerounais entend donner aux populations à la base les moyens effectifs leur permettant de prendre elles-mêmes en charge leur développement. Le PNDP a bénéficié au cours de sa première phase, outre des ressources publiques internes (BIP), des fonds publics externes régis par des conventions ou accords spécifiques signés avec la Banque mondiale (Crédit-IDA), la Coopération allemande (Don-KfW), le Fonds pour l'environnement mondial (Don-FEM), la coopération japonaise (Don-JSDF) et la coopération française (C2D). À ces financements s'ajoutent ceux des bénéficiaires au titre de leur contribution en nature et/ ou en espèces dans le coût des microprojets. Le financement de la première phase sur fonds PPTE s'élevait à 16, 3 milliards de FCFA, et était essentiellement destiné au financement des microprojets, et subsidiairement à la prise en charge des agents communaux dont la mission est d'appuyer les communes à améliorer leurs recettes[302].

La France s'est donc engagée en faveur de la réduction de la dette au-delà de l'effort requis par « *l'Initiative PPTE renforcée* » ; en décidant d'annuler la totalité de ses créances commerciales pour les pays éligibles à cette initiative.

[302] De façon additionnelle, le PNDP bénéficie d'un don du Fonds pour l'environnement mondial (FEM). Ce financement d'un montant de 6, 35 millions de dollars a permis de financer dans quatre régions (Adamaoua, Centre, Nord et Ouest) un projet adossé au PNDP classique visant à améliorer la prise en compte des aspects de gestion durable des Terres dans le développement local.

Deux contrats de désendettement-développement (C2D) ont été signés avec des pays africains en 2003 : la Tanzanie et la Mauritanie. En Afrique centrale, seul le Cameroun bénéficie déjà de cette initiative. Cette priorité s'inscrit dans le cadre des initiatives initiales et renforcées en faveur des PPTE. Au Cameroun, la mise en œuvre du PNDP qui s'est faite de façon progressive sur l'étendue du territoire national, selon les phases de déploiement du programme, a bénéficié des fonds C2D pour la couverture des 5 régions (Adamaoua, Centre, Ouest, Nord et Sud). Au cours de cette phase, une extension du programme a été réalisée dans la région de l'Extrême-Nord ce qui a permis de couvrir 155 communes. De manière globale, 71% des fonds C2D destinés au financement des microprojets ont été réservés aux trois régions septentrionales (Adamaoua, Nord et Extrême-Nord) conformément aux clauses de la convention d'affectation des fonds C2D pour le financement du PNDP. Par contre, les microprojets des régions du Centre, de l'Ouest et du Sud ont été principalement financés par les fonds IDA (85% des financements).Ces initiatives visent à alléger la charge de la dette de certains des pays les plus pauvres du monde pour *« les aider à lutter contre la pauvreté »*. Mais toute la question est de savoir comment ces allégements et ces réductions de la dette peuvent conduire d'une part à une croissance et d'autre part l'autre au développement. Notre recherche quant à elle interroge le caractère centralisé de ces programmes et l'impact de cette centralisation sur l'efficacité de ces programmes.

Le schéma Contrat de désendettement et développement (C2D) est inspiré des engagements pris à Cologne en 1999 en vue de l'annulation de la dette des pays très pauvres. Il s'inscrit dans le cadre de la Stratégie pour la croissance et la réduction de la pauvreté mise au point avec l'appui des institutions de Bretton Woods, et validée par la communauté internationale. La France, sur la base de ce concept, s'engage à apporter des marges de manœuvre aux pays bénéficiaires de l'Initiative pour leurs actions contre la pauvreté et le développement durable. Le schéma proposé a pour but de rendre à la fois plus légitime l'effort financier français vis-à-vis des populations locales, en consacrant les sommes ainsi dégagées à des programmes de réduction de pauvreté, et plus transparent dans le cadre d'une *« large concertation avec l'ensemble des partenaires du développement »*. Ce qui semble marquer une évolution vers la généralisation de l'octroi d'aides budgétaires, au titre de programmes sectoriels.

L'initiative C2D poursuit trois objectifs :

- sécuriser l'affectation des marges de manœuvre budgétaires dégagées au profit des programmes de lutte contre la pauvreté et pour le développement durable ;

- associer les populations et notamment les associations de la société civile et les ONG à la conception et à la mise en œuvre des programmes et projets ;

- s'inscrire enfin dans un schéma partenarial avec le pays bénéficiaire.

Quatre domaines principaux d'affection sont privilégiés par la France dans le cadre des C2D :

- l'éducation de base et la formation professionnelle ;

- les soins de santé primaires et la lutte contre les grandes endémies ;

- les équipements et infrastructures des collectivités locales ;

- enfin, l'aménagement du territoire et la gestion des ressources naturelles.

Secteurs prioritaires de financement au Cameroun

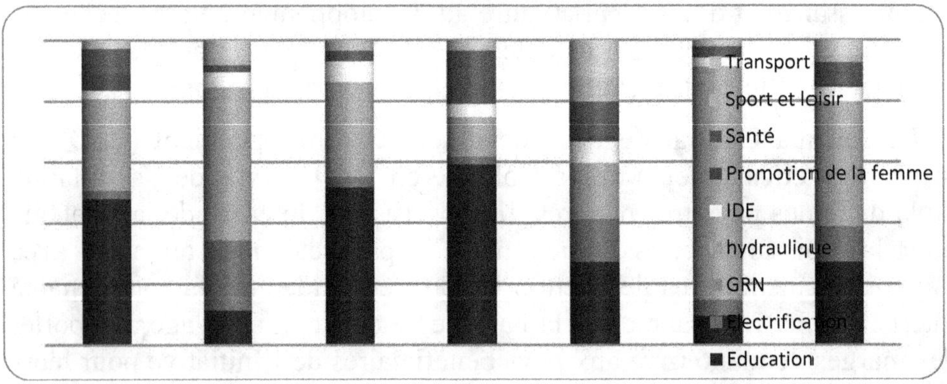

Source : Note de présentation de la mise en œuvre du PNDP sur fonds C2D, phase I.

On constate de manière globale que les secteurs les plus sollicités sont l'hydraulique et l'éducation. L'électrification, la santé, les infrastructures de développement économique et le transport viennent ensuite. Les autres secteurs que sont la promotion de la femme, la gestion des ressources naturelles, les sports et loisirs sont marginaux. Cette répartition des financements par secteur n'est pas la même d'une région à une autre. Au nord et à l'Extrême-Nord par exemple, l'éducation vient en tête, suivie de l'hydraulique et de la santé.

Ces différentes réalisations sont réparties comme indiqué dans le tableau ci-dessous :

	salle de classe	tables bancs	fournitures scolaires	Bloc administratif	latrine	puits	forage	sources	bornes-fontaines	longueur BT	longueur MT	longueur piste	boutiques
IDA	117	1480	6000	2	12	136	9	13	50	16	0	8	60
KFW	2	50	0	0	2	0	0	0	0	0	0	0	0
PPTE	47	300	10146	1	16	82	19	26	78	21, 14	55, 14	48	175
C2D	159	1782	0	0	45	71	22	0	42	13, 8	10, 5	0	90
TOTAL	325	3612	16146	3	75	289	50	39	170	50, 94	65, 64	56	325

Cet effort additionnel de la France en direction des pays d'Afrique prend la forme d'un « *refinancement par dons des échéances dues par le pays bénéficiaire* ». Ausens du contrat de désendettement, le pays rembourse le service de sa dette au créancier français (AFD pour les pays de ZSP) qui approvisionne d'un montant équivalent, une ligne de ressources au compte du trésor national du pays bénéficiaire dans les écritures de la banque centrale. Cette ligne est ensuite débitée au profit du budget du pays bénéficiaire pour le financement de programmes et projets de développement durable et solidaire sur décision conjointe de l'État bénéficiaire et de la France. Les programmes et projets susceptibles d'être financés sur les lignes de ressources sont agréés sur une base trisannuelle, entre les représentants du pays bénéficiaire, de la France et des représentants de la société civile. Ces programmes et projets concernent trois types de dépenses :

- les dépenses liées aux fonctions assurées directement par les administrations (santé, éducation…), qu'il s'agisse des dépenses de fonctionnement ou des dépenses d'investissement ;

- les dépenses de transfert du budget de l'État aux collectivités locales, notamment pour le financement de leurs programmes d'investissement ;

- les subventions accordées par l'État aux associations ou aux organisations professionnelles.

Sur le principe, les programmes et projets C2D sont donc mis en œuvre sous la responsabilité de l'État ou des collectivités bénéficiaires avec un regard permanent des autorités françaises. Ils pourraient voir leur maîtrise d'œuvre confiée, chaque fois que cela est possible, à des entreprises, ONG ou opérateurs locaux. Ce qui permet déjà d'avancer que la France a pris conscience des limites de la centralisation de la politique d'aide au développement. Cette prise de conscience se traduit ainsi par le souci de laisser progressivement la gestion des fonds C2D aux acteurs locaux. Des mécanismes d'audit, de suivi et d'évaluation mis en œuvre sur une base partenariale, devraient permettre d'apprécier la conformité des emplois à l'objet et la qualité des programmes et projets, de s'assurer du respect des termes du contrat. Mais on peut constater qu'il subsiste encore des critiques adressées au mécanisme C2D, lesquelles rejoignent notre hypothèse principale portant sur la centralisation de la politique publique d'aide au développement de la France.

La présentation ci-dessus du programme C2D permet donc d'examiner la question de la confiscation de l'émergence et de la formulation de ce programme par les organes centraux de l'État en France. En retenant ces deux phases dans l'analyse des C2D, nous considérons ce programme comme une séquence d'actions dont l'identification permet de structurer et de rationaliser l'analyse. Cela permet de sérier le déroulement du programme et de rester dans la perspective inaugurée par Harold Lasswell qui considère une politique ou un programme comme un processus (*policyprocess*). Dans la lecture des différentes étapes, on peut observer que les orientations générales et mécanismes de mise en œuvre de l'initiative bilatérale ont été définis dans une note d'information conjointe de la direction du Trésor et de la DGCID de janvier 2001, puis dans un document du 23 avril 2003intitulé « Principes, modalités de préparation et de mise en œuvre des contrats de désendettement et de développement ». Ce deuxième document décrit les modalités de préparation et de mise en œuvre d'un C2D « *normal* ». Des précisions ont été apportées par la suite, notamment en début 2002. Ce qui est observable au niveau de l'émergence de la politique d'aide au développement et du programme C2D, l'est également au niveau de la formulation.

II. La centralisation dans la phase de formulation

L'observation qui est faite par les analystes des politiques publiques est que la phase de la formulation est le parent pauvre de toutes les phases du séquençage des politiques publiques. Pour Vincent Lemieux « *les processus de formulation ont été (...) un peu délaissés au profit du processus de mise en œuvre et du processus d'évaluation des politiques publiques* »[303]. Dans la suite des travaux de Kingdom, il se propose de définir la phase de formulation comme celle « *consistant principalement dans le couplage du courant de la politique et du courant des solutions, les deux courants étant eux-mêmes couplés, mais de façon plus lâche, avec le courant des problèmes* »[304]. Les exemples qu'il retient dans son étude des politiques publiques permettent « *d'illustrer le couplage des courants, mais aussi la participation des catégories d'acteurs aux décisions de la formulation ainsi que la recherche par ces acteurs du contrôle des décisions au moyen de leurs atouts de pouvoir* »[305].

La phase de formulation est décisive dans la vie d'une politique publique, et surtout dans la résolution des problèmes publics, quand le but d'une politique et d'en résoudre bien sûr. En effet, une politique publique n'a pas seulement pour objectif de résoudre les problèmes. Il s'agit également « *de construire des cadres d'interprétation du monde* »[306]. Il est de l'aide publique au développement comme de toute autre politique publique, « *la relation entre action publique et problèmes publics est beaucoup plus complexe que ne le suggère l'idée selon laquelle les politiques serviraient à résoudre les problèmes* »[307].

Pour Vincent Lemieux : « *la formulation s'achève par l'adoption des mesures de régulation. Ce peut être le fait d'un parlement, d'un conseil des ministres ou d'une autre instance autorisée, dont les instances administratives, donc de différents sous-systèmes du système politique* »[308]. Dans l'une des études de cas qu'il retient, en l'occurrence

---

[303] Vincent Lemieux : « L'étude des politiques publiques… », *op cit.*, p 83.
[304] *Ibid.*
[305] *Ibid.*
[306] Pierre Muller : « L'analyse cognitive des politiques publiques : vers une sociologie politique de l'action publique », *Revue française de science politique*, 50e année, n°2, 2000, p 188.
[307] *Ibid*, p 194. L'expérimentation des approches cognitives dans le champ de l'aide publique au développement permettrait certainement de restituer dans toute sa complexité cette politique publique à la fois critiquée et voulue.
[308] *Ibid.*

la crise des missiles de Cuba, Lemieux insiste sur le fait qu' « *il faut que les problèmes publics demeurent à l'ordre du jour du gouvernement pour que la formulation d'une politique conduise à son adoption* »[309]. Les cas qu'il retient montrent que dans la formulation, « *c'est le couplage entre le courant de la politique et le courant des solutions qui est le plus serré, les deux autres couplages qui comprennent le courant des problèmes, devant toutefois être maintenus même si c'est de façon lâche* »[310]. De façon concrète, dans la crise des missiles de Cuba, Allison montre que « *c'est en fonction de ses priorités électorales et des bons rapports avec Khrouchtchev que le président Kennedy opte pour la solution du blocus naval, davantage qu'en fonction d'une définition précise du problème* »[311]. L'analyse que fait Lemieux de la participation des acteurs est révélatrice de la tendance à la centralisation dans les trois cas qu'il a étudiés. Il observe comment « *dans aucun des trois cas (...) les particuliers n'ont été des participants même directs au contrôle des décisions. Les auteurs* (…) *utilisés pour l'étude de ces cas ne font pas état de sondages qui auraient pu influencer de quelque façon les décisions prises, non plus que de manifestations populaires ou d'autres interventions des particuliers dans le processus de formulation* »[312]. La position de Vincent Lemieux signifie que l'État et ses structures centrales sont les seuls à piloter la phase de formulation des politiques publiques, excluant par là même les cibles de la politique ou toute autre personne (expert) pouvant donner un avis intelligent sur la décision à prendre. Mais s'il parle de particuliers, dans le cadre de ce travail, l'attention est plutôt portée sur les collectivités territoriales décentralisées. D'où la nécessité d'examiner la centralisation dans l'adoption des mesures globales de l'aide (A) et la centralisation dans la formulation des projets C2D (B).

A. L'adoption des mesures globales de l'aide

Si de façon générale, la centralisation correspond à l'adoption de mesures globales de régulation par le centre du pouvoir ou de l'administration, il convient de savoir dans le cadre de la politique d'aide au développement de la France, quelles sont les instances chargées de cette adoption. La première loi d'orientation et de programmation

---

309 *Op cit.*, p 90.
310 *Ibid.*
311 *Ibid.*
312 *Op cit.*, p 91.

relative à la politique de développement et de solidarité internationale de la France (LOPDSI), promulguée le 07 juillet 2014, a été précédée de quatre mois d'échanges, de débats et de propositions, et a réuni de nombreux acteurs du Nord comme du Sud que sont les ONG, syndicats, entreprises, fondations, collectivités territoriales, parlementaires, organismes de recherche, services de l'État. Mais avant d'y revenir plus loin, force est de constater que cet élargissement de la participation n'existait pas sous la réforme de 1998. Bien plus, même s'il y a élargissement du débat et réception des propositions des autres acteurs que les services centraux de l'Etat, l'adoption des mesures de régulation est du ressort du Parlement. Ce qui paraît intéressant à examiner pour voir clair dans la confiscation de la formulation des mesures de régulation par les services centraux de l'État, car bien que le Parlement soit l'instance chargée d'adopter les mesures globales de régulation en matière d'aide publique au développement, cela ne signifie en rien le recul de l'administration centrale de l'État, car en France, comme d'ailleurs au Cameroun, le pouvoir législatif du Parlement connaît de grandes limitations.

Pour Bernard Chantebout : « *la caractéristique majeure de la Ve République réside dans la place réduite qu'elle fait au parlement. C'est là le résultat de toute une série de facteurs, parmi lesquels la Constitution elle-même n'est sans doute plus aujourd'hui le principal* »[313].L'auteur veut par-là dire qu'il y a une grande réduction de la place du Parlement dans l'élaboration des lois, et donc dans la formulation des politiques publiques. Cette réduction a pour source plusieurs faits dont la discipline majoritaire, la construction européenne, les lois sur la décentralisation, la jurisprudence du Conseil constitutionnel, et l'extension réalisée par la loi constitutionnelle du 4 août 1995.

La première limitation du pouvoir législatif du Parlement vient ainsi de la discipline majoritaire. Elle est la première à rendre le Parlement prisonnier de l'action gouvernementale, car « *les parlementaires de la majorité font naturellement confiance au Gouvernement et à l'administration, et votent les textes demandés par eux : loin d'empiéter sur la compétence réglementaire, le Parlement aujourd'hui renonce souvent au contraire, en faveur du Gouvernement, à exercer la*

[313] Bernard Chantebout, *op cit.*, p 593.

sienne »[314]. Cette situation est dénoncée, voire condamnée par le juge constitutionnel qui « *s'est trouvé amené à réagir contre cette abdication en annulant, pour incompétence négative, de nombreuses dispositions législatives qui élargissent à l'excès le domaine réglementaire dans des matières touchant aux libertés »*[315]. Ceci signifie donc que dans un État où le Gouvernement a la majorité au Parlement, l'administration centrale reste prépondérante dans le vote des lois. Ce sont ses points de vue qui sont pris en compte. C'est sa formulation globalement qui est retenue dans les lois qui sont votées.

Une autre limitation du pouvoir législatif du Parlement vient de la construction européenne, laquelle a fait reculer le Parlement au bénéfice des institutions communautaires. Pour Bernard Chantebout, cette communauté exerce des compétences sous forme de règlements qui ont dès leur édiction par le Conseil, « *autorité sur l'ensemble du territoire de l'Union européenne sans intervention des autorités nationales, et de directives que les autorités nationales sont tenues de faire entrer dans leur ordre juridique respectif et qui souvent, sont si précises qu'elles ne leur laissent guère d'autonomie* »[316]. Là encore, il y a une forte mainmise de l'administration centrale dans l'élaboration, tant pour les règlements que pour les directives dont parle l'auteur. Il le confirme en soulignant combien « *cette réglementation européenne est, comme nous l'avons vu, l'œuvre commune des Exécutifs nationaux, et il est notoire que les ministres qui craignent des réactions hostiles dans leur pays, à mesure qu'ils préconisent, s'emploient à la faire adopter par les autorités bruxelloises »*[317]. Pour l'auteur, l'administration centrale se sert donc de la construction européenne pour garder sa mainmise dans le processus décisionnel au sein du système politique en général, et dans la formulation des politiques publiques.

La troisième limitation des pouvoirs législatifs dont parle Bernard Chantebout renvoie aux lois de 1982 en France sur la décentralisation. Ces lois naissent dans un contexte où l'État est « *accablé par les dépenses que l'interventionnisme économique et social a mises à sa charge* »[318]. Il tente donc d'opérer un transfert de ses responsabilités- et de leurs coûts- au profit des régions et des départements. Mais comme le

---

[314] *Op cit.*, p 594.
[315] *Ibid.*
[316] *Ibid.*
[317] *Ibid.*
[318] *Op cit.*, p 595.

note l'auteur, ce transfert implique « *qu'il reconnaisse une autonomie accrue dans ces domaines* »[319]. La reconnaissance de cette autonomie au bénéfice des collectivités territoriales se fait alors au détriment du parlement, au moins pour ce qui concerne sa chambre basse, car la chambre haute représente ces collectivités territoriales. Mais on verra plus loin que dans le domaine de l'aide publique au développement, ces collectivités commencent à peine à avoir voix au chapitre, la prépondérance revenant toujours aux administrations centrales de l'État.

La quatrième limitation des pouvoirs du Parlement est le fait du Conseil constitutionnel qui, pourtant, comme il a été souligné plus haut, est souvent amené à réagir contre son abdication face à sa fonction législative. En effet, depuis 1971, le Conseil constitutionnel s'est octroyé le rôle de protecteur des droits et libertés des citoyens, *« ce faisant, il s'est trouvé amené, non seulement à s'ériger en censeur du parlement lorsque celui-ci méconnaît la Constitution, mais encore à inclure dans celles-ci des règles qui, ou bien n'y figuraient pas du tout-, ou bien n'en découlaient pas de manière évidente, réduisant ainsi le champ de la loi au profit du champ constitutionnel »*[320].

La cinquième et dernière limitation du pouvoir législatif du Parlement vient de l'extension réalisée par la loi constitutionnelle du 04 août 1995 « *du domaine dans lequel le président de la République peut demander au peuple de statuer et qui couvre désormais toute la politique économique ou sociale (entendue au sens le plus large) et les services publics qui y concourent* »[321]. Ces dispositions risquent d'accroître encore la dépossession du Parlement, même si les assemblées doivent obligatoirement débattre du texte proposé par le peuple.

Les analyses qui ont été faites ci-dessus montrent donc que la réforme de 1998 n'a pas changé grand-chose dans l'adoption des mesures de régulation de la politique d'aide au développement en France. S'il est vrai qu'officiellement c'est le Parlement qui a principalement la responsabilité du vote des lois, il n'en demeure pas moins qu'il subit l'omniprésence du gouvernement, et par là, la prépondérance des initiatives élaborées par les administrations centrales. On reste donc dans la perspective des analyses qui dressent un bilan peu élogieux des réformes de l'aide publique au développement mise en œuvre depuis

---

[319] *Ibid.*
[320] *Ibid.*
[321] *Ibid.*

1998. Parmi ces analyses se trouve le sévère rapport de la Cour des comptes en France publié en 2012, mais également l'évaluation réalisée par le cabinet international Ernst and Young en décembre de la même année. La situation qui a justifié la réforme de 1998 était liée à l'absence d'un dispositif de coopération et de développement unifié et reposant sur des objectifs clairs en matière de lutte contre la pauvreté et des inégalités. La réforme de 1998 consistait en la mise en place d'un dispositif coordonné et piloté à la fois par le ministère des Affaires étrangères (MAE » et le ministère de l'Économie et des Finances (MINEFI) ; ce qui supposait la suppression du secrétariat d'État à la coopération. Les services de ce secrétariat ont fusionné avec ceux du MAE dans le but de créer la Direction générale de la coopération internationale et du développement (DGCID) au sein du MAE.

D'autres institutions ont été créées, à l'instar du ministère délégué à la Coopération et du CICID. L'Agence française de développement a été érigée en opérateur principal de l'aide. Pour certains analystes, on a abouti à un univers fragmenté obéissant à des logiques très diverses. Ainsi les auteurs ont pu observer comment trois cultures coexistent de fait : celle de la diplomatie, incarnée par le personnel du MAE et en particulier les ambassadeurs, qui ont la responsabilité de la mise en œuvre des crédits de coopération dans les pays récipiendaires « *pour lesquels la Francophonie et le rayonnement culturel sont essentiels ; celle centrée sur l'équilibre macro-économique et le rayonnement commercial, avec le ministère de l'Économie et des Finances...* »[322]. L'auteur veut par-là dire que la réforme de 1998, au lieu d'apporter des solutions aux problèmes qui se posaient dans le système français d'aide au développement, a plutôt créé des complexités, notamment dans sa gouvernabilité. On retrouve à cet effet fondus au sein d'administrations, des pratiques administratives différentes et des agents ayant des objectifs différents, au point où le développement est devenu le parent pauvre de la coopération au développement, puisque l'auteur utilise l'expression « *marginalement* » à ce sujet.

Beaucoup pensent donc qu'après 1998, rien n'a véritablement changé dans la politique française d'aide au développement. Ainsi, « *La politique de réforme du dispositif français de coopération au*

[322] Debrat J.-M., Gabas J.-J. et Hugon P., (2005), « La politique française d'aide au développement (1957-2004) », *in* Gabas J.-J., *L'aide publique française au développement*, Paris, La Documentation Française.

développement fut poursuivie en 2004-2005, notamment sur la base des déclarations de Rome et de Paris qui s'interrogeaient sur l'efficacité et l'harmonisation de l'aide au niveau international »[323]. Cette seconde phase de la réforme est engagée au moment du déploiement de la Loi organique relative aux lois de finances (LOLF), qui a pour effet *« de regrouper les crédits du MINEFI et ceux du MAE consacrés au développement au sein d'une mission aide publique au développement », ce qui suppose des objectifs uniques et mieux cernés, ainsi que la mise en place d'indicateurs de performance. »*[324] Mais l'observation qui est faite est que *« tant le rapport de la Cour des comptes, que le présent rapport d'Ernst & Young montrent que la situation n'a guère évolué depuis 1998 »*[325]. Le constat que font donc les auteurs de ce rapport est qu'on est dans une situation de *statu quo* qui ne permet ni de rendre efficace l'aide ni d'améliorer le partenariat entre la France et les pays receveurs de son aide. Il convient ainsi d'examiner cette situation à l'aune des projets C2D.

B. La formulation des projets C2D

Rappelons à toutes fins utiles que les C2D correspondent à un refinancement par dons des créances d'aide publique au développement. Autrement dit, les fonds qui en découlent correspondent aux dettes contractées par les pays en développement dans le cadre de cette aide publique au développement. Ces pays continuent d'honorer leur dette, mais en principe, aussitôt le remboursement constaté, la France reverse au pays la somme correspondante pour l'affecter à des programmes de lutte contre la pauvreté. Selon le document stratégique validé par le CICID le 05 décembre 2006, ces programmes sont « *sélectionnés d'un commun accord avec l'État partenaire* »[326]. Les auteurs du document veulent ainsi dire qu'en termes d'émergence et de formulation, le pays donateur qu'est la France travaille avec le pays receveur de l'aide pour mettre sur pied des programmes et même des projets. Cette idée est confortée par celle selon laquelle : « *les C2D permettent à la France d'instaurer un dialogue avec les autorités des pays bénéficiaires autour de leur politique de réduction de la pauvreté, et de rendre compte de*

[323] Sylvain Zeghni : « Notes de lecture », préface de Jean-Michel Severino, Paris, L'Harmattan, 2012, Mondes en développement, 2013/2, n°162, p. 160.
[324] Ibid.
[325] Ibid
[326] MAE : « Stratégie gouvernance de la coopération française », 05 décembre 2006, p 33.

l'utilisation de ces allègements de dette auprès du parlement français »[327]. Ceci signifie qu'on est dans une logique de partenariat entre Paris et les pays bénéficiaires des allègements et annulations de la dette, comme c'est le cas du Cameroun. Les auteurs du rapport veulent également montrer que l'aide publique au développement en général et les C2D sont désormais des processus transparents soumis à l'appréciation du Parlement. Mais si ces dispositions font état des relations entre la France et les pays bénéficiaires des annulations et des allègements de la dette, il convient d'examiner les rapports de pouvoir entre les instances centrales et les administrations décentralisées.

Selon les directives du CICID, la préparation des C2D est assurée conjointement par la Direction générale du trésor et des politiques économiques (DGTPE) et par la DGCID. Il est ensuite prévu que tous les six mois, « *les organisations de la société civile sont associées au suivi des contrats de désendettement et de développement. Les documents présentant les C2D et les programmes d'affectation y afférents sont mis en ligne. L'objectif est la meilleure information de tous, notamment des organisations de la société civile qui ont joué un rôle déterminant dans l'adoption du processus PPTE »*[328].À travers cette citation, les auteurs voudraient montrer qu'il y a un processus d'élargissement des acteurs participant aux projets C2D. À cet effet, la société civile semble se trouver associée. Mais comme on peut le lire, cette participation ne se situe pas au niveau des phases d'émergence et de formulation. L'intervention, ou du moins la présence de la société civile dans le processus C2D se situe au niveau de la phase de mise en œuvre. L'hypothèse de la centralisation reste donc valide, car la préparation qui correspond à l'émergence et à la formulation est le fait de deux administrations centrales que sont la DGTPE (MINEFI) et la DGCID (MAE). Il convient à ce stade de l'analyse d'examiner donc le cas de la centralisation dans la mise en œuvre de cette politique d'aide.

Section II
La mainmise des bureaucraties centrales dans la mise en œuvre

S'il est vrai qu'en France, presque tous les ministères ont développé directement ou indirectement une action dans le domaine de la coopération, il faut néanmoins remarquer que la mise en œuvre de l'aide

---

[327] *Ibid.*
[328] *Ibid.*

publique au développement est centralisée autour de deux grands pôles : le ministère des Affaires étrangères et de la Coopération, responsable de la coordination d'ensemble de la coopération, de l'aide programme et de l'aide projet, et le ministère de l'Économie et des Finances, en charge de la dette, de l'aide budgétaire globale et des relations avec les institutions financières internationales. Cette question est évoquée par certains auteurs analystes de la coopération et de l'aide publique au développement. Pour José Antonio Sequeira Carvalho, l'obtention d'impacts structurels durables sur les économies et les sociétés des pays en développement est liée à l'appropriation des programmes d'aide au développement par les acteurs locaux bénéficiaires. Ceci nécessite la mise en œuvre de modes de coopération participatifs et décentralisés. L'auteur veut dire qu'une coopération qui doit bénéficier aux cibles a besoin de faire participer celles-ci à toutes les phases de sa réalisation. Tout en critiquant la dispersion et le manque de coordination de ces coopérations participatives et décentralisées, il pense tout de même qu'il est nécessaire de concevoir et de mettre en œuvre *« des systèmes de gestion décentralisée de l'aide au développement qui nous permettent de réussir à conserver et à maîtriser la cohérence et l'efficacité nécessaires des politiques et des programmes de coopération poursuivis »*[329]. Pour l'auteur, décentraliser l'aide publique au développement constitue donc la solution pour son efficacité. La territorialisation de cette politique semble être la source de la réussite des objectifs fixés par les différents acteurs, tant au niveau des donateurs que des receveurs.

En mobilisant les cadres théoriques de l'analyse des politiques publiques, il était question de chercher à mettre en exergue la multiplicité des rationalités pouvant intervenir dans l'aide et les programmes C2D, ceci permettant de déceler les limites de la rationalité étatique où l'administration est pensée « *comme l'élément rationnel de l'État dont la fonction est la mise en œuvre des volontés des élites politiques élues par une administration hiérarchisée et organisée par blocs de compétences »*[330].

Dans le schéma de Charles O. Jones retenu dans ce travail, la mise en œuvre (ou *Program Implimentation)* correspond à la phase d'application des décisions, de l'utilisation des ressources autorisées pour la politique, du déploiement du programme d'action, et de la réception par les publics

[329] José Antonio Sequeira Carvalho, *op cit.*, p 2.
[330] Gilles Massardier, *op cit.*, p 16.

de ces programmes. L'on a souligné plus haut que malgré les efforts fournis par la France et de nombreux pays africains dans le sens de la décentralisation, l'État reste encore centralisé dans ses politiques publiques. Cette centralisation produit un impact significatif, mais négatif sur les politiques publiques en général, et surtout sur la mise en œuvre de l'aide publique au développement et le programme C2D. Bien plus, la centralisation observée en Afrique aujourd'hui, notamment dans la mise en œuvre de la politique d'aide publique au développement, est inscrite dans une trajectoire comme l'ont globalement montré certains théoriciens des institutions (institutionnalisme historique) qui, tout en définissant les institutions comme « *les procédures, protocoles, normes et conventions officiels et officieux inhérents à la structure organisationnelle de la communauté politique ou de l'économie politique* »[331], pensent qu'elles sont liées à une histoire. L'objectif de cette section n'est pas de revenir sur cette histoire, mais de s'interroger sur les structures en charge de l'application des décisions et de l'utilisation des ressources autorisées pour l'aide publique au développement et les C2D. Qui applique ces décisions et qui utilise les ressources autorisées ? Le souci de clarté qu'exige ce travail voudrait que soient analysées d'une part, la mise en œuvre en France (I) et d'autre part, la mise en œuvre au Cameroun (II).

I. Les institutions de mise en œuvre en France

Dans les développements précédents, l'on a indiqué que la mise en œuvre des politiques publiques correspond à la phase d'application des décisions, de l'utilisation des ressources autorisées pour la politique, du déploiement du programme d'action, et de la réception par les publics de ce programme. En somme, il n'est pas exagéré de dire que c'est à cette phase qu'une politique publique devient publique. C'est la phase de la visibilité, celle au cours de laquelle le programme d'action sort des couloirs, des bureaux et des débats administratifs pour rencontrer au grand jour les bénéficiaires et tous les autres intervenants, en dehors de ceux qui ont été impliqués dans les phases d'émergence et de formulation. C'est ici que la politique est dévoilée en tant que solution aux problèmes qu'elle est censée résoudre, ou en tant que référentiel pour certaines valeurs à faire accepter. Cette sortie de la politique publique peut être solennelle ou discrète, toujours est-il que c'est le grand moment de déploiement du programme d'action. Quand la durée de gestation a

---

[331] Peter A. Hall, Rosemary C et R. Taylor : « La science politique et les trois néo-institutionnalismes », *Revue française de science politique*, 1987, vol.47, n°3, p 471.

été longue, les acteurs et les cibles peuvent pousser un ouf de soulagement, même si certains derniers réglages sont encore nécessaires pour l'effectivité réelle de la mise en œuvre.

Durant la phase de mise en œuvre, on parle de confrontation entre la décision et la réalité à travers l'application des directives gouvernementales. C'est la troisième phase du schéma de Charles O. Jones, laquelle nécessite néanmoins « *de ne pas rester figé sur les objectifs et les intentions définis d'une politique (...)en partant du constat qu'il existe généralement un décalage entre les intentions d'une politique et ses résultats concrets, que. Presman et Wildasky se sont intéressés ... aux programmes d'aide fédérale dans la ville d'Oakland, et ont analysé les distorsions entre les objectifs et l'impact réel de ces politiques* »[332]. Les deux auteurs veulent dire qu'il est difficile qu'une politique atteigne toujours les objectifs fixés par ses initiateurs, et qu'il est courant d'observer que d'autres résultats sont obtenus dans la mise en œuvre, ou alors qu'il n'y a pas du tout eu de résultat.

De nombreux auteurs associent « *mise en œuvre* » d'une politique publique avec « *changement* » dans l'action publique, cela entraînant de multiples interrogations à l'instar de celles de savoir quels changements l'application de la décision va entraîner. À quel niveau ? Quelles sont les conséquences de ces changements sur l'action publique, et notamment sur son organisation ? Ces auteurs demandent également de prendre en compte « *simultanément* » l'organisation des moyens mis en œuvre, l'interprétation des directives par l'ensemble des acteurs, et les modes d'application ou de non-application de ces directives. Antoine Megie reprend la définition de Padioleau (1982) et considère la mise en œuvre comme « *un processus au sein duquel se succède une série d'actions sociales mettant en jeu des ensembles d'acteurs plus ou moins organisés, qui occupent des positions hétérogènes et portent des intérêts et des ressources différents* »[333]. Pour l'auteur, la phase de mise en œuvre met aux prises de multiples acteurs qui peuvent être des acteurs étatiques ou non étatiques, des acteurs internationaux, nationaux ou locaux. Il pense alors qu'il faut prendre en compte les stratégies et les interactions qui structurent le jeu de ces acteurs pour « *étudier les mécanismes d'ajustement et d'apprentissage qui sont au cœur des processus de mise*

---

[332] Antoine Megie : « Mise en œuvre », in Boussaguet et al, *op cit.*, p 286.
[333] *Ibid.*

en œuvre »[334]. Cela signifie que la mise en œuvre d'une politique publique ne consiste pas simplement à appliquer les décisions qui ont été adoptées par les autorités régulatrices nationales ou internationales, elle constitue également un espace de liberté conjoncturelle dans lequel on peut faire autrement pour mieux faire. Mais dans le cadre de ce travail, on se limitera à l'examen des deux ministères en charge de la mise en œuvre de l'aide publique au développement en France, en l'occurrence le ministère des Affaires étrangères et de la Coopération (A) et le ministère de l'Économie et des Finances (B).

A. Le ministère des Affaires étrangères et de la Coopération

Les grandes déclarations faites par les bailleurs de fonds au sujet de l'aide publique au développement ont toujours souligné la question des modalités d'intervention et les procédures d'octroi, comme obstacles à une efficacité dans le domaine du développement et de la lutte contre la pauvreté. Dans la Déclaration de Rome de 2003, les parties prenantes ont par exemple souligné entre autres préoccupations, la modification et l'harmonisation des politiques, procédures et pratiques des donateurs ; la coordination de l'aide au développement à partir du leadership du pays partenaire, la mise sur pied des réformes nécessaires pour que les donateurs puissent aligner leurs interventions, la consolidation d'un leadership dans le renforcement des capacités, ou encore le respect des priorités de développement du pays partenaire dans l'affectation sectorielle de leur aide.

Dans la Déclaration de Paris de 2005, des préoccupations similaires ont été exprimées et ont porté notamment sur la faible prévisibilité des flux d'aide, et surtout, l'insuffisante délégation d'autorité aux équipes-pays des donateurs. Le texte de la Déclaration énonce clairement un certain nombre d'engagements dont :

- la réforme et la simplification des politiques et procédures des donneurs dans un sens qui encourage la collaboration et l'alignement progressif sur les priorités, systèmes et procédures des pays partenaires ;
- la suppression des doubles emplois dans les efforts des donneurs et la rationalisation de leurs activités pour en optimiser la rentabilité ;

334 *Ibid.*

- l'alignement de l'aide sur les priorités, systèmes et procédures des pays partenaires et le soutien au renforcement de leurs capacités ;
- le renforcement des stratégies nationales de développement des pays partenaires et des cadres opérationnels correspondants (plans, budgets et cadres d'évaluation des performances, par exemple)...

Bien plus, le Comité d'aide au développement (CAD) de l'OCDE avait défini un certain nombre de caractéristiques que doit présenter une approche programme de l'aide. Ces caractéristiques portent sur : le leadership du pays partenaire, un cadre budgétaire et programmatique unique, un processus formel pour la coordination des donateurs et l'harmonisation de leurs procédures ; et enfin le recours aux systèmes nationaux de passation des marchés, de gestion des finances publiques, et de suivi-évaluation.

Mais l'observation des modalités d'intervention de la politique française d'aide au développement permet de constater une fois de plus qu'elles s'écartent des recommandations faites au niveau multilatéral et restent le fait des structures centrales de l'administration française et celles de leurs représentants dans les pays du Sud. Elles sont le fait d'initiatives pilotées par les institutions du pouvoir central et leurs démembrements au niveau des pays receveurs.

Si théoriquement la mise en œuvre d'une politique publique met en mouvement un ensemble d'acteurs plus ou moins organisés occupant des positions hétérogènes, et portant des intérêts et des ressources différentes, dans le domaine concret de l'aide publique au développement en France, le ministère des Affaires étrangères et de la Coopération constitue l'un des acteurs les plus importants de cet ensemble. C'est l'un des maillons essentiels de la centralisation de la politique d'aide au développement de la France, de par ses missions en la matière, et compte tenu du rôle qu'il joue dans le secrétariat du CICID.

Historiquement, le ministère de la Coopération a été créé par un décret du 10 juin 1961. Mais avant, il existait une administration qui avait été mise en place dès 1959, dans le prolongement de l'indépendance des colonies françaises d'Afrique subsaharienne, sous l'autorité du premier ministre. Cette administration était chargée de veiller aux relations entre la France, les États membres de la Communauté et, en particulier, *« l'action d'aide et de coopération dans les domaines économique, financier, culturel et social »*[335].Dans ce cadre, un *« conseil interministériel pour l'aide et la coopération entre la République et les autres États de la Communauté »*était institué, doté d'un secrétariat réunissant des fonctionnaires de l'ancien ministère, ainsi que des contractuels. Cette administration, traitée d'*« embryonnaire »,* avait été complétée sur le terrain, en Afrique, par des missions d'aide et de coopération, et la mise en place du Fonds d'aide et de coopération (FAC) qui a succédé au FIDES, destiné à appuyer sous forme de subventions d'investissements, le développement des pays issus de l'ancien empire colonial français. Tout ce dispositif relevait d'abord du ministre d'État auprès du premier ministre, avant de constituer une administration autonome sous l'appellation du ministère de la Coopération chargé de *« l'action d'aide et de coopération à l'égard des États africains situés au sud du Sahara et de la République malgache ».*

Au fil du temps et des différents titulaires, les appellations du ministère de la Coopération ont changé, mais celui-ci a conservé globalement sa spécificité jusqu'à la réforme de 1998. Il fut tantôt sous l'autorité d'un ministre de plein exercice, tantôt d'un ministre délégué auprès du ministre des Affaires étrangères, tantôt confié à un secrétaire d'État. Mais globalement, son principe ne fut jamais remis en cause, même si son champ d'abord rigoureusement limité aux anciennes colonies françaises a été progressivement étendu à l'ensemble des pays francophones de l'Afrique subsaharienne, puis en 1995, aux États africains anglophones ou lusophones et aux pays de la région des Caraïbes.

Le ministère des Affaires étrangères assure, avec le ministère de l'Économie et des Finances, le co-secrétariat du CICID. Ce co-secrétariat est une structure que le discours officiel qualifie de « souple et opérationnelle » au sein de laquelle sont suivies la mise en œuvre des décisions du CICID et l'évolution de la politique d'aide au développement. Le ministère des Affaires étrangères organise de façon alternative avec le ministère de l'Économie et des Finances, des réunions dont il assure alternativement la présidence. Au sein du ministère des Affaires étrangères, c'est plus précisément la direction générale de la mondialisation, du développement et des partenariats qui assure ce secrétariat conjoint du CICID. Elle dispose à cet effet de fonctions dans le domaine du développement en l'occurrence la tutelle, pour le compte

---

[335] Ces dispositions sont du décret du 27 mars 1959.

du ministère des Affaires étrangères, sur les opérateurs de la coopération internationale française, en particulier l'Agence française de développement. Elle participe également à la mise en œuvre des politiques de développement avec une direction du développement et des biens publics mondiaux, qui rassemble l'ensemble des compétences relatives aux stratégies de développement.

La présentation officielle qui était faite sur les missions du ministère des Affaires étrangères et de la Coopération peut d'ailleurs créer une confusion quand on sait quels pouvoirs détiennent le président de la République et la cellule Afrique de l'Élysée en matière de coopération avec les pays d'Afrique, et surtout quand on reste dans le schéma de Vincent Lemieux qui parle d'émergence, de formulation et de mise en œuvre. Officiellement, de même qu'on parle de « *conduite* », ce qui renvoie à la mise en œuvre, on parle également de *mission d'information*, de *conception*, de *coordination*, ainsi que de la protection des intérêts français à l'étranger, et de l'assistance aux ressortissants français hors du territoire. Il convient ainsi de décrypter ces différentes missions pour voir si elles correspondent bien à la mise en œuvre de la politique d'aide de la France en Afrique, et comment elles opèrent une centralisation de cette politique.

- *Le pouvoir de conduite et de coordination* signifie officiellement que le ministère représente la France auprès des gouvernements étrangers et des organisations internationales. Il coordonne les actions des autres ministères à l'égard de l'extérieur. Mais la centralisation autour du président de la République se manifeste à partir du moment où les ambassadeurs qui sont des maillons de la mise en œuvre à l'étranger représentent le chef d'État auprès des autorités de son pays de résidence. Ils négocient au nom de la France, signent des accords et effectuent toute démarche au nom du président de la République.

- *La mission d'information* qui est dévolue au ministère des Affaires étrangères est accomplie pour le compte du président de la République et du gouvernement. Elle porte sur l'évolution de la conjoncture internationale et de la situation des États étrangers. Mais une fois de plus, il y a centralisation autour du chef de l'État dans la mesure où cette mission est remplie par les ambassades et les consulats de France à l'étranger. Or, le chef de mission diplomatique représente le président de la République. Il est donc responsable devant le chef de l'État et non devant le ministre des Affaires étrangères.

- *Le pouvoir de conception de la politique extérieure* renvoie plus à un pouvoir de participation à la formulation de cette politique. Officiellement, le Ministère, à partir des informations recueillies par les postes diplomatiques et consulaires, propose des orientations de la politique internationale de la France. Ceci est-il vrai dans le domaine de la coopération au développement et dans celui de l'aide publique en particulier ? Les évolutions institutionnelles de la coopération au développement en France montrent une répartition des pouvoirs entre le ministère des Affaires étrangères à proprement parler, et ce qui a toujours tenu lieu de ministère de la Coopération.

En matière de coopération, le ministère des Affaires étrangères à proprement parler s'est toujours occupé des relations avec les autres pays du monde appelé pays « *hors champ* », et ce par le biais de sa direction de la coopération scientifique et technique. Les interventions ici portent globalement sur les échanges culturels. En matière de politique étrangère globale, ce ministère est en charge de l'ensemble des relations internationales de la France. À ce titre, il conduit les relations de coopération et négocie les accords de partenariat qu'il met en œuvre avec des services et des moyens budgétaires propres. Ensuite, il assure la gestion directe des opérations relevant des secteurs institutionnels et de souveraineté (justice, État de droit, administration économique, défense, police, etc.), ainsi que des actions de développement culturel. En matière de coopération internationale et de développement, le ministère des Affaires étrangères est alors assisté d'un ministre délégué à la Coopération dont les appellations ont varié au fil des temps, comme nous l'avons souligné plus haut.

Selon l'article 1er du décret n° 2002-951 du 03 juillet 2002, le ministre délégué à la Coopération « *prépare et met en œuvre la politique du gouvernement en matière de coopération culturelle, scientifique et technique et de coopération au développement dans les pays étrangers. À ce titre, il participe à la définition de la politique française d'aide au développement* »[336]. Ce texte poursuit en précisant le rôle du ministre dans les instances internationales traitant des questions de coopération

[336] Article 1er du décret n°2002-951 du 03 juillet 2002 relatif aux attributions déléguées au ministre délégué à la Coopération et à la Francophonie, site Legifrance.gouv.fr

internationale et de développement, sa présence en vue de favoriser la cohérence des actions d'aide au développement, etc. Selon le décret, le ministre délégué à la Coopération « *est consulté sur les interventions publiques et sur toute décision pouvant avoir une incidence sur le développement des pays concernés* ».Enfin, il est entre autres associé aux négociations.

Après les réformes de 1998, la fusion des deux ministères des Affaires étrangères et de la Coopération s'est matérialisée dans une structure appelée « *Direction générale de la coopération internationale et du développement* » qui est devenue aujourd'hui la direction générale de la mondialisation, du développement et des partenariats. Cette direction, selon les termes officiels, veille à renforcer la cohérence et l'efficacité de la politique d'aide au développement de la France, et à y associer l'ensemble de la société française selon quatre axes : un axe ministériel, un axe société civile, un axe multilatéral, et un axe expertise et maîtrise d'ouvrage.

L'un des enseignements tirés de ce qui précède est que, dans le souci d'établir une cohérence administrative dans la gestion de la politique d'aide au développement, la réforme de 1998 a créé une DGCID. Sauf que cette fusion, tout en essayant de réaliser cette cohérence, renforce encore la centralisation de cette politique. Ceci confirme ainsi l'hypothèse de base, et rapproche même des caractéristiques générales de la bureaucratie occidentale telles que les a décrites Max Weber dans *Économie et Société* (1922). Pour le sociologue allemand ayant tenté d'élaborer une théorie de la bureaucratie, l'une des caractéristiques de cette bureaucratie réside dans la hiérarchie des fonctions. Ceci signifie que le système administratif est fortement structuré en services subalternes, et en postes de direction, avec possibilité de faire appel aux instances inférieure et supérieure. Cette structure est monocratique et non collégiale, et manifeste une tendance vers la plus grande centralisation[337].

En dehors des ministères des Affaires étrangères et de la Coopération, d'autres structures centrales interviennent dans la mise en œuvre de l'aide de la France, et contribuent à confirmer l'hypothèse de la forte centralisation de ces politiques. C'est le cas du ministère de l'Économie qui joue un rôle fondamental dans le cadre des prêts accordés aux pays en

[337] Max Weber : *Economie et société* (1922), cité par Catherine Ballé : *Sociologie des organisations,* Paris, PUF, 2009, p 21.

développement et donc dans le cadre des C2D qui retiennent notre attention ici.

B. Le ministère de l'Économie et des Finances

Ce ministère est avec le ministère des Affaires étrangères et de la Coopération, les deux co-secrétaires du CICID. Il est par ailleurs chargé des relations avec les institutions financières internationales, des questions relatives à l'endettement, de la coopération monétaire avec les pays de la zone franc, de la coopération financière et des politiques commerciales, notamment les négociations sur le développement dans le cadre de l'Organisation mondiale du commerce (OMC).Présent au sein des institutions financières internationales, le ministère de l'Économie et des Finances, via sa direction générale du Trésor, participe aux négociations financières et commerciales bilatérales et multilatérales, et supervise l'aide au développement.

Les réformes successives ont fait apparaître un ministère de l'Économie et des Finances qui contribue à l'aide au développement, et est associé à la réflexion sur les axes de la coopération. Il conduit l'instruction des concours financiers, et avec le ministère des Affaires étrangères, conduit les relations avec les institutions multilatérales à caractère économique et financier, en particulier les institutions de Bretton Woods (Banque mondiale, Fonds monétaire international, SFI…). On pense que c'est l'acteur qui tient la plus grande place dans le dispositif d'aide publique au développement, notamment dans le domaine de l'aide financière, donc des C2D que la France met en œuvre au Cameroun, et qui sont à leur deuxième phase pour la période allant de 2011 à 2016, pour un montant de 214 milliards de FCFA destinés à financer l'éducation, la santé, l'agriculture et le développement rural, le développement urbain, les infrastructures et la formation professionnelle.

L'idée naît sous la IVe République avec la nécessité de mettre en place une nouvelle coopération économique internationale, en raison des bouleversements liés à l'accession à l'indépendance des diverses colonies françaises, et à l'émergence du tiers-monde. En 1955 déjà, la coopération technique et économique bilatérale est confiée à un secrétariat d'État aux Affaires économiques. À cause des tensions entre différents acteurs responsables de la diplomatie française au sujet de l'autonomie des décisions, et les modalités d'attribution du budget du secrétariat, un conseil supérieur de l'assistance technique et un comité de gestion de cette assistance sont institués en 1957 afin de coordonner les différentes actions des acteurs chargés des dossiers de coopération technique.

La Cinquième République va perpétuer cette orientation en consolidant la position internationale du ministère des Finances. La raison tient alors au fait qu' « *une politique publique internationale claire ne peut être conduite que par des professionnels de l'économie et des finances* »[338].Ceci rejoint la définition que donnent certains auteurs d'une politique publique. Dans notre introduction, nous avons relevé que Muller et Surel considèrent une politique publique comme une combinaison d'éléments de puissance publique et d'expertise[339]. Une amélioration des instruments d'action et quelques aménagements institutionnels seront alors nécessaires au ministère de l'Économie et des Finances pour mener à bien ses missions internationales. En 1960, la loi de finances crée de nouveaux prêts du secteur public d'une durée de quinze à vingt ans assortis d'un taux d'intérêt de 3 à 3, 5%, destinés aux pays extérieurs à la zone franc. En 1965, une réorganisation de l'administration centrale des finances et des affaires économiques a lieu, supprimant la direction des finances extérieures et créant au sein de la direction du Trésor, une sous-direction des affaires internationales qui va concentrer, sous sa houlette, des attributions importantes et devenir un acteur de poids de la diplomatie financière.

En raison du volume des sommes allouées ou gérées, le ministère de l'Économie et des Finances peut alors être considéré comme « *le bailleur de fonds le plus important* » de l'APD. En 1998, il dispense plus de la moitié des sommes consacrées à la coopération au développement. Par le biais de la direction générale du Trésor, ce ministère instruit dans les pays africains les aides à l'ajustement structurel. Par ailleurs, il apporte l'essentiel de ses ressources publiques à l'AFD qui est également un acteur de poids dans le dispositif de mise en œuvre de l'aide publique au développement en général, et du programme C2D en particulier.

En effet, l'AFD est une administration dotée d'un statut d'établissement public et d'institution financière spécialisée soumise à la loi bancaire de 1974. Elle intervient à un double titre : en qualité de bailleur de fonds, en accordant des prêts privilégiés ou des subventions pour des projets d'investissement aux producteurs, et en tant que banquier, à travers des prêts accordés aux conditions de marché. Ces

---

[338] Grosser, Alfred, *op cit*, p 328.
[339] Pierre Muller et Yves Surel, *op cit.*, p 14.

deuxièmes types de prêts sont dits de « *deuxième guichet.* »Par ailleurs, l'AFD soutient, par le biais de sa filiale PROPARCO, le secteur privé ou les entreprises publiques en voie de privatisation, sous la forme de fonds au capital ou de prêts participatifs. En tant que démembrement de l'État, l'AFD permet ainsi de réaffirmer l'hypothèse de centralisation de la politique française d'aide, même s'il y a de plus en plus des efforts qui sont fournis pour laisser une autonomie aux programmes nationaux de gérer, c'est-à-dire, de mettre en œuvre les contrats de désendettement et de développement. C'est le cas avec le programme national de développement participatif au Cameroun.

Pour le compte de l'État, l'AFD remplit à la fois des missions de gestion et de financement. *Au plan de la gestion*, l'AFD s'occupe de certaines aides financières du ministère de l'Économie et du ministère des Affaires étrangères. Elle assure notamment la gestion des prêts et bons du Trésor qui, utilisés seuls, ou en mixage avec des crédits privés garantis consentis par les banques commerciales, permettent le financement de projets inscrits sur les protocoles financiers, négociés par le pays bénéficiaire et la Direction des relations économiques extérieures (DREE). En 2000, le Groupe AFD a été désigné comme opérateur pivot de la mise en œuvre du volet français des programmes internationaux PPTE de réduction de la dette. Par ailleurs, le groupe gère le programme de coopération délégué par le MAE qui lui confie l'exécution, soit des projets de coopération dans les États de la Zone de solidarité prioritaire (ZSP), soit des projets régionaux ou sectoriels en fonction des engagements de la France, par exemple dans la gestion des sorties de crise. Dans ce même cadre, l'AFD gère également des fonds destinés à financer les études préparatoires au montage des projets d'investissement qu'elle est susceptible de financer. L'AFD gère enfin des crédits affectés à des opérations spécifiques contrôlées par le MAE, ou en faveur du ministère d'outre-mer. Ces opérations spécifiques n'ont pas de limite géographique, avec des interventions à la fois en Europe orientale, au Maghreb, dans le Pacifique Sud, en Asie et en Amérique latine. Elle gère aussi le Fonds français pour l'environnement mondial (FFEM), créé en complément de la participation française aux actions entreprises pour la préservation de l'environnement à l'échelon de la planète, dans le cadre de sa contribution au fonds multilatéral.

Au plan du financement, l'AFD assure le financement de la part consacrée par la France à la facilité pour la réduction de la pauvreté et l'amélioration de la croissance (ex FSAR) du Fonds monétaire international. Bien plus, par des fonds d'études, elle finance en partie des études de faisabilité de projets d'investissement pouvant déboucher sur des financements ultérieurs du groupe.

Mais le fait pour l'AFD d'avoir également la possibilité d'agir pour son propre compte permet de confirmer l'hypothèse de base, celle qui porte sur une tendance à la décentralisation de l'aide en France. Mais avec l'Agence l'on est encore au stade de la déconcentration, car la double tutelle des deux ministères de l'Économie et des Affaires étrangères ne disparaît pour autant pas.

Pour son propre compte, l'AFD finance des projets de développement au sein de la ZSP qui regroupe un ensemble de pays en développement dans différentes régions du monde.

Ses contours sont définis périodiquement par le gouvernement français. Elle représente selon ses dirigeants : « *le cœur de cible de l'aide publique au développement* ». Elle finance, par « *des moyens adaptés* », des projets dans la presque totalité des secteurs de l'économie. Ces projets ont pour vocation de « *lutter contre la pauvreté* », en développant les infrastructures, en favorisant l'emploi par la création ou le développement d'entreprises dans le respect de l'environnement. Ces projets impliquent les populations, notamment les femmes et, de plus en plus, les ONG et les collectivités de terrain. Pour ce faire, l'AFD intensifie régulièrement sa collaboration opérationnelle avec les autres bailleurs de fonds, bi et multilatéraux, notamment par des cofinancements de projets, des accords de partenariat et des échanges de personnel. Sa filiale PROPARCO, spécialisée dans le financement du secteur privé, intervient directement en faveur des entreprises ou au travers de structures financières de proximité.

Au Cameroun, l'AFD œuvre sur la base d'un certain nombre d'axes d'intervention prioritaires que sont : l'amélioration de l'efficacité de l'ensemble de la chaîne des transports, l'appui au secteur privé et plus particulièrement aux privatisations, le développement urbain, l'amélioration des conditions de vie des populations, ou encore l'aménagement plus équilibré du territoire. Ainsi, à la mi-juin 2000, les engagements du groupe pour le Cameroun atteignent 30 millions d'euros dont en particulier : un concours de 10 millions pour le financement d'un programme de développement régional dans l'ouest Bénoué, un prêt de 8 millions d'euros pour la mise en œuvre d'un programme de travaux prioritaires visant l'amélioration des conditions de circulation dans la ville de Yaoundé, et enfin des opérations destinées au secteur privé (création d'un fonds d'investissement régional et privatisation des filières agroalimentaires).De nouveaux projets sont à l'étude, notamment pour les infrastructures de transport et l'accompagnement de la politique forestière. Ces dernières années, son action est concentrée sur deux axes stratégiques : la lutte contre la pauvreté et l'appui à la croissance économique, avec notamment depuis 1998, l'appui au développement de la microfinance.

On peut noter enfin qu'en dehors des C2D, la centralisation se manifeste sur d'autres formes d'aide au développement que la France déploie en Afrique. C'est le cas pour les aides financières dans lesquelles on retrouve les aides budgétaires et les concours d'ajustement structurel. L'on sait que le cadre général d'intervention de la politique d'aide au développement s'inscrit dans les engagements internationaux concernant la réalisation des Objectifs du millénaire pour le développement, la préservation des biens publics mondiaux, ou l'amélioration de l'efficacité de l'aide. Paris déclare accorder ainsi la priorité à la promotion de la gouvernance démocratique dans la perspective de l'établissement d'un développement humain durable. Le dispositif français d'aide au développement a bénéficié d'une succession de réformes tendant officiellement à instituer davantage de coordination et une répartition plus claire des compétences entre la définition des politiques et stratégies et la mise en œuvre de l'aide sur le terrain (AFD). Mais ces réformes ont eu pour effet de concentrer les pouvoirs entre les mains des structures centrales au lieu de rendre plus efficace l'action publique française par l'ouverture du processus de décision aux principaux acteurs intervenant auprès des populations bénéficiaires de l'aide.

En ce qui concerne les aides budgétaires, on peut observer que ces aides sont accordées de manière *ad hoc* sur décision des autorités françaises, et ne donnent lieu en principe à la signature d'aucune convention ni d'engagement dans un programme, à la différence des concours d'ajustement structurel. Cette forme d'aide a souvent été mise en œuvre en Afrique, dans certains pays comme le Mali. La France a appuyé le Mali à travers des aides au budget de l'État. En 2005, cette forme d'aide était d'un montant de 9 M€, décaissé en totalité en trois tranches égales de 3 M€, sous forme de financement budgétaire non affecté. La prévision de 2006 fait état d'une aide budgétaire pluriannuelle globale de 22 M€, pour la période 2006-2008, en appui au programme économique et financier mis en œuvre par le Mali, dans le cadre de sa stratégie de réduction de la pauvreté. Il est intéressant de rappeler que cet appui pluriannuel de Paris en direction de ses partenaires d'Afrique s'inscrit dans une démarche de renforcement de l'efficacité de l'aide et veut traduire, comme le souligne le discours officiel, une évolution du partenariat et des modalités de l'aide française marquée par le passage d'une logique de stabilisation macroéconomique à celle d'un soutien à la mise en œuvre de la stratégie de réduction de la pauvreté, s'inscrivant dans la durée et opérant dans un cadre conjoint.

En rapprochant notre description des catégories faites par Nicolas van de Walle et Timothy A. Johnston, on parlerait dans ce cas de l'aide programme, laquelle renvoie selon eux à des « *flux de ressources au gouvernement bénéficiaire non liées à un projet spécifique* »[340]. Ces flux renvoient à « *une large gamme de différents types d'aides en faveur, entre autres, des produits de base, de la balance des paiements, des réformes économiques, et de l'allègement de la dette* »[341]. Le développement de cette catégorie d'aide est lié en grande partie au déclin de la coopération technique. Ce déclin a été compensé par l'essor de l'aide programme qui représente à la fin des années 90, près du quart du montant total de l'aide publique au développement, alors qu'elle ne dépassait pas les 10-15% durant les années 70[342]. Pour Nicolas van de Walle et Timothy A. Johnston : « *cette augmentation était due à la nécessité de s'attaquer aux continuels déséquilibres des balances des paiements des pays d'Afrique, apparus après les deux crises pétrolières et les situations d'urgence engendrées par les conflits civils, les guerres et les catastrophes naturelles* »[343].

D'autres explications contribuent à la compréhension de l'essor de l'aide programme et aux débats ayant eu cours entre les pays donateurs et les pays receveurs de l'aide. Pour les deux auteurs, l'augmentation des différents types d'aides programmes s'explique : « *Tout d'abord parce que l'aide programme est plus fongible que l'aide projet* »[344]. Ils expliquent la fongibilité comme étant « *la mesure dans laquelle les ressources fournies par l'aide modifient la structure des dépenses du budget national. Consistant en un simple transfert d'argent ou de produits de base au gouvernement bénéficiaire, l'aide programme*

[340] Nicolas van de Walle et Timothy A. Johnston, *op cit.*, p 25.
[341] *Ibid.*
[342] *Ibid.*
[343] *Ibid*, p 26.
[344] Ibid.

permet un décaissement rapide, est généralement moins lourde à gérer que l'aide projet et offre plus de souplesse au bénéficiaire »[345].

Bien que n'ayant pas disparu de l'octroi de l'aide publique au développement, cette question des conditionnalités a encore fait l'objet de débat lors de la conférence de Paris de 2005. Dans la déclaration ayant sanctionné les travaux (Déclaration de Paris), les donateurs se sont engagés à : « *Tirer autant que possible leurs conditionnalités des stratégies nationales de développement des pays partenaires ou des examens annuels de l'avancement de la mise en œuvre de ces stratégies. Bien plus, l'inclusion de conditions supplémentaires doit être dûment justifiée et leur application doit se faire de manière transparente et en consultation étroite avec les autres donneurs et parties prenantes* »[346].

Mais pour Nicolas van de Walle et Timothy A. Johnston, l'efficacité de l'aide programme est discutable : « *A moins que les conditionnalités n'exigent que l'aide soit utilisée pour des investissements, cette aide peut tout au plus favoriser la consommation nationale et ne pas parvenir à avoir un impact sur le développement. Quand l'aide projet est fongible, il est certain qu'elle peut ne pas aboutir à une augmentation nette des investissements »*[347].

Aussi pertinentes que puissent être les analyses faites par Nicolas van de Walle et Timothy A. Johnston, elles ne relèvent pas la question des lourdeurs des procédures développées par les structures centrales des États donateurs. C'est l'une des approches adoptées dans cette recherche (néo-institutionnalisme) qui commande d'insister sur les structures ou institutions. Comme le font remarquer Peter Hall et Rosemary Taylor repris par Bruno Pallier et Yves Surel : « *les trois néo-institutionnalismes s'appuient sur un présupposé commun minimal, à savoir insister sur le poids des institutions comme un ensemble de contraintes socialement construites qui permettent de mieux appréhender les comportements des individus et des organisations dans l'espace public, en s'affranchissant des limites des approches antérieures d'inspiration behavioriste* »[348].

Cette approche théorique qui est l'une de celles retenues dans le cadre de cette recherche insiste sur le poids des règles formelles et informelles,

[345] Nicolas van de Walle et Timothy A. Johnston, *op cit.*, p 28.
[346] Déclaration de Paris sur l'efficacité de l'aide au développement, 2005, p 4.
[347] Nicolas van de Walle et Timothy A. Johnston, ibid.
[348] Bruno Pallier et Yves Surel : « Les trois I et l'analyse de l'Etat en action », *Revue française de science politique*, 2005, p 9.

des pratiques enracinées et des cartes mentales dans la détermination des dynamiques propres à la sphère politique. Bruno Pallier et Yves Surel pensent que l'Analyse des politiques « *a dès lors constitué un champ privilégié d'études pour éprouver les hypothèses induites par cette définition extensive de la notion d'institution* »[349]. Dans ce cas les auteurs pensent que les règles, les pratiques et les cartes mentales enracinées pèsent « *sur les comportements des acteurs publics et privés concernés (...) Ces institutions, au sens large, peuvent influencer la nature des problèmes rencontrés, les ressources et les répertoires mobilisés par les acteurs concernés* »[350].

En ce qui concerne un pays comme le Cameroun, le document-cadre de partenariat France-Cameroun prévoit l'option d'une aide budgétaire globalisée qui pourrait être mise en œuvre dans le cadre d'un mécanisme multi-bailleur, après engagement de plusieurs partenaires, en fonction des progrès réalisés par le Cameroun dans le renforcement de la transparence et de l'efficacité budgétaire globale. La mesure de ces progrès passe par la plateforme de dialogue sur les finances publiques, à laquelle la coopération française souhaite participer activement, et à travers un mécanisme de suivi d'indicateurs d'impacts et de résultats.

Concernant les concours d'ajustement structurel, on peut observer que ce sont des prêts mis en place par la Banque mondiale à la fin des années 70, « *pour résoudre les graves déséquilibres des balances des paiements, et soutenir directement les budgets des pays, ainsi que pour encourager l'adoption des réformes à long terme en matière de politiques économiques et sociales* »[351]. Le versement des fonds répondait à des conditions précises exigées par la Banque. Si les décaissements étaient ainsi rapides comme le pensent certains auteurs, ils se faisaient sous condition de l'application d'une politique de réforme économique jugée drastique pour de nombreux observateurs et analystes. Ces ajustements structurels seront également présents dans le cadre de l'IPPTE, en ce sens que ce processus comprend deux périodes successives d'ajustement structurel. À la fin de la première (c'est-à-dire au « point de décision »), le pays, à condition qu'il soit déclaré éligible par les conseils d'administration de la Banque mondiale et du FMI, entame une seconde période de suivi macroéconomique au cours de

---

[349] *Ibid*, p 9-10.
[350] *Ibid*, p 13.
[351] Nicolas van de Walle et Timothy A. Johnson, *op cit.*, p 26.

laquelle il bénéficie d'une assistance dite « *intérimaire* » de la part de l'ensemble de ses créanciers multilatéraux et bilatéraux. À l'issue de cette seconde phase, dont la durée est fonction de la rapidité avec laquelle les objectifs économiques et sociaux du programme sont atteints, le pays parvient au « *point d'achèvement* » du processus, étape ultime où l'allégement du stock de la dette, prévu par l'ensemble des créanciers, lui est consenti[352].

C'est ainsi que dans le sillage de l'initiative de la Banque mondiale, les donateurs bilatéraux comme la France ont commencé à accorder des prêts d'ajustement structurel vers le milieu des années 80, notamment en faveur des divers secteurs économiques. En France, ces prêts relèvent de la compétence du ministère des Finances. Ceux associés à ces programmes sont gérés avec l'AFD, en étroite collaboration avec les ministères des Affaires étrangères et européennes, qui en fournit la partie don (subvention et bonification d'intérêts). Concrètement, les programmes d'ajustement structurel sont préparés de manière tripartite (AFD, ministère des Finances, ministère de la Coopération) et donnent lieu à la signature d'une convention avec le pays bénéficiaire. Chaque opération de décaissement est elle-même le résultat d'une procédure tripartite en trois phases : mission d'instruction, mission financière et passage en conseil de surveillance de l'AFD. Jusqu'à une date récente, les programmes d'ajustement structurel français fonctionnaient davantage sur une logique d'affectation que de conditionnalités. Les concours consentis étaient dans leur majorité affectés à des dépenses budgétaires identifiées (souvent en priorité à la réduction des arriérés intérieurs de l'État par exemple) ou pour une part faible, à des programmes d'appui (appui à la gestion financière). La convention financière signée dans le cadre du programme d'ajustement entre la France et le pays bénéficiaire contient certes des « *engagements particuliers* »à réaliser par le pays, mais ceux-ci sont le plus souvent de nature technique (par exemple réalisation d'un audit), et débouchent rarement sur de véritables conditionnalités.

Depuis septembre 1993, sur décision du premier ministre, les programmes d'ajustement structurel français ne peuvent concerner que les pays en programme avec le FMI. La position française en matière

---

[352] Sophie Béranger-Lachang et Christian Eugène : « Le Club de Paris : instrument stratégique au sein de la communauté financière internationale », *Bulletin de la Banque de France*, n°81, septembre 2000, p 79.

d'ajustement est donc vraisemblablement en train d'évoluer vers des programmes conditionnels coordonnés avec ceux des institutions de Bretton Woods. Notons globalement que l'aide financière, encore appelée aide hors projet, absorbe 50 à 60 % des dotations globales de l'APD.

Que l'on se situe dans le cadre des aides budgétaires ou des concours d'ajustement structurel, le principe de centralisation est le même, car l'émergence et la formulation sont faites par trois structures centrales du système français d'aide que sont les deux ministères co-secrétaires du CICID et l'opérateur principal qu'est l'AFD.

II. La formule retenue au Cameroun

Cette mise en œuvre est le fait tant de certaines administrations camerounaises, que celle des administrations françaises représentées au Cameroun, à l'instar des services de l'Ambassade de France au Cameroun et de l'Agence française de développement. Pour confirmer l'hypothèse de centralisation de la politique française d'aide au développement et du programme de désendettement et de développement, l'on a à charge de présenter dans cette partie la mise en œuvre par les structures paritaires franco-camerounaises et la mise en œuvre par une structure purement camerounaise : le PNDP.

A. Les structures paritaires franco-camerounaises

Le dispositif institutionnel retenu pour la mise en œuvre des C2D au Cameroun comprend des cellules sectorielles et trois instances transversales, toutes composées d'agents publics centraux. Il s'agit d'abord du Comité d'orientation et de suivi (COS), instance de nature politique et publique co-présidée par le ministre des Finances camerounais et l'Ambassadeur de France, représentant les institutions publiques françaises au Cameroun. Ensuite, on a le Comité technique bilatéral (CTB), instance technique paritaire de suivi et d'animation du C2D en service depuis 2002. Enfin, on a le Secrétariat technique d'appui dédié à l'exécution (STADE), structure camerounaise logée au sein du ministère des Finances, et destinée à préparer les travaux du CTB et du COS. On est donc en présence d'une configuration politico-institutionnelle faisant apparaître la seule présence d'organes et d'autorités publics centraux, sans la moindre présence, tant de la société civile que des représentants des collectivités territoriales décentralisées.

Cette centralisation a pour conséquence non seulement de faire émerger du haut des problèmes et des solutions, mais également d'entretenir un climat de suspicion à l'endroit des autorités publiques accusées de manque de transparence dans la gestion des différents fonds alloués pour la transformation durable des conditions de vie des populations.

Dans ce chapitre, il nous a été donné d'examiner les sources et les manifestations de la centralisation dans l'aide publique de la France en général, et dans le programme C2D en particulier. Il ressort que les sources, c'est-à-dire l'origine de la centralisation, a partie liée avec l'histoire politique de la France, et un certain nombre d'évènements contemporains. Cette centralisation suppose que les mêmes règles sont uniformément applicables à l'ensemble de la population. Plus spécifiquement, cela signifie que toutes décisions émanent du centre en direction de la périphérie, et non l'inverse.

Or, comme le constatent certains sociologues du politique[353], sauf dans les États de petite taille, la formule du gouvernement centralisé est en réalité impraticable. Pour Philippe Braud : « *il serait dangereux de vouloir faire remonter au centre, toute prise de décision, quelle qu'en soit l'importance. Le risque serait de provoquer une véritable paralysie du gouvernement, submergé par le nombre d'affaires à traiter* »[354]. C'est sans doute à cause de ce risque qu'une prise de conscience progressive est manifeste dans la gestion de certains aspects de l'aide publique au développement, dont les C2D. Mais la prépondérance du centre demeure. L'on est donc en présence d'un État régalien dont l'un des traits constitutifs est la centralisation territoriale. Même si les efforts de déconcentration et de décentralisation sont faits, on est en présence d'intervention plus ou moins directe, puisque l'action de la France s'appuie non seulement sur des instruments conçus par le centre[355], mais également par une mise en œuvre faite par ces instruments où la puissance tutélaire ne disparaît jamais.

La centralisation demeure donc, et se traduit non seulement par la mise à l'écart des acteurs de la société civile dont la participation au processus des C2D est pourtant prévue dans le dispositif institutionnel, mais surtout par une participation parfois simplement symbolique des

---

[353] Ph. Braud, *op cit.*
[354] Ph. Braud, *op cit.*, p 126-127.
[355] Patrick Hassenteufeul, *op cit.*, 14.

collectivités territoriales dont le pouvoir ou simplement la marge de manœuvre est très infime ici.

L'idéal serait donc de passer à une transformation de la politique d'aide de la France en Afrique via une véritable décentralisation de son processus d'émergence, de formulation et de mise en œuvre, pour que l'on soit ainsi en présence d'affaires dites locales qui pourront être régies par des organes décisionnels qui ne sont plus de simples relais du centre[356], mais des acteurs locaux qui non seulement bénéficient de la légitimité politique du fait de leur élection par la base, mais également de la légitimité technique du fait de la parfaite connaissance des problèmes locaux. C'est sans doute dans cette perspective que le gouvernement camerounais et la communauté des bailleurs de fonds ont créé le Programme national de développement participatif (PNDP).

B. L'innovation à travers le PNDP

L'existence d'un comité d'orientation et de suivi co-présidé d'une part par les représentants de la France au Cameroun, et d'autre part par les autorités publiques camerounaises, montre à bien des égards que le programme C2D subit toujours la mainmise à la fois des autorités centrales françaises et des autorités centrales camerounaises. Mais la création du PNDP, dont on présentera plus loin la philosophie et les missions, est un début de prise de conscience de la nécessité d'associer d'autres acteurs que les administrations centrales dans la gestion des flux d'aide en général, et dans la mise en œuvre des C2D en particulier ;en somme, une prise de conscience d'une bonne gouvernance telle que l'on l'a souligné dans les premières lignes de ce travail. Nous avons souligné notre intention de faire un examen de l'impact de la centralisation administrative sur la politique de coopération de la France au Cameroun. En parlant de cet impact, notre intuition est partie du fait qu'il y a une efficacité relative dans l'atteinte des objectifs fixés officiellement tant par les donateurs que par les receveurs de l'APD. Pour apporter un correctif à cette inefficacité, nous avons jugé nécessaire de parler plus globalement de la gouvernance même de l'APD et des C2D, car c'est de cela qu'il s'agit *in fine*. Une mauvaise répartition des tâches, une exclusion de certains acteurs ou une représentation à minima de ceux-ci, une forte centralisation…posent à n'en point douter la question de la gouvernance, laquelle semble avoir suscité la création des programmes dont les

[356] Braud, *op cit.*, p 127.

missions globales sont de mettre en œuvre avec plus d'efficacité et de façon participative les politiques publiques émergeant et formulées par les administrations centrales. Cette notion de gouvernance dont les origines remontent à plusieurs siècles a d'ailleurs partie liée avec notre objet d'étude, car les spécialistes s'accordent à dire que : « *ce sont les experts des grandes agences internationales de l'aide au développement, de la Banque mondiale en particulier, qui ont lancé la mode en 1989. C'est alors, en effet, que ces spécialistes ont prescrit la bonne gouvernance aux dirigeants par trop maladroits ou corrompus des pays démunis d'Afrique subsaharienne* »[357]. Cette pensée signifie au moins deux choses. Premièrement, la gouvernance telle qu'on l'entend et l'exige aujourd'hui, a partie liée avec l'aide publique au développement. C'est le souci de bien ou de mieux gérer l'APD qui a fait ressusciter la notion de gouvernance et d'en appeler à une bonne gestion de cette politique publique par les différents acteurs. L'aide publique au développement est en quelque sorte le sanctuaire de renaissance de la notion de gouvernance.

Deuxièmement, la gouvernance est particulièrement prescrite aux pays démunis d'Afrique subsaharienne parmi lesquels on retrouve le Cameroun, dont les chiffres de développement et de croissance sont néanmoins meilleurs que ceux d'autres pays comme la République centrafricaine, le Mali, le Burkina Faso ou le Tchad. Les auteurs veulent par-là dire que c'est en Afrique que se pose avec plus d'acuité le problème de la gouvernance des politiques publiques, et c'est vers elle que les spécialistes de la Banque mondiale ont jugé nécessaire et urgent d'appliquer la notion de bonne gouvernance. L'intérêt de cette notion pour ce travail s'avère double pour le Cameroun. Premièrement parce que c'est un pays receveur de l'aide internationale, soumis d'ailleurs à un moment donné aux exigences des institutions de Bretton Woods, à travers les Programmes d'ajustement structurel (PAS).Deuxièmement parce que c'est un pays d'Afrique au sud du Sahara, zone qualifiée par les auteurs comme étant particulièrement concernée par les questions de corruption. La gouvernance revêt même un caractère divin, car pour Hermet, Kazancigil et Prud'homme, seule cette gouvernance permettrait aux peuples d'Afrique au sud du Sahara de « *voir grandir enfin la lumière annonciatrice de leur rédemption économique et sociale à la*

[357] Guy Hermet, Ali Kazancigil et Jean-François Prud'homme : *La gouvernance : un concept et ses applications*, Paris, Karthala, 2013, pp : 5-6.

sortie du tunnel de la misère. Dès lors, de manière soudaine, la triomphante diffusion du mot gouvernance n'a plus connu de limite, au point d'impliquer même les vertueux pays riches et démocratiques »[358]. La notion de gouvernance aurait donc des vertus salvatrices pour les pays pauvres d'Afrique au sud du Sahara. Cela pourrait être vrai pour certains- en nombre limité- qui ont amélioré leurs performances en matière de gestion publique, grâce à ces prescriptions venant des institutions financières internationales. Mais pour la majorité des cas, c'est un constat d'échec qui a été fait, notamment lors de l'application des PAS. Les trois auteurs parlent par ailleurs de l'implication des « *vertueux pays riches et démocratiques* », comme si ceux-ci n'étaient pas concernés par les questions de gouvernance, alors que l'actualité montre que des pays comme la Grèce, l'Espagne ou le Portugal ont réellement besoin de leçons de gouvernance au même titre que les pays africains. Quoi qu'il en soit, la gouvernance revêt des attributs qui permettent de justifier la création d'un programme tel que le PNDP qui fait partie des principales structures du gouvernement camerounais en charge de la mise en œuvre des C2D.

En effet, le PNDP est un programme mis en place par le gouvernement camerounais, avec l'aide de la communauté des bailleurs de fonds multilatéraux et bilatéraux, en tant qu'outil de mise en œuvre du Document de stratégie pour la croissance et l'emploi (DSCE), notamment pour l'axe concernant le développement local. L'objectif du programme est « *d'appuyer les efforts du gouvernement en vue d'améliorer les opportunités et les conditions de vie des populations rurales* »[359]. Plus spécifiquement, le Programme entend contribuer à : améliorer l'offre en services socio-économiques de base vers les communautés, renforcer la décentralisation en cours, et accroître l'aptitude des collectivités territoriales décentralisées à assumer les missions de promotion du développement local, y compris celle de la planification. Ses principaux bénéficiaires sont les communes et leurs communautés appuyés pendant la phase I du PNDP. À cela s'ajoutent 110 communes des régions de l'Est, du Littoral, du Nord-ouest et du Sud-ouest. Il est prévu que les autres parties prenantes, notamment les administrations publiques, les organisations de la société civile, bénéficieront d'un renforcement des capacités leur permettant d'assurer

[358] Guy Hermet, Ali Kazancigil et Jean-François Prud'homme, *op cit.*, pp : 5-6.
[359] Manuel de procédures du PNDP, volume 0, 2005, p 4.

un appui approprié aux communes pour jouer efficacement leur rôle de moteur de développement local.

La mise en œuvre du PNDP qui s'est faite de façon progressive sur l'étendue du territoire national, selon les phases de déploiement du programme, a donc bénéficié depuis le début, des fonds C2D pour la couverture des 5 régions (Adamaoua, Centre, Ouest, Nord et Sud). Au cours de cette phase, une extension du programme a été réalisée dans la région de l'Extrême-Nord, ce qui a permis de couvrir 155 communes. De manière globale, 71% des fonds C2D destinés au financement des microprojets ont été réservés aux trois régions septentrionales (Adamaoua, Nord et Extrême-Nord), conformément aux clauses de la convention d'affectation des fonds C2D pour le financement du PNDP. Par contre, les microprojets des régions du Centre, de l'Ouest et du Sud ont été principalement financés par les fonds IDA (85% des financements).Cette initiative, faut-il le rappeler, permet de réutiliser les remboursements de la dette française par le financement des projets de lutte contre la pauvreté. La question est alors de savoir comment se déroule le caractère participatif du PNDP. Le schéma de mise en œuvre des projets financés par le C2D demeure-t-il centralisé ? Quel est le degré d'implication des collectivités territoriales dans ce programme ?

L'aspect le plus important dans l'étude de cas qui est faite sur le PNDP est sans aucun doute sa gouvernance, à travers laquelle on est appelé à examiner l'organisation et le fonctionnement du programme pour juger du degré de participation des collectivités territoriales décentralisées et des autres acteurs locaux dans la mise en œuvre des projets financés par les fonds C2D. Les documents officiels du programme font allusion à la « participation », et soutiennent : *« l'approche participative telle que développée par le PNDP va permettre l'implication de toutes les parties prenantes, y compris le personnel des services déconcentrés des ministères sectoriels (au niveau départemental) à contribuer à la préparation des plans de développement communaux et au suivi-évaluation de la mise en œuvre des activités »*[360].

En effet, l'organisation institutionnelle du PNDP est définie par arrêté du premier ministre du 07 octobre 2009, complétant les modifications de l'arrêté du 9 janvier 2004. Ce décret prévoit un dispositif institutionnel

---

[360] Manuel de procédures, *op cit.*, p 14.

constitué d'*organes de délibération* et d'*exécution.* Il est complété par un groupe thématique *ad hoc* (GTA) mis en place auprès du CNOP.

Les organes de délibération du programme sont constitués à deux échelons : l'échelon national et l'échelon communal.

À l'échelon national, l'organe de délibération est le Comité national d'orientation et de pilotage (CNOP). Son mandat est de : s'assurer que le programme est exécuté conformément à ses objectifs initiaux ; examiner et appuyer le plan de travail et le budget annuels du programme présentés par la cellule nationale de coordination ; veiller à la cohérence sectorielle des interventions au niveau local et communal ; coordonner la mise en œuvre de la stratégie de développement rural dans son axe de développement local ; assurer la cohérence des interventions entre les communes, les ministères sectoriels, les autres institutions publiques, le secteur privé, la société civile et les partenaires de développement ; s'assurer de l'optimisation de l'utilisation des ressources mises à la disposition du programme ; s'assurer de la pertinence de la stratégie de communication mise en œuvre au sein du programme ; évaluer les performances du personnel et prendre des dispositions idoines permettant de garantir l'exécution normale du programme ; évaluer les résultats du programme et en assurer la capitalisation et la diffusion ; et examiner et approuver le bilan des activités, les rapports de suivi financier et d'audit ainsi que les états financiers du programme.

La composition du CNOP fait ressortir plusieurs types d'acteurs en commençant par un représentant des services du premier ministre jusqu'au président du Comité technique de suivi des programmes (CTS), en passant par des représentants des ministères sectoriels à l'instar des ministères de l'Agriculture, des Finances, de l'Élevage, des Pêches et des Industries animales, des Domaines, de l'Urbanisme et de l'habitat… Au total, dix-huit secrétaires généraux ou autres représentants des administrations publiques auxquels il faudrait ajouter deux députés, dix représentants des communes à raison d'un représentant par région, et deux représentants de la société civile, composent le CNOP. Les représentants des partenaires au développement prennent part aux réunions du CNOP en qualité d'observateurs. Le président du CNOP peut faire appel, en tant que de besoin, à toute personne en raison de ses compétences. Le secrétariat du CNOP est assuré par la cellule nationale de coordination du programme. Le CNOP est mis en place par le ministre de l'Économie, de la Planification et de l'Aménagement du territoire (MINEPAT) qui en désigne les membres par voie d'arrêté.

Quant au fonctionnement, le CNOP est placé sous l'autorité du MINEPAT, et est présidé par le secrétaire général dudit ministère.

À l'échelon communal, l'organe de délibération est le conseil municipal qui, par souci d'efficacité, peut faire appel aux représentants des services déconcentrés des ministères sectoriels présents au niveau départemental, ou le cas échéant, à l'échelle régionale, pour former le Conseil municipal élargi aux sectoriels (COMES). Le COMES remplit trois principales missions qui consistent à : *donner un avis technique du Plan de développement communal (PDC), y compris la cohérence des microprojets qui sont contenus avec les politiques sectorielles au niveau de la commune ; valider les études de faisabilité technique liées aux microprojets issus du PDC, et devant être soumis au financement, soit du Programme, soit de tout autre partenaire….*Le COMES est composé de l'ensemble des conseillers municipaux auxquels s'ajoutent les personnes ressources ou les représentants des services déconcentrés des ministères sectoriels, convoqués en raison de leurs compétences sur les sujets à l'ordre du jour. Ces représentants des services déconcentrés participent néanmoins au COMES avec voix consultative lors du vote des résolutions du conseil municipal.

Les organes d'exécution du programme (au PNDP on parle également de coordination), sont constitués à trois échelons : l'échelon national, l'échelon régional et l'échelon communal.

À l'échelon national, c'est la Cellule nationale de coordination (CNC) qui assure l'exécution du programme, autrement dit, sa mise en œuvre. Elle est placée auprès du ministre chargé de la planification, sous la supervision du secrétaire général dudit ministère. Le suivi est exercé par la direction de l'appui au développement régional et local du MINEPAT. La CNC est composée de personnes venant, soit des administrations publiques, cas de l'actuelle coordonnatrice nationale qui vient du MINEPAT, soit des administrations privées, ou des institutions internationales ; toutes recrutées selon des procédures définies par les partenaires au développement, autrement dit, les bailleurs de fonds du programme.

Au niveau régional, l'organe d'exécution du programme est la Cellule régionale de coordination (CRC), qui assure la coordination et le suivi de la mise en œuvre du PNDP au niveau régional. À ce titre, sous la supervision du délégué régional du MINEPAT, à qui il rend compte, le coordonnateur de la CRC a entre autres missions de : signer *les protocoles d'accord de partenariat, des conventions de cofinancement des microprojets, des contrats de prestation de services selon les cas avec l'exécutif municipal ou avec les prestataires de services.* Il est composé d'un personnel interne recruté également selon les procédures prescrites par les bailleurs de fonds, et venant, soit des administrations publiques, soit du secteur privé.

Au niveau communal, c'est l'exécutif communal qui assure la mise en œuvre du programme. Il est chargé notamment : d'élaborer le Plan de développement communal (PDC) en veillant à sa cohérence avec les besoins spécifiques de la commune et de ses communautés, et le faire valider par le Conseil municipal ; d'élaborer chaque année un plan d'investissement comprenant une liste de microprojets prioritaires émanant du PDC à inscrire au budget de la commune avec l'ensemble des financements attendus. En plus de cela d'autres missions lui sont assignées comme celle de gérer les allocations du Programme, conformément aux dispositions prévues dans le manuel d'exécution, le manuel de procédures administratives, financières, comptables et de passation des marchés et le manuel de suivi-évaluation, s'assurer la maîtrise d'ouvrage des microprojets émanant du PDC avec la participation active des communautés à la base… L'organe d'exécution au niveau communal est constitué du maire et de ses adjoints. Le maire a la responsabilité de la mise en œuvre du programme. Il est assisté dans cette tâche par ses adjoints.

En dehors des autorités administratives centrales, des élus locaux et du personnel interne du PNDP, le programme fait également intervenir les autorités administratives locales que sont le Préfet et le Sous-préfet, l'un et l'autre ayant un rôle dans la mise en œuvre du programme.

Le Préfet, en tant que représentant de l'État dans le département, assure la tutelle des communes. Dans le cadre de la mise en œuvre du PNDP, il a pour mission de : faciliter l'implication effective du personnel technique des services déconcentrés en place dans le département, particulièrement pour le processus de planification (constitution des équipes pluridisciplinaires), le suivi de l'exécution des microprojets et l'évaluation des résultats et de l'impact ; valider le PDC approuvé par le conseil municipal et s'assurer qu'il est le principal outil de programmation et de la gestion budgétaires ; s'assurer de la promotion de l'intercommunalité afin de réduire certains coûts de mise en œuvre du programme au niveau d'une seule commune lorsqu'il s'agit notamment des études géotechniques et géophysiques, du contrôle des ouvrages, etc. L'intercommunalité peut également s'étendre à la mise en œuvre conjointe des microprojets dont l'incidence sur la vie des populations concerne plusieurs communes.

Le Sous-préfet intervient également dans la mise en œuvre quotidienne du PNDP au niveau de la commune. Conformément à ses attributions au sein de l'arrondissement, il collabore avec le maire pour « *l'exécution harmonieuse du Programme sur le terrain* ».

De tout ce qui précède, il ressort que l'existence du PNDP en tant que structure de mise en œuvre des fonds C2D au Cameroun est une réponse du gouvernement camerounais et des bailleurs de fonds internationaux face au constat de l'inefficacité de la politique d'aide au développement privilégiant des organes centraux au détriment des territoires dans les phase d'élaboration et de mise en œuvre des projets. Mais cette réponse n'est qu'à ses débuts, car la décentralisation, ou mieux la territorialisation qui est la réponse à cette inefficacité n'est qu'à ses débuts. Elle est à ses débuts dans la mesure où de nombreuses dispositions réglementaires laissent encore apparaître une forte présence des administrations centrales dans l'organisation et le fonctionnement du PNDP, en l'occurrence le MINEPAT. Au niveau national, celui-ci assure non seulement la tutelle, là où l'on aurait pu retrouver en première ligne une association des collectivités territoriales, ne serait-ce que de façon paritaire. Mais c'est le MINEPAT qui assure la supervision via son secrétaire général. C'est encore le MINEPAT, à travers la direction de l'appui au développement régional et local, qui assure le suivi du programme. Au niveau régional, la mise en œuvre du programme est faite sous la supervision du délégué régional du MINEPAT. Au niveau communal, les deux échelons administratifs que sont le département et l'arrondissement interviennent également par le biais du préfet et du sous-préfet. Autant dire que la présence de l'administration centrale est toujours réelle dans la mise en œuvre du PNDP, et partant, dans la mise en œuvre des fonds C2D au Cameroun.

En dehors de ces aspects institutionnels, il convient de mentionner que ce programme conçu en trois phases de quatre ans a réussi, grâce notamment aux fonds alloués par les bailleurs internationaux en général, et par l'aide publique française en particulier, à tenir ses échéances grâce à son approche participative et territoriale sur laquelle insiste avec détermination Marie Madeleine Nga, qui est à sa tête depuis son lancement.

Mais au-delà de ce qui précède, il faut reconnaître la place et le rôle que jouent les collectivités territoriales et les autres acteurs locaux, et plus précisément la commune dans la mise en œuvre de ces fonds qui sont destinés à financer les projets de développement au niveau rural. D'où l'observation selon laquelle la politique d'aide publique au développement de la France au Cameroun fait ressortir une prise en compte progressive des territoires et des acteurs locaux dans ces différentes phases d'émergence, de formulation et de mise en œuvre des projets de développement local et de lutte contre la pauvreté. Ceci permet d'avoir désormais des résultats plus concrets des actions menées comme on le verra plus loin.

DEUXIÈME PARTIE

L'INSCRIPTION PROGRESSIVE DANS UNE DYNAMIQUE DE TERRITORIALISATION

Dans l'introduction de ce travail, nous avons souligné la pertinence que pouvait avoir le recours aux territoires dans les politiques publiques d'aide au développement. Dans ce cas, cette recherche s'inscrit dans un contexte marqué depuis quelques années par la mise en avant de la pertinence des ressources dont disposent les pouvoirs locaux en France comme au Cameroun, et qui peuvent leur permettre à la fois de faire émerger, de formuler et de mettre en œuvre de façon efficace les politiques publiques d'aide au développement en général, et les fonds C2D en particulier. Ces ressources sont des « *atouts dans leurs relations de pouvoir avec les instances centrales* »[361], et sont généralement de cinq catégories : les ressources constitutionnelles légales, les ressources financières, les ressources politiques, les ressources professionnelles et les ressources hiérarchiques.

L'on a par ailleurs souligné combien la mise en évidence des territoires dans cette recherche est justifiée par les débats en cours sur la tendance à la reterritorialisation des enjeux des politiques publiques, sous forme de nouveaux espaces de régulation. Ces travaux ont partie liée avec les études sur le pouvoir local en France, lesquelles débutent dans les années 80 dans le but de saisir les mutations ou les recompositions en cours à la suite des lois de décentralisation de 1982. Le mouvement de recherche enclenché correspond également au développement d'une sociologie politique, soucieuse d'enquêtes de terrain au lieu des analyses généralistes et abstraites. Cette sociologie est venue revaloriser le travail de terrain, tout en relativisant les débats d'école plutôt abondants dans les travaux des chercheurs. La tendance lourde de ces études sur le local est

[361] James March and Johan Olsen, 1989.

double : elle révèle la crise avérée de l'État-providence étouffé par les demandes sociales ; et le quasi-consensus sur la pertinence de la décentralisation.

Dans l'étude que fait Alain Faure sur les territoires et la territorialisation[362], il ressort un certain nombre d'idées clés qui donnent l'impression qu'on n'est pas en présence d'une notion consacrée dans les sciences sociales, malgré pourtant son inflation dans de nombreux travaux d'Analyse des politiques publiques. Pour lui, la notion de territoire est d'abord problématique, car elle génère des incertitudes de sens. Ce terme, selon lui, « *génère souvent des acceptions ambiguës dans les discours des experts : les invocations récurrentes et réversibles aux projets de territoires et aux territoires de projet en sont l'illustration, de même que le qualificatif passe-partout de territorial, surutilisé pour parer des vertus les termes de gouvernance, de légitimité, d'équité, de développement, de continuité, de leadership ou d'excellence* »[363]. Pour l'auteur, les experts convoqués pour faire des propositions sur les bonnes pratiques des politiques publiques seraient donc à l'origine de la confusion qui règne dans l'usage du mot territoire, ou de celui de territorialité qui lui est associé. Ce mot serait utilisé à toutes les sauces pour construire la pertinence qu'on donne à la notion de gouvernance. Cela pose un problème, car pour Alain Faure, « *la territorialisation des politiques publiques devient aussi une sorte d'évidence dans l'action publique, sans que l'on sache toujours s'il s'agit de déconcentration, de décentralisation ou de management organisationnel* »[364].

Ces trois notions semblent donc régulièrement associées à la notion de territorialisation, car elles mettent toujours en avant le desserrement de l'étau du pouvoir central au bénéfice des structures périphériques. Cela a pour conséquence une difficulté d'opérer des confrontations, car ils s'accompagnent *« d'exportations scientifiques pour le moins incertaines : sans traduction véritablement satisfaisante (local, place, territory, etc.), le territoire reste entaché d'une spécificité française qui rend difficiles les passerelles avec les notions anglo-saxonnes de local government, urbanregime, urbangovernance, policy networks ou encore growth coalition »*[365]. En parlant de spécificité française, ceci suppose

---

[362] Alain Faure : « Territoires/territorialisation » dans Boussaguet, Jacquot et Ravinet : *Dictionnaire des politiques publiques*, *op cit.*, pp 432-439.
[363] Alain Faure, *op cit.*, p 432.
[364] *Ibid.*
[365] *Ibid.*

que tout usage de la notion de territoire ou de territorialisation en dehors de l'hexagone est selon l'auteur impropre à la consommation scientifique, et susceptible d'entraîner des confusions dans son opérationnalisation. Ceci lui fait dire qu'on est en présence d'une notion au statut ambigu, car « *elle est à la fois omniprésente dans les débats portant sur les questions de pouvoir ou d'institutions, et quasiment jamais théorisée en tant que telle dans les sciences du politique en France* »[366].

Alain Faure note tout de même les « *modifications* » que la notion de territoire a connues sur ses deux fondations administratives et politiques. Ainsi, « *la première transformation apparaît dans les années 1980 et 1990 avec la place, de plus en plus importante au sein des études sur l'action gouvernementale, des analyses consacrées aux conditions de mise en œuvre des politiques publiques à l'échelon local. Le second changement, plus contemporain, est lié à la responsabilisation croissante des collectivités locales*»[367]. L'analyse de l'auteur semble juste sur ce point dans la mesure où la territorialisation va de pair avec la décentralisation qui, régulièrement, est définie comme un transfert de compétences et de ressources du pouvoir central aux entités périphériques. Les compétences et les ressources transférées constituent donc une avancée ou un retour au territoire qui devient le lieu d'émergence, de formulation et de mise en œuvre des politiques publiques.

L'espoir d'Alain Faure réside alors dans une sorte de consécration paradigmatique progressive des notions de territoires et de territorialité. Il souligne : « *en parallèle à cette inflation langagière, des initiatives théoriques se stabilisent depuis vingt ans dans les travaux portant sur l'imaginaire collectif spécifiquement produit et incarné par les systèmes d'acteurs à l'échelon local* »[368]. On regrette cependant que l'auteur n'ait pas lui-même donné une définition de ce qu'il entend par territoire ou territorialité, deux notions que nous n'hésitons pas d'associer à la notion de décentralisation.

Il s'avère donc que la coopération au développement de la France au Cameroun, en s'inscrivant progressivement dans une logique de territorialisation, s'inscrit également dans un processus qui peut parfois

---

[366] *Ibid.*
[367] Alain Faure, *op cit.*, p 433.
[368] *Op cit.*, p 436.

se limiter à la simple déconcentration, ou aller plus loin vers une plus grande décentralisation. Ceci nous suggère donc d'examiner d'une part, les mutations conceptuelles et institutionnelles de cette coopération (chapitre 3), et d'autre part, le territoire comme nouveau paradigme de l'intervention publique française au Cameroun (chapitre 4).

CHAPITRE 3

LES MUTATIONS CONCEPTUELLES ET INSTITUTIONNELLES

En parlant de mutation, on veut montrer que la prise de conscience de l'impact des lourdeurs administratives sur les résultats de la politique d'aide de la France a entraîné, au fil des années, un élargissement de la conception de l'aide au développement par la prise en compte des collectivités territoriales décentralisées dans le processus de réalisation de certains aspects de la coopération.

Ainsi, traiter de la coopération décentralisée entre la France et le Cameroun signifie au sens de cette recherche que l'avènement des acteurs sub-étatiques pourrait apporter une réponse à la centralisation, et à la faible efficacité des politiques d'aide en général, et du programme de désendettement et de développement en particulier. Mais cela ne va pas de soi, et ce principalement parce que la littérature internationaliste a négligé, jusqu'à une certaine date, le rôle des institutions locales dans le développement des relations transnationales[369], en général, et dans les analyses liées à la coopération au développement en particulier. Pis encore, les institutions françaises y sont considérées comme des terrains d'analyse problématique. L'articulation théorique entre ville et relations internationales est à peine devenue objet d'un intérêt scientifique. Elle demeure même influencée par l'approche macrosociologique des travaux anglo-saxons, inspirés par l'œuvre braudelienne.

Mais en contournant bon nombre de ces obstacles, il est bien possible de livrer une réflexion sur les actions publiques des collectivités locales à l'international, et la manière dont elles aident, et peuvent aider à rendre plus efficaces les politiques françaises d'aide au développement en général, et les C2D en particulier. Par la présentation d'un propos qui s'écarte des thèses régulièrement admises sur le monopole et l'exclusivité

[369] J.F. Bayart, *op cit.*, p 51.

du pouvoir central dans le domaine de la politique étrangère, on peut proposer un examen qui fait apparaître les collectivités territoriales, comme des cadres institutionnels, non pas seulement d'appui ou de réception, mais également d'émergence, de formulation et de mise en œuvre de la politique examinée. En gardant comme outils théoriques d'analyse, les instruments de l'analyse des politiques publiques, une réflexion peut être menée sur ces territoires dont l'autonomie est depuis reconnue en France (1982), et progressivement au Cameroun depuis fort longtemps, notamment à partir de la *Native Court Ordinance* de 1914 et la *Native Authority Ordinance* de 1916, jusqu'aux lois de 2004 et de 2009, en passant notamment par la loi n°74/23 du 05 décembre 1974 sur l'autonomie des communes. Dans le même ordre d'idées, on peut citer le décret du premier ministre de 2011 sur la coopération décentralisée. Le Cameroun constitue à cet effet l'un des plus vieux Etats décentralisés en Afrique, mais dont le processus d'approfondissement de la décentralisation rencontre un certain nombre d'obstacles liés notamment au transfert de ressources.

Dans la première partie de ce travail, nous avons montré que la politique d'aide au développement a émergé en France, en tant que nouveau mécanisme permettant de redéfinir la nature des relations avec les nouveaux États africains indépendants. Compte tenu du caractère hautement stratégique que représentait, et que représente encore cette politique, le seul choix de Paris était de l'insérer dans les missions exclusives du pouvoir central. C'est dans ce cas qu'on a pu montrer qu'au moins l'émergence de cette politique tournait autour du chef de l'Exécutif et des administrations centrales. Et malgré toutes les tentatives de réformes tant sur les institutions que sur les procédures managériales, les structures du pouvoir central gardent la mainmise sur l'ensemble du processus de réalisation de ces politiques en général, et du programme C2D en particulier. Dans ce cas, les autres échelons administratifs, en l'occurrence les collectivités territoriales décentralisées, demeurent des acteurs de second plan dont il conviendrait d'examiner ici le degré de participation.

À l'examen d'un certain nombre de dispositions textuelles, et à l'observation des faits, on peut remarquer qu'il existe donc progressivement un souci du pouvoir central en France de faire participer, dans les proportions qu'il juge nécessaires, les collectivités territoriales dans les différentes phases de la politique publique d'aide au développement en général, et des C2D en particulier. Ceci explique l'existence de certaines mutations. Il convient à cet effet d'examiner d'une part le sens nouveau de la coopération au développement (section 1) et d'autre part l'élargissement institutionnel des acteurs de cette coopération (section 2).

Section 1
Le sens nouveau de l'aide au développement

L'avènement sur la scène internationale des collectivités locales, bien que connaissant d'énormes difficultés liées notamment à une conception très souverainiste et unitaire de l'État dans les relations internationales, conception développée par le courant dominant qu'est le réalisme, a toujours été salué à la fois par les acteurs eux-mêmes, les experts, les savants, les observateurs, les institutions internationales de financement et d'appui, les représentants des populations et les populations elles-mêmes. L'action publique des acteurs sub-étatiques est alors généralement perçue comme un correctif des travers de la coopération classique, celle qu'entretiennent depuis le milieu des années 40, les gouvernements français et africains. Même dans le cadre de la construction européenne, c'est à bon droit que cette émergence est appréciée dans la mesure où l'expérience montre que les citoyens et leurs représentants directs que sont les pouvoirs locaux comptent énormément dans la façon dont l'Union fera face aux défis du XXIe siècle. Il convient donc d'examiner le contexte et la justification de la mutation (I) avant de traiter de la montée en puissance de la coopération décentralisée (II).

I. Contexte et justification de la mutation

La mutation qu'il est question de traiter ici renvoie à la prise au sérieux des territoires dans la production des politiques publiques locales. Mais cette notion de territoire sera mieux précisée dans le chapitre 4 pour qu'on en saisisse bien le sens que lui donnent les sciences sociales. Les mutations conceptuelles de l'aide au développement s'inscrivent dans un double contexte qui est d'une part celui de la construction européenne (A) et d'autre part, celui de la crise de l'État (B).

A. La construction européenne

L'observation qui est faite est que la construction européenne a permis à la France de revoir les méthodes de sa coopération au développement, et de desserrer l'étau de la centralisation, car l'Union européenne accorde une grande importance aux territoires dans ses politiques de développement. L'imbrication entre action publique européenne et action publique française entraîne une sorte de modification des méthodes de travail.

Si d'après les autorités françaises, la France maintiendra, et ce de façon ambitieuse, sa coopération bilatérale, il n'en demeure pas moins qu'au fil des années, elle a fait le choix d'inscrire sa politique de coopération dans le cadre européen. En effet, la coopération bilatérale de la France entend contribuer à sa capacité à mieux comprendre ses partenaires et à garder des liens privilégiés avec certains d'entre eux. Cette coopération bilatérale contribue à la fois à l'amélioration de son image auprès de ces pays, et à garder une zone d'influence et de soutien nécessaire à son action internationale. Mais face aux critiques subies tant de la part des opinions nationales qu'internationales, la France a pris conscience de l'opportunité et de la valeur ajoutée d'une action concertée avec le niveau européen en matière d'aide au développement.

Bien plus, à l'occasion des troisièmes assises de la coopération décentralisée (2003), l'ancien premier ministre Jean- Pierre Raffarin a reconnu combien le dynamisme des collectivités locales à l'international est bien là, « *...un domaine où s'est établie une confiance générale, à travers et au-delà des engagements de chacun autour des valeurs de solidarité, de dialogue et d'efficacité* »[370]. Pour l'ancien chef du gouvernement français, on est bien dans une dynamique qui remplit plusieurs rôles dont celui de la présence de la France et de l'Union européenne à travers le monde de manière concrète et originale.

En étudiant le système français, on a pu observer que la mise en œuvre de la politique d'aide au développement était principalement le fait des deux ministères co-secrétaires du CICID agissant à partir de Paris. Dans les pays bénéficiaires de l'aide, la responsabilité est aux chefs des missions diplomatiques, et à l'Agence française de développement (AFD). Cette structuration centralisée est quelque peu atténuée par un élargissement de la mise en œuvre à certains acteurs dont les uns sont des programmes déconcentrés des pouvoirs publics, et les autres des organisations non gouvernementales soumises néanmoins au contrôle permanent des pouvoirs publics français et africains.

---

[370] Raffarin Jean Pierre, *L'action internationale des collectivités locales : engagements citoyen et mondialisation*, La Documentation française 2003, p 3.

Au sein de l'Union européenne, l'aide extérieure (budget général des communautés ou Fonds européen de développement, FED) est mise en œuvre sous la responsabilité de l'Office de coopération EuropeAid qui utilise trois méthodes différentes : la centralisation et la décentralisation d'une part, la mise en œuvre conjointe d'autre part.

Il y a mise en œuvre ou gestion centralisée de l'aide extérieure de l'Union européenne quand la commission ou ses délégations installées dans les pays bénéficiaires gèrent les programmes de manière directe et constituent le pouvoir adjudicateur pour les subventions et les contrats. Dans cet ordre d'idées, la Commission européenne fournit également un appui budgétaire à un certain nombre de pays. C'est le cas du Cameroun qui a bénéficié ces dernières années du plus grand nombre de subventions octroyées aux pays d'Afrique centrale. Les domaines sont nombreux et divers à l'instar de la transformation industrielle (Association bananière du Cameroun, Cameroon Development Corporation), les politiques forestières et le management administratif (Centre pour l'environnement et le développement...). Le Congo est également bénéficiaire de ces subventions avec neuf (9) projets et programmes portant notamment sur la reconstruction post-conflit, la prévention et la résolution des conflits (Butsiele Ku Kongo), les soins médicaux de base (Médecins d'Afrique), les services médicaux (Samu social International)... Le Gabon bénéficie d'une seule subvention d'un montant de 216, 872 millions d'euros portant sur les politiques forestières et le management administratif, sur vingt-quatre (24) mois. Il en est de même du Burundi qui ne bénéficie que d'une seule subvention dans le domaine de la politique de santé et du management administratif ; celle-ci est octroyée au Conseil pour l'éducation et le développement.

La mise en œuvre ou gestion décentralisée quant à elle renvoie au cas où une administration publique dans le pays bénéficiaire exécute le programme sur la base d'une convention de financement signée avec la Commission. L'administration du pays est le pouvoir adjudicateur pour les subventions et contrats, mais la procédure est contrôlée par la Commission. Les services de la Commission sont en contact régulier avec les partenaires pour la mise en œuvre afin de s'assurer que la publication des bénéficiaires est prise en compte dans les pays concernés.

La notion de bénéficiaire revêt un sens particulier dans la littérature de l'Union européenne. Le terme « *bénéficiaire des fonds de l'Union européenne* » renvoie à la personne légale qui signe la convention de subvention ou la passation de marché, c'est-à-dire le bénéficiaire de la subvention ou le contractant, avec une « *entité gérant des fonds de l'UE* ». En fonction du mode de gestion, cette entité peut être la Commission de l'Union européenne, un pays bénéficiaire, une organisation internationale, ou une agence communautaire ou nationale. Les partenaires de ces entités pour la mise en œuvre, qui sont identifiés comme tels dans les conventions de financement, de contribution ou de délégation, pour agir en tant qu'intermédiaires pour une partie substantielle de l'action, sont également considérés comme « *entités gérant des fonds de l'UE* ». Ceci s'applique, que l'action soit complètement ou partiellement financée par la Commission. Les sous-contractants ou les fournisseurs, de même que les partenaires ou membres d'un consortium des « *bénéficiaires de fonds* » ne sont pas concernés. Dans le cas de l'appui budgétaire, le « *bénéficiaire de fonds* » est le pays bénéficiaire.

La mise en œuvre conjointe intervient quand la Commission contribue à un projet mis en œuvre par une organisation internationale. C'est cette organisation internationale qui est le pouvoir adjudicateur pour les subventions et contrats sur la base de ses propres procédures. La Commission garde la responsabilité de vérifier l'utilisation appropriée des fonds, et est en contact régulier avec les organisations internationales afin de s'assurer que la publication des données sur les bénéficiaires est mise en œuvre. Cette méthode de mise en œuvre concerne par exemple les contributions de l'Europe Aid aux fonds, programmes et agences spécialisés de l'ONU, ou ses contributions aux programmes des institutions financières internationales.

EuropeAid et ONU ont généré conjointement un certain nombre de projets et programmes ces dernières années. C'est le cas du projet *IAEA Ukraine Joint Project on Safety Evaluation of Ukrainian NPPs,* dont le but est de soutenir la mise en œuvre de la feuille de route relative à la sécurité nucléaire inscrite dans le mémorandum établissant la coopération énergétique entre l'Union européenne et l'Ukraine. C'est également le cas des programmes conjoints avec d'autres organisations comme la FAO, l'OIT, l'Organisation maritime internationale, ou le centre du commerce international.

En effet, le partenariat entre l'Europe Aid et l'ONU n'est point éloigné du partenariat plus global entre l'Union européenne et l'organisation mondiale. À ce titre, la contribution financière cumulée de l'UE et de ses États membres est l'une des principales sources du budget de l'ONU. Plusieurs domaines sont ainsi retenus : le maintien de la paix et de la sécurité, la promotion des droits de l'Homme, de l'égalité entre les genres et de la démocratie, le développement humain, économique et social, la protection de l'environnement et la lutte contre le changement climatique, l'aide humanitaire et alimentaire, la lutte contre les menaces internationales et régionales à la sécurité. On peut noter à cet effet que le volet développement humain, économique et social concerne notamment la coordination des actions d'aide au développement et d'aide humanitaire. Bien plus, la lutte contre la pauvreté et l'atteinte des objectifs mondiaux pour le développement représentent des objectifs prioritaires de la coopération y compris à travers les agences, les fonds et programmes thématiques de l'ONU.

Quant à la contribution d'EuropAid aux programmes des institutions financières internationales, il convient de noter qu'il s'agit d'un partenariat entre l'Union européenne et les institutions financières internationales. L'idée de partenariat est justifiée par le fait qu'une seule organisation ne saurait réaliser seule les objectifs de développement. Il s'agit d'une exigence à la mutualisation des efforts dans le domaine du développement en général, et dans celui de l'aide publique en particulier. Mais les partenariats entre l'Union européenne et les institutions financières internationales ont le plus souvent lieu en direction des pays membres de l'Union. Ce fut le cas entre autres lorsque le Fonds monétaire international, la Banque mondiale et l'UE se sont mis d'accord sur un plan de 20 milliards d'euros en faveur de la Hongrie frappée par la crise financière internationale, avec une chute de sa devise, l'effondrement de son marché boursier, une crise de confiance des investisseurs internationaux dans son économie, et de graves problèmes de liquidités de ses banques. Cette mesure avait pour but de renforcer la soutenabilité de la balance des paiements hongroise. Mais il existe également en Afrique centrale des cas de partenariats entre les différentes institutions internationales et l'Union européenne en vue de soutenir un pays en crise, en lui apportant une aide. C'est le cas lorsque Paul Wolfowitz, alors président de la Banque mondiale, et Jean-Louis Michel, alors commissaire de l'Union européenne pour le développement et l'aide humanitaire, ont lancé un appel urgent à la communauté internationale afin qu'elle apporte sans délai son soutien aux efforts déployés par le nouveau gouvernement de la RDC pour restaurer la paix et reconstruire le pays. Selon M. Wolfowitz, la présence conjointe en

RDC de la Banque mondiale et de l'Union européenne était aussi concrète que fortement symbolique, car elle illustrait la mobilisation de toute la communauté internationale pour venir en aide sans tarder à la population de la RDC.

Mais au-delà de tout ce qui précède, et qui porte sur la manière dont l'Union européenne gère son aide au développement, c'est le rôle accordé aux territoires qui retient particulièrement notre attention ici. Ce rôle est doublé d'un soutien que l'Union accorde aux collectivités territoriales. En effet, depuis plusieurs années déjà, l'Union européenne est consciente du fait que la cohésion économique et sociale en Europe passe notamment par des coopérations entre collectivités territoriales. Elle a à cet effet bâti une politique destinée à encourager ces échanges. Ceci se traduit par la conception de plusieurs programmes dont le but est de « *soutenir la coopération entre collectivités des pays membres, coopérations transfrontalières et interrégionales internes* »[371]. Outre ces programmes, il existe d'autres plus largement ouverts qui appuient des coopérations mises en œuvre dans les zones frontalières extérieures de l'Union européenne. C'est le cas avec des villes et régions d'Europe centrale et orientale, des nouveaux États indépendants, etc.

La construction se fait par une grande association des citoyens et de leurs élus locaux, le rôle des acteurs sub-étatiques est fondamental, et l'action de la Communauté dans leur développement est bien visible. Le comité des régions par exemple est composé de représentants des collectivités régionales et locales, nommés par le Conseil sur proposition des États pour quatre ans. Il est consulté par le Conseil ou la Commission et peut aussi émettre des avis de sa propre initiative. Bien mieux, les relations entre l'Union européenne et les collectivités locales sont bien conventionnellement définies. Le préambule du traité de Rome (1957) souligne que les États membres de la Communauté sont *«déterminés à établir les fondements d'une union sans cesse plus étroite entre les peuples européens ».* Dans cet ordre d'idées, des actions sont depuis entreprises au niveau communautaire. À partir de deux rapports, *«Adonnino »*et *«Nicole Fontaine »,* prendront véritablement corps les relations entre l'Union européenne et les collectivités locales. Le premier est le fait du président d'un comité *ad hoc* mis sur pied après une réunion du Conseil européen tenue à Fontainebleau en France en 1984. Au cours

[371] Iris Boinvilliers : *Coopération décentralisée. Acteurs, pratiques et procédures*, Ministère des Affaires étrangères, les Éditions du GRET, 1996, p 123.

de celle-ci, il a été décidé d'identifier les actions permettant à la Communauté de répondre à l'attente des peuples et de proposer l'adoption de mesures de nature à renforcer et à promouvoir son identité et son image auprès des citoyens et dans le monde.

Le deuxième rapport quant à lui est de Nicole Fontaine qui a signé en février 1988 pour le compte du Parlement européen un texte consacré aux jumelages dans lequel elle met en évidence la contribution des jumelages à la création d'une conscience européenne.

En Europe, la coopération décentralisée se présente comme une nouvelle forme de relations internationales dont l'un des principaux intérêts est d'apporter des correctifs à la coopération entre gouvernements aujourd'hui en faillite, en panne et pratique mentes soufflée. Elle présente aussi l'intérêt d'être un espoir face à la crise du système international post-westphalien où les États-nations ont longtemps été considérés comme seuls acteurs des relations internationales. Une position propre au courant réaliste, celui-là même qui affirme la prééminence de l'acteur étatique dans les relations internationales, lui-même provenant de la résistance d'un double postulat : celui des juristes d'une part, et celui de certains philosophes, sociologues et historiens d'autre part[372].Quels que soient l'intérêt et l'importance des phénomènes nouveaux, la politique internationale ou vie internationale implique selon les réalistes un rôle dominant des détenteurs du pouvoir central dans un pays face à d'autres pays. Les initiatives décentralisées, privées et transnationales sont traitées comme des éléments secondaires. Pour ce courant, soucieux de la place de l'État au sein des relations internationales, « *tout ou presque est politique et l'intervention de L'État permet d'objectiver les multiples demandes du*

[372] Les juristes pensent que seuls les États détiennent de plein droit la plénitude des compétences internationales : droit de faire la guerre et la paix, droit de traiter, droit de légation, droit d'ester en justice… Ainsi, étant souverains, les États bénéficient par ce fait même du privilège extraordinaire d'être à la fois des auteurs et les destinataires des règles de droit international (Merle, 1988, p320). Les relations internationales sont alors, non seulement des relations interétatiques, mais pratiquement des relations intergouvernementales. Le deuxième postulat qui est celui des philosophes, sociologues et historiens repose sur la notion d'acteur privilégié, sinon exclusif. Pour les disciples de Hobbes et de Machiavel, le seul acteur possible des relations internationales est l'État, dont les gouvernants sont les agents, spécialement chargés d'entretenir les rapports avec les homologues étrangers.

corps social »[373].Jean-Jacques Roche parle dans ce cas du « *retour de l'État dans les relations internationales* »[374], refusant ainsi de croire que la puissance publique aurait pu à un moment donné cesser d'être l'acteur principal de la vie internationale, et ne conçoit pas qu'on ait pu succomber« *aux sirènes d'un monde post-moderne où la puissance publique était contestée par le haut d'une société civile devenue mondiale, et par le bas par des individus émancipés de leur allégeance citoyenne exclusive* »[375]. Mais s'il est vrai qu'en Occident, l'État central n'a cessé d'assurer l'essentiel de ses fonctions régaliennes et sociales, on peut observer le contraire en Afrique. Les mutations conceptuelles de l'aide au développement se justifient également par la crise de l'État en Afrique.

B. La crise de l'État en Afrique

De nombreux auteurs ont fait le constat d'une crise de l'État en Afrique, qui a ainsi contribué aux mutations conceptuelles dont on parle sur la coopération au développement. Les configurations des administrations et des gouvernements produisent dans nombre de pays du continent des effets pervers. L'État est l'espace dans lequel le chef organise son pouvoir politique comme l'exercice de sa gestion domestique (Weber).Cette situation qui engendre une ambiance de patrimonialisme permet d'aller au-delà de la parenté avec pour effet pervers la personnalisation des relations politiques et administratives, laquelle instaure par ailleurs une compartimentation des tâches de haut en bas, une confusion du public et du privé qui se matérialise par le fait que « *chaque titulaire d'une parcelle d'autorité se l'approprie et la gère comme un bien propre* »[376].

Cette situation est à l'origine, pour une grande part, de l'échec des politiques publiques de développement initiées et mises en œuvre par l'État central. Ceci fait dire qu'on peut fonder désormais les espoirs sur d'autres acteurs de la vie publique, sans toutefois prôner le dépérissement de la puissance publique comme l'ont imaginé les marxistes. L'on

---

[373] Jean-Jacques Roche : *Théorie des relations internationales,* Paris Montchrestien, coll. Clefs, 1999, p 26.

[374] Roche Jean-Jacques : « Le retour de l'Etat dans les relations internationales », *Enjeux diplomatiques et Stratégiques*, Economica, 2005, p 21.

[375] Jean-Jacques Roche, *op cit.*, p21.

[376] Jean-François Médard : *Etats d'Afrique noire : formations, mécanismes et crise,* Karthala, 1991, p 339.

n'imagine pas les sociétés africaines, où le désordre est récurrent dans certaines régions, vivre sans État. Mais, même si l'État reste nécessaire comme *remedium peccati* parce que la masse est méchante, et doit être bridée par la peur (pensée chrétienne), on est arrivé à se convaincre de l'utilité d'autres acteurs dans l'accomplissement du bien-être des populations. Yves Mény et Yves Surel, étudiant l'État et les autorités locales, pensent à cet effet : *« quel que soit le degré de centralisation et d'uniformité d'un Etat, le gouvernement central doit s'appuyer sur des structures locales pour l'exercice de son autorité et la fourniture des services »*[377]. Les deux auteurs soulignent plusieurs faits. Le premier est que le niveau de centralisation d'un État ne fait en rien disparaître définitivement la décentralisation. Que l'on soit dans de vieilles démocraties comme la France ou les États-Unis, ou dans des démocraties en pleine construction comme le Cameroun, le Congo, le Tchad, ou le Gabon, il y a toujours une part de décentralisation originelle que les lois nouvelles ou les régimes viennent approfondir. Le second fait est que, quel que soit le degré de confiscation du pouvoir entre les mains des autorités centrales, et la prétention de celles-ci à maîtriser le contour et la complexification de l'action publique, le recours aux pouvoirs locaux est toujours nécessaire.

Ainsi, la faillite et la crise de l'État condamnent à traiter les autorités et pouvoirs locaux non pas comme de simples structures administratives ou de lointains souvenirs d'identité et de communautés politiques passées, mais comme des *« partenaires à part entière des centres étatiques dans la genèse et la mise en œuvre des politiques publiques »*[378].C'est pourquoi on s'est proposé de livrer une réflexion sur ces acteurs sub-étatiques que sont les collectivités locales dans leur action publique à l'international. Mais traiter de la coopération décentralisée entre la France et les pays africains ne va pas de soi. D'abord en raison des difficultés théoriques que peut présenter pareille entreprise et qui portent principalement sur la situation de l'Afrique en politique comparée. Le continent noir en tant qu'objet d'étude n'a été investi que tardivement par la science politique. Une situation que déplorent certains africanistes européens comme Jean-François Bayart qui s'indignent d'une part, face à la méconnaissance par l'Occident de l'historicité des sociétés africaines, et d'autre part, face à la mise à l'écart

[377] Yves Mény et Yves Surel, *op cit.*, p 449.
[378] *Ibid*, p 450.

de l'Afrique comme objet d'étude par les grands philosophes et autres auteurs comme Montesquieu, Hegel, le capitaine Vallier, le gouverneur Hubert Deschamps, le théoricien de l'impérialisme britannique Sir Harry Johnston, ou encore Hobson et même Lénine. Hegel dira entre autres que le continent noir « *...n'est pas intéressant du point de vue de sa propre histoire, mais par le fait que nous voyons l'homme dans un état de barbarie et de sauvagerie qui l'empêche encore de faire partie intégrante de la civilisation. L'Afrique aussi loin que remonte l'histoire, est restée fermée, sans lien avec le reste du monde, c'est le pays de l'or, replié sur lui-même, le pays de l'enfance qui, au-delà du jour de l'histoire consciente, est enveloppé dans la couleur noire de la nuit* »[379]. Mais après moult démonstrations, J.F Bayart récuse cette vision tronquée du continent noir qu'on ne saurait emprisonner dans « *un tête- à-tête mythique* », car il s'est montré désireux d'accéder à l'universel des richesses et des valeurs. Bien plus, « *l'idée de progrès ne lui était pas indifférente, et des idéologies autochtones du développement [...] vantaient les mérites du changement social, du bien-être et de l'enrichissement* »[380].Cette méconnaissance de l'historicité des sociétés africaines fait que, dans la division académique entre disciplines en sciences sociales, c'est l'anthropologie (Evans Pritchard, Balandier) qui a hérité des objets considérés comme exotiques. Pendant longtemps, c'est presque exclusivement l'approche historique qui a permis de comprendre la dynamique des structures de formations politiques pré coloniales et coloniales ainsi qu'on peut le voir dans les travaux d'auteurs africains comme Elikia Mbokolo, Joseph Ki Zerbo ou Cheikh Anta Diop[381]. En cela, à chaque fois qu'on veut mener une analyse politique sur l'Afrique, on est confronté au débat plus vaste entre universalisme et culturalisme auquel se greffe de fait la question de l'étalon conceptuel et théorique de référence en matière de comparaison.

Il y a quelques années, quand les experts débattaient à la Sorbonne la question de savoir si trente ans après son éclosion en France, la coopération décentralisée avait changé de sens, beaucoup étaient d'accord sur la réalité de cette évolution sur les plans réglementaire,

---

[379] F. Hegel : *La raison dans l'histoire. Introduction à la philosophie de l'histoire* cité par J.F. Bayart : *L'Etat en Afrique : la politique du ventre,* Fayard, 1992, p 21.

[380] JF Bayart, *op. cit.*, p51.

[381] Dans le même ordre d'idées, on peut aussi citer l'ouvrage de Crawford Young consacré à une perspective comparative, à l'État colonial et à sa reproduction dans les États post-coloniaux en Afrique (1994).

financier, méthodologique, géographique, et même en termes de lutte contre la pauvreté et de soutien au développement. C'est à bon droit que nous parlions de confiance générale…autour des valeurs de solidarité, de dialogue et d'efficacité. En ce moment, nous posions comme hypothèse que l'Afrique peut exploiter ce nouveau « *filon* »*a priori* porteur pour aborder la question de la lutte contre la pauvreté de façon conceptuelle et opérationnelle. Les communes, les départements et les régions du monde possèdent de plus en plus de pouvoirs, tissent entre eux des liens de proximité forts et durables, et se servent de la coopération décentralisée comme mécanisme d'accompagnement de la décentralisation. Plus apprivoisable que la coopération gouvernementale, cette forme de coopération se déploie dans des domaines aussi divers que variés, à travers des modalités multiples mises en œuvre par une multiplicité d'acteurs et des réseaux agissant aux quatre coins du monde. De par cette approche, somme toute différente, et originale, il est possible de poser comme hypothèse son efficacité en termes de lutte contre la pauvreté, de soutien au développement, de pacification de certaines relations bilatérales, de partage de valeurs, et d'approfondissement des processus de décentralisation.

Loin de proclamer la réussite de ce nouveau mécanisme d'interdépendance et de solidarité entre les peuples et les pouvoirs locaux, il est tout de même possible de reconnaître sa capacité, non seulement à écouter les plus démunis, à favoriser le dialogue entre les cultures et les peuples différents, et à accompagner l'appropriation par les élus locaux des compétences qui leur sont cédées. Dans ce contexte, il n'est pas superflu de parler de la contribution de la coopération décentralisée à la démocratie, à la décentralisation, au développement local et même à la paix dans le monde. Tous ces atouts sont à l'origine du dynamisme que déploient les acteurs de la coopération décentralisée.

II. La montée en puissance de la coopération décentralisée

Dans les premières lignes de ce travail, on a rappelé que c'est à travers la création du FIDES et du CCFOM que l'on peut dater l'introduction du mot « *aide* ». Autrement dit, l'aide publique au développement de la France à l'Afrique, et à l'ensemble de ses colonies, naît avec la loi du 30 avril 1946 et les deux instruments qu'elle instituait. Si cette loi fut précédée par d'autres mesures importantes dont la création à la fin de l'année 1945 des francs coloniaux, elle fut largement critiquée. C'est dans ce sens que René Dumont pense que le FIDES a permis à l'Afrique d'obtenir d'importantes sommes d'argent, mais « *face à l'immensité des besoins* », ces fonds restèrent modestes, car 46% des ressources furent consacrées, surtout dans le premier plan quadriennal, à bâtir l'infrastructure des ports, des routes et des aérodromes. On a pu y observer une primauté excessive du « *social* » dans ce programme, primauté qui a constitué son erreur fondamentale. Mais telle n'est pas notre préoccupation ici, car nous nous intéressons aux rapports entre le fonctionnement des institutions et les résultats de la politique d'aide. Ce fonctionnement institutionnel est élargi à la question de gouvernance qui interroge le cercle des acteurs et leurs rationalités. C'est dans ce sens que nous parlons d'une inscription progressive dans une dynamique de territorialisation qui suppose l'implication des acteurs locaux, en tête desquels se trouvent les collectives territoriales décentralisées.

Si la coopération au développement, dans le sens de coopération bilatérale, entre la France et ses anciennes colonies parmi lesquelles se trouve le Cameroun, date du milieu des années 1940, la coopération décentralisée quant à elle est plus récente. Pourtant, elle est ancienne en Europe. Si elle est postérieure aux relations entre pouvoirs centraux des États, il n'en demeure pas moins qu'elle est contemporaine aux grandes mutations que le monde a connues après la Seconde Guerre mondiale, même si les premières lois n'interviennent que bien plus tard.

Il est communément admis que la coopération décentralisée a débuté en Europe, et particulièrement dans la France de l'après-guerre. Elle connaît une évolution rapide à la fois quantitative et qualitative, évolution liée essentiellement aux progrès de la décentralisation en France et dans les pays en voie de développement d'Afrique. Selon le modèle français, lequel est assimilable à plusieurs autres dans le monde, cette forme de relations internationales, est d'abord une affaire des politiques, c'est-à-dire des élus locaux désirant, dans leurs rencontres à l'étranger, établir des relations au moins « *d'amitié* » avec leurs homologues.

Née avec les jumelages interalliés, puis franco-allemands, elle s'est poursuivie pendant la guerre froide en direction des collectivités de l'Est, puis a accompagné la construction de l'Europe. La paix et l'amitié entre les peuples alimentaient largement la rhétorique de l'époque[382] tel qu'on peut le constater d'une part dans l'évolution des liens entre collectivités

[382] Cités Unies France, http : //www.cites-unies-france.org/spip.php ?rubrique18

territoriales françaises et européennes (A) et d'autre part dans les relations entre collectivités territoriales françaises et africaines (B).

A. L'évolution des liens entre collectivités territoriales françaises et européennes

Un recul historique fait constater qu'en France, tout a commencé par des liens noués entre des villes, ensuite la création d'une association rapprochant les villes, avant qu'on vive une sorte d'intensification des jumelages en Europe.

Les liens entre villes françaises et villes européennes remontent à la Seconde Guerre mondiale. En 1944 par exemple, et en souvenir de la « Auld Alliance », quand les élus des principales villes d'Écosse décident de soutenir les villes françaises sinistrées, Dundee choisit de parrainer Orléans, ville du centre de la France, chef-lieu du département du Loiret et de la région du Centre[383]. Deux ans plus tard, les deux villes signent un accord de jumelage. Cet accord est l'un des tout premiers jumelages qu'une ville française signe avec une ville étrangère. C'est également le premier que la ville d'Orléans signe avec une ville étrangère. Les communes du Loiret sont désormais impliquées dans plus d'une centaine de jumelages ou de coopérations répartis sur quatre continents. Orléans constitue la commune ayant le plus d'accords de jumelage ou de coopération avec les territoires étrangers. En dehors de la ville écossaise, Orléans est en coopération ou en jumelage depuis 1959 avec la ville d'Utsumomiya au Japon dans le domaine de la culture ; depuis 1960 avec celle de Münster en Allemagne, depuis 1973 avec celle de Christiansand en Norvège, et celle de Wichita aux États-Unis ; depuis 1978 avec celle de Targone en Espagne ; depuis 1992 avec celle de Cracovie en Pologne dans le domaine de la culture, ou depuis 1993 avec celle de Parakou au Bénin dans le domaine de l'appui institutionnel.

En 1950, Montbeliard (France) noue également des liens avec la ville de Ludwisbourg en Allemagne. En dehors de ces liens qui unissent spécifiquement des villes entre elles, une association naît en 1951, avec pour ambition la promotion de l'éducation bilingue comme élément de compréhension entre les peuples. Il s'agit de l'Association du monde bilingue, initiative de Jean-Marie Bressand, résistant français. Cette association deviendra plus tard « *Fédération mondiale des villes*

---

[383] Pendant la Seconde Guerre mondiale, elle subit de sévères bombardements en 1940 et en 1944.

jumelées » (FMVJ).Dans sa charte fondatrice, la FMVJ définit le jumelage culturel comme : « *Le lien qui unit, dans un esprit d'égalité et de réciprocité, des populations entières de deux ou plusieurs pays différents, en vue de favoriser le contact des personnes, l'échange des idées, des techniques, des produits. (...) Il est un instrument de culture populaire et de formation civique internationale (...) et il ne saurait être détourné de son objet à des fins personnelles ou partisanes ou politiques* »[384]. En parlant ainsi de « *contact des personnes* » par exemple, on estime que le manifeste adopté par la FMVJ avait pour but de traduire l'idée de « *représenter aux côtés de la coopération bilatérale ou multilatérale interétatique, une forme complémentaire et originale, la coopération de société à société, de populations à populations* »[385]. En somme, une coopération qui dépasse les seuls cadres de la coopération gouvernementale par trop centralisée.

Conscient de l'importance que revêtent pour la paix ces jumelages entre villes, les collectivités françaises et allemandes se sont engagées ensuite massivement dans des liens de cette nature. Au début des années 60, on dénombre plus de cent vingt (120) jumelages franco-allemands qui permettent aux élus locaux de poser les bases d'une nouvelle construction européenne, dont le dialogue entre les citoyens serait la pierre angulaire. Ces jumelages qui mettent en commun les collectivités des pays s'étant affrontés plusieurs fois dans l'histoire, sont appelés soit « *jumelages-réconciliation* », soit jumelages de paix. La paix se trouve dans ce cas extraite du monopole régalien de l'État ou des bureaucraties centrales, au bénéfice d'autres acteurs sub-étatiques qui peuvent, soit la promouvoir, soit la maintenir de façon plus efficace, ce qui semble également être l'objectif global des jumelages entre les collectivités françaises et africaines.

B. Les relations entre collectivités territoriales françaises et africaines

La particularité de ces relations est qu'elles sont antérieures à la décolonisation de nombreux États d'Afrique francophone. Cela signifie qu'il existait déjà en Afrique une volonté d'émancipation des territoires non seulement des pouvoirs centraux, mais également de la logique coloniale.

---

[384] La Charte des villes jumelées, Aix-les-Bains, 1957.

[385] Alain Marie : *La coopération décentralisée et ses paradoxes*, Paris, Karthala, 2005, p 32.

Au-delà de l'Europe, des relations sont établies entre les villes françaises et des collectivités d'autres régions. C'est le cas des liens établis entre la ville de Laudun et celle de Ouagadougou (Haute-Volta) en 1967. On peut également citer des jumelages entre Angers et Bamako au Mali (1973) ou Marseille et Alger (1980). Ces relations sont le prélude à de nombreuses autres relations entre les collectivités françaises et africaines après l'accession de l'indépendance de certains États du continent noir. Bien plus, on estime que, dans les années 70, la période des grandes sécheresses du Sahel, sur fond de décolonisation, a vu naître dans la société française, un vaste élan de solidarité porté par le monde associatif, syndical ou confessionnel qui a sans doute influencé par la suite les élus locaux dans leurs démarches de coopération décentralisée. C'est ainsi que des communes, souvent rurales, sollicitées par ces mouvements, ont élaboré une nouvelle forme de coopération entre territoires, axée sur la solidarité et le développement. Elle est désormais en évolution constante, passant de l'aide humanitaire, au financement des projets, puis à la planification communale[386].

Expression d'une solidarité Nord-Sud, ces jumelages dits de coopération unissent des collectivités locales des pays industrialisés en général, et ceux de la France en particulier, avec celles de pays africains, afin d'établir une nouvelle forme de lien, privilégiant les rapports humains. Les jumelages-coopération associent au concept de paix, celui de développement. Au fil des années, que l'on soit en France ou en Afrique, les territoires en général, et la commune en particulier, apparaissent désormais comme une échelle d'intervention pertinente pour le développement des régions rurales et de leurs activités économiques, que sont fondamentalement l'agriculture, la foresterie, l'élevage et la pêche. Ce rôle est néanmoins reconnu de façon très lente dans les politiques d'aide au développement en général, et le programme de désendettement et de développement en particulier.

S'il est donc vrai que les liens entre collectivités territoriales françaises et africaines remontent globalement à la période des indépendances, on est en droit de dire qu'ils épousent la temporalité de la coopération au développement (aide publique au développement) entre les pays européens et leurs homologues du continent noir. Mais en lieu et place d'une véritable coopération au développement, on était plutôt en présence de liens caractérisés de plusieurs manières : jumelages-

[386] Site Cités unies France, *op cit.*

limonades, coopération-cadeaux, coopération-conteneurs, assistance technique au coup par coup. Pour Alain Marie : « *À partir des années quatre-vingt-dix, avec le temps des premiers bilans, se renforce une tendance générale à remettre en cause ce qu'on a pu appeler la « coopération-cadeaux » ou la « coopération-conteneurs », ainsi que les formes classiques de l'assistance financière et technique au coup par coup* »[387]. Ces évolutions ont ainsi poussé les collectivités françaises *« à réorienter leur coopération vers des objectifs à plus longue portée : le transfert des compétences (en matière de gestion et de services publics), l'appui direct à la décentralisation (en partenariat avec les nouvelles municipalités locales), l'appui aux associations et aux opérateurs économiques issus de la société civile »*[388].

En dehors de l'Afrique, les collectivités territoriales françaises établissent également des relations avec des collectivités américaines. En pleine Seconde Guerre mondiale, la ville de Brest établit des liens avec celle de Denver aux États-Unis. Plusieurs années après, c'est le tour de la région Nord-Pas-de-Calais d'établir des relations avec l'État du Maryland aux États-Unis. Ces multiples liens noués tant avec les collectivités africaines, qu'avec les territoires des autres régions du monde mettent en évidence une panoplie d'acteurs qui entendent jouer un rôle déterminant dans le développement des peuples du Sud (voir encadré des acteurs de la coopération décentralisée).

---

[387] Alain Marie, *op cit.*, pp 33-35.
[388] Ibid.

ENCADRÉ 3

LES ACTEURS DE LA COOPÉRATION DÉCENTRALISÉE EN FRANCE

La coopération décentralisée au sens où l'entend la loi française regroupe l'ensemble des actions de coopération internationale menées par convention dans un but d'intérêt par une ou plusieurs collectivités d'une part, et une ou plusieurs autorités territoriales étrangères et leurs groupements d'autre part, dans le cadre de leurs compétences mutuelles.

A. Les acteurs principaux

En vertu de l'article IV de la loi d'orientation de 1992 relative à l'administration territoriale de la République, les collectivités françaises et leurs groupements peuvent donc conclure des conventions avec les collectivités territoriales étrangères et leurs groupements, dans les limites de leurs compétences, et dans le respect des engagements internationaux de la France (article 131). La double précision tenant à la limite des compétences, et au respect des engagements internationaux de la France, prouve, s'il en était besoin, que le pouvoir central entend garder la mainmise sur sa politique étrangère, et ne concède aux élus locaux que les aspects qui ne peuvent porter atteinte, ni à l'indépendance de la France ni à ses intérêts vitaux.

Les collectivités et autorités françaises ici concernées sont : les communes, les départements et les régions. Globalement, 4806 collectivités territoriales françaises sont engagées dans les relations internationales avec 10236 collectivités territoriales étrangères, dans 147 pays, pour un total de 12653 projets de coopération décentralisée recensés. En Afrique au sud du Sahara, 143 collectivités territoriales françaises ont des relations de coopération décentralisée avec 226 collectivités locales partenaires, pour 533 projets de coopération décentralisée, et 48 projets dans le cadre d'autres actions extérieures[389].

Les communes : la commune constitue ainsi le premier échelon territorial et administratif d'exercice de la coopération décentralisée. La loi, en la consacrant parmi les collectivités territoriales habilitées à passer des conventions avec les partenaires étrangers, reconnaît le fait qu'elle

[389] Informations recueillies dans le site officiel du Conseil national de la coopération décentralisée (CNCD), http : //www.cncd.fr/frontoffice/bdd-monde.asp

dispose d'un statut légitime pour l'émergence et la mise en œuvre de l'action locale. On est également en présence de ce que Patrice Duran appelle « *des espaces de gestion politiquement stables* »[390]. La raison tient au fait que la gestion d'un projet ou d'un programme local dure au moins le temps d'un mandat municipal, soit au moins cinq ans. Les réalisations des communes françaises font état de 10130 projets de coopération décentralisée, dont 1313 en Afrique au sud du Sahara. En Afrique centrale, les coopérations les plus connues sont par exemple celles entretenues avec les communes camerounaises. C'est le cas entre la ville de Nantes et celle de Dschang depuis 1998 dans les domaines de la santé, de l'éducation, de la culture, le tourisme, l'aménagement urbain, le renforcement institutionnel, l'hydraulique et l'assainissement. On peut également citer le cas de la commune de Nkong-Ni avec celle d'Halluin depuis 2001 ou encore celle de Demdeng avec la ville de Chamonix-Mont-Blanc...

Les groupements : par regroupement, il faut entendre en France, tous les établissements publics qui agissent en lieu et place des collectivités territoriales à la suite des transferts de compétences que celles-ci leur ont consentis. Il s'agit, de tous les établissements publics de coopération intercommunale à fiscalité propre ou non, dont les syndicats de communes, les communautés de communes, les communautés d'agglomération, les communautés urbaines, les districts jusqu'au 1er janvier 2002, et les syndicats d'agglomération nouvelle. Il faut également inscrire dans cette liste, les syndicats mixtes, les institutions ou organismes interdépartementaux créés en application de l'article L. 5421-1 du Code général des collectivités territoriales, et les ententes interrégionales créées en application de l'article L. 5621-1 du Code général des collectivités territoriales. Appelés également structures intercommunales, les groupements de communes françaises entretiennent également de nombreuses relations de coopération décentralisée avec leurs homologues étrangers, soit 1007 projets identifiés dont 317 avec les collectivités territoriales en Afrique au sud du Sahara.

Les associations des pouvoirs locaux : six associations des pouvoirs locaux s'activent particulièrement en France en matière de coopération décentralisée : Cités unies France (CUF), l'association des Maires de France (AMF), l'association des régions de France (ARF), l'association

[390] Patrice Duran, cité par Alain Faure, « Territoires/territorialisation » in Laurie Boussaguet, Sophie Jacquenot et Pauline Ravinet, *op cit.*, p 435.

des petites villes de France (APVF), l'association des départements de France (ADF), l'association française des communes et des régions d'Europe (AFCRE). Quant à ce qui concerne l'Afrique centrale, on observe une faible structuration des pouvoirs locaux en réseaux, à cause sans doute de la lenteur que prennent les processus de décentralisation dans les différents pays.

B. Les organismes d'appui à la coopération décentralisée : parler d'organismes d'appui revient également à faire allusion principalement au dispositif institutionnel d'appui à la coopération décentralisée en France. Ce qui renvoie principalement aux instances gouvernementales qui sont impliquées directement dans l'action extérieure des collectivités territoriales, mais également aux structures privées qui soutiennent les actions des territoires.

Plusieurs ministères (Intérieur, Finances, Agriculture, Éducation nationale...) peuvent être impliqués en fonction du programme ou projet à soutenir. Mais il reste que, comme c'est le cas dans la coopération bilatérale, et dans une certaine mesure, dans la coopération multilatérale, le Ministère des Affaires étrangères reste le principal appui institutionnel à la coopération décentralisée en France. Globalement, il veille à la cohérence des politiques de coopération de la France. À ce titre, il a le rôle clé en matière de définition des orientations et de coordination institutionnelle. Et c'est par le biais de son service compétent qu'est le *Délégué à l'action extérieure des collectivités territoriales* qu'il assure les fonctions d'impulsion, d'appui et d'animation de la concertation en matière de coopération décentralisée. D'autres institutions y jouent un rôle prépondérant comme c'est le cas de l'Agence française de développement dont les développements ont été faits dans les pages précédentes.

***1) <u>Les organismes d'appui gouvernementaux</u> : le ministère des Affaires étrangères et européennes** :* son dispositif institutionnel permet d'apporter aux acteurs de la coopération décentralisée un appui au *plan opérationnel*, *technique* et *administratif*, ajusté aux besoins exprimés par les collectivités territoriales. Il s'agit pour ce qui est de l'administration centrale, du *Délégué à l'action extérieure des collectivités locales* et des différentes instances qui, au sein de la Direction générale des relations culturelles, scientifiques et techniques, et plus particulièrement de la Direction de la coopération scientifique et technique, ont des attributions spécifiques en matière de coopération décentralisée. Les services géographiques et sectoriels peuvent quant à eux être sollicités en tant que de besoin. Le ministère de la Coopération quant à lui (incorporé au MAEE) s'est engagé dès 1985, dans l'appui de l'action extérieure des collectivités territoriales françaises. Depuis cette date, il alloue des cofinancements aux projets de coopération décentralisée. Au sein du MAEE, on a le Délégué à l'action extérieure des collectivités locales, le Bureau de la coopération décentralisée, le Comité de la coopération décentralisée, le Bureau des collectivités locales et du développement urbain et le Comité de pilotage de la coopération décentralisée.

-Le Délégué à l'action extérieure des collectivités locales : c'est en 1983 que le Gouvernement français a nommé pour la première fois un *Délégué à l'action extérieure des collectivités locales (DAECL)*. Celui-ci est placé, au ministère des Affaires étrangères, auprès du Secrétaire général. Dans son appui à la coopération décentralisée en France, le *DAECL* remplit au moins quatre séries de fonctions : il recueille les informations relatives à l'action extérieure des collectivités locales et les analyse. À cet effet, il attire l'attention du Gouvernement sur les problèmes éventuellement posés ; il apporte son concours aux postes diplomatiques et consulaires français à l'étranger ainsi qu'aux préfectures. En liaison avec les ambassades et les préfets, il conseille les collectivités concernées sur les relations qu'elles proposent d'établir avec l'extérieur, notamment pour la mise en œuvre d'actions de coopération décentralisée ; il contribue à l'élaboration des textes juridiques qui en droit interne ou international, portent sur la coopération décentralisée…il assure le secrétariat de la commission nationale de la coopération décentralisée instituée par la Loi du 6 février 1992.

On est en présence d'une structure de l'administration centrale française qui joue le rôle d'assistance-conseil tant auprès des structures déconcentrées de l'État français, qu'auprès des élus locaux eux-mêmes. Ce rôle lui permet notamment de fournir d'abondantes informations à l'attention de toute personne ou acteur s'intéressant à l'action extérieure des collectivités locales françaises. La question qui reste en suspens est celle de savoir si son action est harmonieusement coordonnée avec celle d'autres organismes institutionnels d'appui en France, afin que soit donnée une cohérence dans le soutien que Paris apporte à la coopération décentralisée.

- Le Bureau de la coopération décentralisée : situé au sein de la sous-direction de la coopération décentralisée et non gouvernementale

(DGRCST/DCST), est le lieu de capitalisation de l'ensemble des programmes et actions. Il assure tout lien utile entre les services préfectoraux, les services spécifiques du ministère et ceux des ambassades. Il veille à l'articulation entre les actions des collectivités locales cofinancées, et les projets inscrits dans les programmes bilatéraux et multilatéraux de coopération. Il informe les services préfectoraux des orientations de ces programmes. Le Bureau de la coopération décentralisée est l'interlocuteur technique des collectivités territoriales et des services déconcentrés de l'État dans les régions et les départements : il apporte son concours à l'élaboration des programmes régionaux de coopération décentralisée, à leur exécution et à leur suivi ;il procède aux consultations préalables à l'examen des demandes de cofinancement par le comité de la coopération décentralisée ;il peut apporter une assistance technique au montage des dossiers (choix des opérateurs...). Le Bureau de la coopération décentralisée suit également les actions menées par les organismes fédérateurs de collectivités territoriales et d'élus, ainsi que celles menées dans le domaine de la coopération décentralisée, par des réseaux d'intérêt général.

- *Le comité de la coopération décentralisée :* composé des représentants de l'administration centrale et des services déconcentrés de l'État en région, il se réunit une fois par an, sous la présidence du Directeur général des relations culturelles, scientifiques et techniques. Il veille à la cohérence de la politique de coopération française. Le comité de coopération décentralisée délivre l'avis préalable requis pour la mise en œuvre des programmes nationaux et régionaux.

- *Le bureau des collectivités locales et du développement urbain :* ce service est commun aux ministères des Affaires étrangères et de la Coopération. Ses missions en matière de coopération décentralisée sont les suivantes : instruction des demandes de cofinancement des projets émanant de collectivités territoriales françaises ; préparation du programme national de coopération décentralisée ; orientation des collectivités territoriales à la recherche d'appui ou d'opérateurs ; animation des réflexions sur l'action extérieure des collectivités territoriales.

- *Le comité de pilotage de la coopération décentralisée :* cette structure décide de l'attribution des cofinancements. Ce comité, présidé par le Directeur du développement, se réunit quatre fois par an. Ses décisions concernent à la fois les cofinancements de projets présentés par les collectivités territoriales et la mise en place du programme national de coopération décentralisée.

2) Les organismes d'appui non gouvernementaux : ces structures sont également d'un apport essentiel dans la coopération décentralisée ; elles jouent un rôle à plusieurs niveaux. Elles peuvent apporter un accompagnement aux collectivités tant du Nord que du Sud, en mettant à leur disposition du personnel, sorte de conseillers techniques aidant à la réalisation des échanges ou des projets de développement engagés entre les parties. On est globalement dans un apport en termes d'assistance-conseil, lequel peut également comporter une assistance financière dans la conduite des projets de développement. Parmi les acteurs de cette catégorie les plus actifs en Afrique centrale, on peut citer l'IRCOD pour les coopérations des collectivités locales alsaciennes, CERCOOP pour l'Auvergne, Horizons solidaires pour la Basse Normandie, CENTRAIDER pour le Centre, CERCOOP pour la Franche Comté, RESACOOP pour Rhône-Alpes, Lianes coopération pour le Nord ou encore MEDCOOP pour la région PACA… Ces différents organismes non gouvernementaux ont le statut d'association, tout en bénéficiant pour une grande part des financements des collectivités territoriales, du gouvernement français, et dans une certaine mesure des fonds européens, accompagnent les acteurs de la coopération décentralisée en leur fournissant des conseils, mais également en participant effectivement à la réalisation des projets de développement. Ce qui complète les services et les ressources fournis par les organismes d'appui en Afrique centrale.

ENCADRÉ 4

LES ACTEURS DE LA COOPÉRATION DÉCENTRALISÉE EN AFRIQUE

Les acteurs principaux

Au Gabon, les collectivités territoriales sont le département et la commune. Les organes de gestion des collectivités territoriales sont le maire et le conseil municipal pour ce qui est de la commune ; l'Assemblée départementale et son président assurent quant à eux la gestion du département. La loi de 1996 consacre le principe de la subsidiarité dans la répartition des compétences entre les collectivités territoriales et l'État du Gabon. Les liens de coopération décentralisée identifiés sont menés à la fois par les communes et les départements. Bien qu'en nombre limité, ces coopérations sont : ville de Port-Gentil, Gamba et Omboué/département de Seine-Saint-Denis ; ville de Libreville et province du Haut-Ogooué/département des Hauts-de-Seine ; communauté des cantons de Carignan, Mouzon et Raucourt avec la commune de Fougamou et le département de Tsamba-Mangotsi.

Au Tchad, la Constitution adoptée le 31 mars 1996révisée par la Loi constitutionnelle du 15 juillet 2005 organise la République en collectivités territoriales décentralisées dont « *l'autonomie est garantie* ». Les collectivités territoriales décentralisées de la République du Tchad sont les communautés rurales, les communes, les départements et les régions. Elles sont dotées de la personnalité morale. Leur autonomie administrative, financière, patrimoniale, économique, culturelle et sociale est garantie par la Constitution. Ces dispositions constitutionnelles ont été suivies ces dernières années par une production législative consacrant lentement, mais progressivement, l'autonomie des collectivités tchadiennes. Les collectivités territoriales décentralisées s'administrent librement par des Assemblées élues qui règlent par leurs délibérations les affaires qui leur sont dévolues par la Constitution et par la loi. Tout comme dans bien d'autres pays, les coopérations décentralisées actives ont été menées jusque-là le plus souvent par les communes. C'est le cas de la coopération entre N'Djamena et Toulouse dont la convention a été signée en septembre 2004 en France.

Au Congo, la République est divisée en régions, communes, arrondissements et districts. Pendant la période de transition, les régions, les communes, les arrondissements et les districts étaient dirigés par des administrateurs nommés par le Gouvernement de Transition. La loi 17/95 du 14 septembre 1995 détermine le cadre de la décentralisation, mais le processus est suspendu en raison de l'instabilité qu'a connue le pays. Le Congo est structuré en 10 régions administratives, 76 sous-préfectures et 7 communes urbaines. Les communes urbaines sont : Brazzaville (100 km^2, 909 542 habitants), Pointe-Noire (45 km^2), Dolisie (18 km^2), Nkayi (8 km^2), Mossendjo, Ouesso et Owando. Deux d'entre elles ont des relations actives avec des collectivités françaises : Brazzaville/ Reims et Pointe-Noire/ Le Havre.

Les réseaux interterritoriaux en Afrique

Non seulement les réseaux des maires sont très peu nombreux en Afrique centrale, on peut également observer que leur dynamisme dans le domaine de la coopération décentralisée est encore à construire. Au nombre des réseaux existants, on peut citer : l'association des maires de l'Afrique centrale(AMAC, les membres sont des villes et communes du Burundi, du Cameroun, du Congo, du Gabon, de la RDC et du Tchad), l'association des maires de Centrafrique, l'association des maires du Congo (AMC), l'association des maires du Gabon (AMG) et l'association des communes du Tchad (ACT), Communes et villes unies du Cameroun (CVUC) et plus globalement Cités et gouvernements locaux unis d'Afrique. Très peu d'informations existent sur ces associations et sur leurs actions de coopération décentralisée.

Communes et villes unies du Cameroun (CVUC) : c'est au cours des premières assises de la coopération décentralisée franco-camerounaise tenues du 30 novembre au 1er décembre 2003, en marge des rencontres Africités 3, que l'on a vraiment pris connaissance du souci qu'ont les associations des maires et des pouvoirs locaux au Cameroun de s'investir dans la coopération décentralisée. Plus de 500 personnes, dont les 339 maires camerounais, et une vingtaine d'élus français ont participé à cette réunion, qui elle aussi, s'inscrivait dans la suite du Congrès des maires camerounais qui s'est tenu du 27 au 29 novembre 2003. Cette réunion a permis donc la fusion de deux associations des maires camerounais (l'Association des Communes et villes du Cameroun et l'Union des communes et villes du Cameroun), pour donner naissance à « *Communes et villes unies du Cameroun* »(CVUC), tout cela dans le but d'améliorer et de développer les relations entre les collectivités et autorités camerounaises et leurs homologues étrangers, notamment ceux de la France.

Cités et gouvernements locaux unis d'Afrique (CGLUA) : l'histoire de ce réseau des territoires africains remonte à la fin des années 1990, et a donné naissance en mai 2005 à Tswane, en République sud-africaine, à une organisation panafricaine regroupant à quelques exceptions près, toutes les villes, les collectivités, ainsi que les associations nationales des collectivités locales africaines. C'est lors du premier sommet Africités de 1998 tenu à Abidjan en Côte d'Ivoire, que la dynamique de création de la CGLUA commence. Elle se poursuit lors du deuxième sommet Africités organisé à Windhoek en Namibie en mai 2000, et s'est concrétisée en décembre 2003, lors du troisième sommet Africités tenu à Yaoundé. CGLUA constitue donc une fusion de trois organisations continentales d'autorités et de pouvoirs locaux que sont : *African union of local authorities* (AULA, majoritairement anglophone), l'*Union des villes africaines* (UVA, majoritairement francophone) et l'*Unao do ciudades y capitais lusofono africana* (UCCLA, majoritairement lusophone). Soucieuse de son autonomie par rapport aux structures centrales des Etats, l'organisation a pour finalité de promouvoir la décentralisation et le renforcement du rôle des collectivités locales dans l'amélioration des conditions et du cadre de vie des populations africaines. L'ambition de CGLUA est par ailleurs de « *contribuer à l'unité et au développement de l'Afrique en partant de la base* ». Elle entretient à cet effet des liens avec l'Union africaine, et entend donc relayer les préoccupations et programmes de l'organisation continentale en direction des collectivités et communautés locales, et porter à la connaissance de ces instances les attentes des populations à la base. Dans cet ordre d'idées, CGLUA souhaite être reconnue d'utilité publique par la Commission de l'Union africaine, et travaille également en vue de la mise en place d'un haut conseil des collectivités territoriales au sein des instances de l'Union africaine. Initiative toujours en cours de négociation. Elle promeut également la mise en place d'associations nationales de collectivités ou leur renforcement dans chaque pays, afin qu'un dialogue structuré puisse s'organiser entre les gouvernements centraux et les collectivités locales sur la conduite des politiques de décentralisation.

Les organismes d'appui : ces organismes n'ont pas pour objectif principal de soutenir les actions de coopération décentralisée. Globalement, ils sont créés pour accompagner les collectivités territoriales dans leur démarche d'autonomie (la décentralisation avec ses questions de transferts de ressources et de compétences). Mais l'action internationale s'imposant aux territoires pour qu'ils se développent, ces organismes ont fini par s'intéresser à la coopération décentralisée, et donc à soutenir les collectivités qui s'y engagent.

L'examen de ces organismes fait ressortir une configuration plus ou moins complexe dans laquelle on retrouve les ministères en charge de la tutelle des collectivités territoriales, les ministères des Relations extérieures, les organismes interministériels et les fonds spéciaux.

Les ministères exerçant la tutelle des collectivités territoriales : au Cameroun, on a ainsi le ministère de l'Administration territoriale et de la Décentralisation, avec sa Cellule du développement et de la coopération décentralisée. La Cellule du développement et de la coopération décentralisée est née du décret n° 98/174 du 17 juillet 1998 portant organisation du ministère de l'Administration territoriale et de la Décentralisation. Elle dépend de la Direction des collectivités territoriales décentralisées.

Les ministères des Relations extérieures : au Cameroun, le ministère des Affaires étrangères dispose d'un service de la coopération décentralisée créé par le décret n°96/234 du 9 octobre 1996 portant organisation du ministère des Affaires étrangères, lequel prévoit au sein de la Direction des Nations unies et de la coopération nongouvernementale, un service de la coopération décentralisée. Celui-ci a pour mission d'assurer la coordination et la mise en œuvre d'une politique concertée des rapports entre le Cameroun et les institutions décentralisées.

Les organismes interministériels : au Cameroun, on a la Commission interministérielle de la coopération décentralisée (CICOD). Organe interministériel, cette commission est chargée de l'encadrement administratif et technique de la coopération décentralisée au Cameroun. Ses missions portent sur deux axes majeurs : des missions de coordination et des missions techniques. À travers les missions de coordination, elle assure une synergie des actions de coopération, centralise le fichier national des relations de coopération décentralisée, et dresse un rapport annuel de la coopération décentralisée au Cameroun. À travers les missions techniques, la CICOD est chargée d'émettre des avis sur les conventions de coopération décentralisée soumises à l'approbation du ministre de l'Administration territoriale et de la

Décentralisation. Elle veille en plus à la régularité du texte tant au niveau du respect des lois, que des procédures d'adoption des délibérations au niveau communal, formule enfin des propositions pour l'amélioration du paysage de la coopération décentralisée au Cameroun. Placée sous la présidence du ministère de l'Administration territoriale et de la Décentralisation, la CICOD regroupe des représentants de plusieurs ministères (Relations extérieures, Finances, Économie), des Établissements publics (FEICOM) et des collectivités territoriales décentralisées (communes et régions).

Les fonds spéciaux : c'est le cas du FEICOM au Cameroun. Cet organisme intervient en tant que soutien à la coopération décentralisée au Cameroun en assumant ses fonctions de financier des collectivités territoriales. Mais selon les analystes, cet accompagnement se fait, sur la base d'une application extensible de l'une de ses missions, à savoir le financement des projets d'investissements communaux et intercommunaux. Ainsi, depuis le 31 décembre 2002, une Division de la Coopération, de la Communication et de la Documentation a été créée au sein du FEICOM. La Direction générale du FEICOM entend ainsi d'un côté participer à l'appropriation du savoir-faire international concourant à la résolution des problèmes posés par l'essor urbain, par le biais des expertises techniques, de l'appui à la capacité de maîtrise d'ouvrage, ou d'autres types de formations. Il entend d'un autre côté permettre aux collectivités locales camerounaises d'accéder à l'emprunt sur les marchés financiers, la surface financière du FEICOM pouvant servir de garantie. Enfin, le FEICOM finance les projets de coopération décentralisée par deux canaux : les subventions non remboursables ; les avances de trésorerie remboursables sur les centimes additionnels communaux (CAC) centralisés au FEICOM, constituées d'une partie de la fiscalité locale.

Section 2
L'élargissement institutionnel des acteurs de la coopération au développement

Au fil des années, la prise de conscience des limites de la coopération gouvernementale a entraîné l'ouverture du processus d'émergence, de formulation et de mise en œuvre de la politique d'aide à d'autres acteurs, en tête desquels se trouvent les collectivités territoriales décentralisées, et les groupes à la base qui animent les territoires. C'est dans ce sens qu'on parle désormais d'acteurs de la coopération décentralisée, pour faire allusion à ces entités décentralisées qui contribuent efficacement aux différentes étapes de la réalisation de la politique française d'aide au développement.

Parler d'acteurs de la coopération décentralisée revient à affirmer que l'espace public international se nourrit désormais d'une diversité d'intervenants complétant ou concurrençant l'action des bureaucraties centrales dans presque tous les domaines : développement, culture, paix et sécurité, environnement, éducation et recherche, économie, commerce...Cette diversité d'acteurs a toujours existé, notamment avec la présence marquée des Églises à travers le monde. Mais la spécificité qu'il s'agit de souligner tient au fait qu'on est en présence d'une émancipation des structures étatiques qui, bien qu'étant encore contrôlées par les pouvoirs centraux, entendent formuler leur propre vision du bonheur et la partager avec leurs homologues à travers le monde, sans forcément se référer aux valeurs et aux ressources portées par le centre.

Au monopole étatique d'hier se substitue une pluralité de rationalités et d'intervenants qui recherchent une « *humanité qui transcende les frontières stato-nationales* »[391]en brisant les souverainetés, les désacralisant et en parlant plus haut. Avec le développement des relations infraétatiques, telles que celles que mènent les collectivités territoriales, tout se passe comme si « *(...) dès que le contournement des autorités étatiques fut perçu comme plus utile et rentable que vivre à leurs dépens, les stratégies transnationales l'emportèrent...* »[392]. Au plan de l'analyse des politiques publiques, le paradigme pluraliste, aujourd'hui majoritairement admis, montre bien qu'il existe une multiplicité de

---

[391] Bertrand Badie, *La diplomatie des droits de l'homme, entre éthique et volonté de puissance,* Fayard, 2002,
p274.
[392] *Ibid*.

rationalités concurrentes au sein de l'État[393], et donc une multiplicité d'acteurs même si leurs intérêts ne sont pas toujours convergents.

Contrairement aux conceptions wébérienne et marxienne selon lesquelles l'État est d'une part une machine au service du Prince, et d'autre part un instrument au service de la classe dirigeante, le paradigme pluraliste permet d'envisager les actions publiques, comme étant l'émanation des volontés à la fois multiples et parfois divergentes. L'on est face à un processus sociétal de l'action publique et « *...sur l'immersion des politiques dans la complexité des relations sociales...* »[394]. En s'inspirant de Jacques Lagroye qui traitait de la multiplicité d'acteurs au sein de l'État, on dira que la scène internationale est devenue un puzzle d'institutions[395]. Même si on ne peut pas parler d'éparpillement, ce qui renverrait à une sorte de désordre international, alors que l'État reste encore le « *major player* », ou de « *scène internationale en miettes* »pour paraphraser François Dupuy et Jean-Claude Thoenig dans leur ouvrage « *L'administration en miettes* »(1985), force est de reconnaître que la scène internationale est investie par d'autres acteurs qui, bien que liés à l'acteur central, jouent un rôle aujourd'hui déterminant dans la sécurité, ou de la sécurité humaine. C'est aussi le point de vue de Vincent Lemieux déjà évoqué, qui reconnaît le rôle principal des acteurs étatiques, mais souligne l'existence d'autres acteurs au point où les premiers ne sont plus les seuls à faire émerger, formuler et mettre en œuvre les politiques publiques[396].

L'on a également souligné plus haut le rappel que font Yves Mény et Yves Surel sur l'apport de Robert Dahl face à la thèse moniste. Pour le politologue américain, il existe une répartition fluide et plurielle du pouvoir de décision dans les démocraties[397]. Hypothèse que l'on peut transposer au plan international. Les acteurs qui seront décrits sont en réalité très proches du modèle parfait de l'acteur transnational, puisqu'ils sont en même temps solidement implantés dans le tissu social, tout en étant liés au monde et à leurs États respectifs de façon « *soutenue et récurrente* ». Le triomphe de la souveraineté héritée des vainqueurs de la Grande Guerre, et scellée dans la Charte de San Francisco, sans toutefois se démanteler complètement, s'effrite jour après jour sans que les États

---

393 Muller et Surel, *op. cit.*, p40.

394 *Ibid*, p41.

395 Lagroye Jacques, *op cit.*, p511.

396 Vincent Lemieux, *op cit.*, p287.

397 Yves Mény et Yves Surel, *op cit.*, p395.

n'y puissent grand-chose. Ceci entraîne entre autres une nouvelle confection des agendas internationaux, une nouvelle vision des problèmes du développement ou encore « *une façon inédite d'amener les États à se situer sur un terrain qui n'est plus uniquement dessiné par leurs seules relations diplomatiques...* »[398].

En somme, la présence massive de collectivités territoriales dans les relations internationales en général, et dans la coopération au développement en particulier, confirme l'idée selon laquelle l'on est dans une société en croissante évolution « *sur la base des différentes configurations d'acteurs qui peuvent prendre la forme de secteurs professionnels, de communautés culturelles, religieuses ou politiques qui vont poser le problème de la régulation d'ensemble du système politique* »[399]. Une meilleure compréhension de cette évolution passe par l'examen des ouvertures institutionnelles observées en France (I), et le desserrement de la centralisation au Cameroun (II).

I. Les ouvertures institutionnelles en France

Les ouvertures institutionnelles que la France a opérées dans le cadre de la coopération au développement en général, et de l'aide publique au développement en particulier, ont pour but d'intégrer d'autres acteurs dans les différentes phases de la politique d'aide développée en direction des territoires d'Afrique. On peut observer que ces ouvertures ont d'abord été des ouvertures de fait (A) avant d'être ensuite consacrées par la loi (B).

A. Des ouvertures de fait

L'acceptation d'autres acteurs dans la coopération au développement s'est d'abord faite sans que n'existe au sens strict du terme, une loi régissant l'action internationale des collectivités territoriales, et leur implication dans les questions humanitaires et de développement. Autrement dit, l'intervention des collectivités territoriales dans la politique étrangère de la France en général, et dans la coopération au développement en particulier, n'a pas attendu qu'une réglementation soit adoptée à cet effet. C'est dans ce sens qu'on peut dire que la coopération décentralisée est le domaine où les faits ont toujours précédé le droit. La

---

398 Bertrand Badie, *op cit.*, p279.

399 Pierre Muller, *Esquisse d'une théorie du changement de l'action publique...*, *op cit.*, p 160.

preuve de cette affirmation réside dans l'histoire même de la coopération décentralisée en France, dans la mesure où bien avant l'adoption du Titre IV de la loi d'orientation du 6 février 1992 relative à l'administration territoriale de la République, les collectivités territoriales avaient déjà une action internationale ; elles menaient déjà des actions de solidarité pouvant être considérées comme des préludes aux véritables actions de développement. Le récit que fait Iris Boinvilliers à cet effet confirme cette hypothèse. L'auteur souligne que l'établissement des relations entre collectivités locales relevant d'États différents est un phénomène ancien, mais c'est de leur généralisation et leur formalisation que naît véritablement ce que l'on appelle coopération décentralisée.

Tout a ainsi commencé par des jumelages, lesquels sont nés dans l'après-guerre, et constituent la première manifestation des relations formalisées entre collectivités locales relevant de pays différents. Pour Iris Boinvilliers, dans un premier temps (la coopération décentralisée) fut le fait de communes, *« souvent de petite dimension, animées par la volonté de développer des liens d'amitié avec, en particulier, les populations des communes allemandes puis, pendant la guerre froide, avec des communes des pays d'Europe de l'Est. Les motivations étaient d'ordre humaniste. Les jumelages se sont d'abord développés en Europe, ils constituent alors principalement des cadres d'échanges culturels »*[400]. L'auteur veut par-là dire que tous les échelons territoriaux n'étaient pas au départ intéressés par les relations au-delà des frontières nationales. Mais le fait que les communes aient été les premières à s'engager dans ce type de relation signifie que la coopération décentralisée est non seulement une démarche des territoires, mais également une histoire ancienne. Bien plus, si l'Europe en constitue le terrain de naissance, les objectifs ont d'abord été très limités, en l'occurrence dans le seul domaine de la culture. Mais on observera une évolution, car les jumelages changeront de nature « *lorsque les communes s'engagent, dans les années soixante, dans des actions concrètes de solidarité avec en particulier les localités des pays sahéliens* »[401]. Naissent et se développent les « jumelages-coopération »avec l'appui de la Fédération mondiale des villes jumelées et de son comité français, le comité national de jumelage, devenu Fédération mondiale des cités unies et villes jumelées.

---

[400] Iris Boinvilliers, *op cit.*, p 17.
[401] *Ibid.*

Entre les pays européens et africains se sont développées des actions concrètes de solidarité en particulier avec les pays sahéliens : c'était l'avènement des « *jumelages-coopération* »établis entre communes européennes et communes africaines au lendemain des indépendances. On peut noter à cet effet qu'en 1967 déjà, des relations de coopération naissent entre la ville de Laudin (Vienne) et Ouagadougou, capitale de la Haute-Volta, aujourd'hui Burkina Faso.

Après les jumelages et les jumelages-coopération, est née la coopération transfrontalière en Europe au début des années soixante-dix, avec à la clé une entrée des régions dans l'action internationale, et une affirmation « *comme parties prenantes de la construction d'un espace socio-économique européen. Elles développent des relations directes avec les institutions européennes (Conseil d'Europe, Communauté européenne) et, en parallèle, engagent un dialogue entre elles. Des liens se nouent pour des raisons de proximité géographique, de ressemblances culturelles, d'intérêts économiques, de complémentarités technologiques, de convergence de problématique* »[402]. Ceci signifie que les raisons qui amènent les collectivités territoriales se multiplient. Ces relations se densifient malgré l'absence d'une loi pouvant les réglementer. On observe également une densification des problématiques, car « *les autorités locales des zones frontalières initient des concertations et des coopérations sur un certain nombre de problèmes communs (environnement, équipements, activités économiques, migration des travailleurs, etc.)* »[403].

L'Europe prend alors au sérieux ces dynamiques, et reconnaît leur apport dans la construction de l'intégration régionale, au point où sous l'impulsion du Conseil de l'Europe, « *la coopération inter-régionale transfrontalière se développe et s'institutionnalise. La création de la première organisation régionale, l'Association des régions transfrontalières européennes (ARFE), remonte à 1969, puis, en 1973 naît la Conférence des régions périphériques maritimes (CRPM)* »[404]. L'auteur observe ainsi combien « *la dynamique propre à la coopération transfrontalière a largement contribué à faire avancer l'idée selon laquelle les collectivités territoriales pouvaient et avaient intérêt à*

[402] Boinvilliers, *op cit.*, p 18.
[403] Ibid.
[404] Ibid.

coopérer entre elles, ainsi que le droit de la coopération décentralisée »[405].

L'institutionnalisation de l'action internationale des collectivités territoriales en Europe a permis au vieux continent de donner une définition de la coopération. Ainsi, par «*coopération décentralisée* », l'Union européenne entend tout programme conçu et mis en œuvre dans les pays du Sud ou de l'Est par un acteur de la société civile : ONG, pouvoirs publics locaux, coopératives agricoles, groupements féminins, syndicats, de façon plus générale toute forme organisée de la société civile. À la différence de la définition française, un programme de coopération décentralisée au sens européen n'implique pas forcément la participation d'un partenaire européen, et *a fortiori* d'une collectivité locale.

Il est donc possible de dire qu'à l'origine des actions de coopération décentralisée, il y a souvent eu un problème social ou politique- guerre pour les peuples en Europe et pauvreté pour ce qui est de l'Afrique. La convergence des problèmes est dans ce cas à l'origine des initiatives prises entre les élus locaux de différents pays. On observe par ailleurs que les collectivités territoriales se sont imposées et ont imposé leur respect aux institutions nationales et internationales, en montrant ce dont elles peuvent être capables, et en suscitant la prise de mesures relatives à la reconnaissance de droit. L'ouverture institutionnelle qui était d'abord de fait se consolide donc par le droit qui consacre l'action internationale des collectivités territoriales en France.

B. La consécration par la loi

La consécration légale de la coopération décentralisée est d'abord européenne. C'est à ce niveau que l'on retrouve « *les premiers textes adoptés par des instances internationales et mentionnant la nécessité de coordinations, concertations, coopérations entre collectivités territoriales »*[406]. Il s'agit de la résolution adoptée par le Conseil des ministres de l'Europe n°74/8 du 27 février 1974 relative à la gestion des pollutions transfrontalières, de la résolution n°79/107 du 18 octobre 1979 du Conseil de l'Europe à l'origine de la convention-cadre sur la coopération transfrontalière des collectivités ou autorités territoriales signée à Madrid le 21 mai 1980. Il est avéré que cette dernière

[405] *Ibid.*
[406] *Ibid.*

convention ouvre la voie aux multiples textes de coopération décentralisée qui seront adoptés entre les pays européens.

Ainsi, par la suite, le développement de la coopération décentralisée transfrontalière de la France avec ses voisins s'est illustré par trois accords ou traités signés de 1993 à 1996. C'est l'accord franco-italien de coopération décentralisée transfrontalière entré en application le 6 octobre 1996, le traité franco-espagnol signé à Bayonne le 10 mars 1995 concernant les quatre autonomies du nord de l'Espagne et les trois régions du sud de la France, et pour chacune, les collectivités incluses ; l'accord à quatre entre la France, l'Allemagne, le Luxembourg et la Suisse signé à Karlsruhe le 23 janvier 1996 portant sur le « *groupement local de la coopération transfrontalière* », lequel sera intégré ensuite au droit interne des quatre pays signataires. Enfin, on a sur la frontière belge un accord-cadre à but limité envisageant l'organisation d'une communauté urbaine internationale sur la base d'un groupement local de coopération transfrontalière. Avec les autres pays de l'Union européenne, et de la grande Europe, notamment ceux faisant partie du Conseil d'Europe, moins la Russie, on a le protocole additionnel à la convention de Madrid ouvert à la signature le 9 novembre 1995. Des évolutions ont suivi ces textes dans chaque pays européen. En France, elles ont trait à la décentralisation.

Au fil des années, la décentralisation a connu en France des lois et des réformes qui ont un lien avec les évolutions de la coopération décentralisée. On a navigué entre ce que l'on a appelé émiettement territorial exacerbé et tutelle centrale exagérée, lesquels ont abouti à un réel pouvoir des autorités locales ; pouvoir leur permettant de mener des actions au-delà de leurs compétences classiques, et par-delà les frontières nationales. C'est à ce titre qu'Iris Boinvilliers pense : « *les réformes de la décentralisation ont joué un rôle important dans l'essor de la coopération décentralisée en créant un climat propice au développement des initiatives de ce type* »[407].

Sous la Ve République en France, tout commence par le discours prononcé par de Gaulle le 24 mars 1968 à Lyon. Pour le président de la République « *L'évolution générale porte, en effet [La France], vers un équilibre nouveau. L'effort multiséculaire de centralisation, qui fut longtemps nécessaire pour réaliser et maintenir son unité malgré les*

[407] Iris Boinvillier, *op cit.*, p 50.

divergences des provinces qui lui étaient successivement attachées, ne s'impose plus désormais. Au contraire, ce sont les activités régionales qui apparaissent comme les ressorts de sa puissance économique de demain... »[408]. Le président français faisait ainsi preuve d'une visibilité politique, car selon les termes de Bruno Rémond, de Gaulle a une fois de plus déchiré « *le ciel obscur de l'avenir afin de faire surgir devant ses concitoyens les perspectives architecturales de celui-ci (...) en proposant ainsi (...) un autre dessein pour l'État et entrevoyant un autre dessein pour l'organisation territoriale de la France* ».

En septembre 1970, Chaban Delmas déclare quant à lui : le gouvernement n'a en rien abandonné la régionalisation, mais il convient de faire les régions sans défaire la France. Ces propos sont suivis par ceux de Georges Pompidou à Lyon le 30 octobre de la même année, lesquels soulignent que la région doit être conçue, non comme un échelon administratif se superposant à ceux qui existent, mais avant tout comme l'union des départements permettant la réalisation et la gestion rationnelle des grands équipements collectifs. Elle est pour les départements ce que sont les syndicats intercommunaux pour les communes. Elle permet à l'État de déconcentrer les responsabilités en évitant de créer un écran supplémentaire, en même temps qu'elle permet aux départements de déléguer une partie de leurs attributions, lorsque les questions en jeu dépassent le simple cadre départemental. Pour simplifier, le président français veut dire que la région doit être l'expression concertée des départements qui la composent, et non pas un organe de mise en tutelle de ces départements.

Après les principes généraux élaborés avant 1980, et ceux retenus après l'élection présidentielle de 1981, le président Valéry Giscard d'Estaing adresse une lettre à Olivier Guichard, ministre de l'Intérieur, pour insister sur le fait que les commissions s'attacheront à définir le ressort, l'organisation et le fonctionnement des institutions locales, la répartition des compétences et des ressources entre elles et l'État, les moyens de leurs services, les statuts des personnalités de la fonction publique locale, les conditions de participation des citoyens, le statut des maires et des conseillers municipaux. Elles s'appliqueront en outre à définir les obstacles de toute nature que rencontreront les efforts de décentralisation et qui jusqu'ici limitent leur efficacité.

---

[408] De Gaulle in Rémond Bruno, *La fin de l'Etat jacobin ?*, LGDJ, 1998.

Ensuite viendra la loi du 2 mars 1982 qui indique dans le paragraphe 1 de son article 1er, la liberté désormais octroyée aux communes, départements et régions de s'administrer eux-mêmes. C'est dire que le champ de compétence des collectivités territoriales s'en trouve par là même élargit et renforcé dans bien des domaines. Qu'il s'agisse du développement économique, de l'aménagement du territoire, de l'enseignement et la formation professionnelle, de la recherche, ou même de l'aide sociale, des compétences reconnues aux collectivités territoriales par les textes renforcent leur légitimité à engager des actions au-delà des frontières nationales. C'est sinon la consécration, du moins le grand début d'une répartition des responsabilités en fonction de l'ampleur des tâches et de leur degré de complexité.

Quand intervient la loi du 5 janvier 1988 dite loi de *« l'amélioration de la décentralisation »,* l'objectif est de rationaliser ou de préciser certaines dispositions législatives votées en 1982. En 1991- 1992, deux textes d'importance préparés par Pierre Joxe, alors ministre de l'Intérieur, et votés par le Parlement, relancent la réflexion et la discussion sur la décentralisation et la répartition des pouvoirs entre l'État et les collectivités territoriales. La loi n°92- 125 du 6 février 1992 relative à l'administration territoriale s'inscrit aussi dans cet approfondissement de *« la lente émergence du pouvoir local ».* Son article1er précise que l'administration territoriale de la République est assurée par les collectivités territoriales et par les services déconcentrés de l'État, et qu'elle est organisée dans le respect de la libre administration des collectivités territoriales, de manière à mettre en œuvre l'aménagement du territoire, à garantir la démocratie locale et à favoriser la modernisation du service public. Ces issues légales permettront aux collectivités territoriales de s'affirmer à l'étranger et s'ajouteront à d'autres mutations permettant de poursuivre cette légitimation de l'action internationale des collectivités territoriales françaises.

Ainsi, c'est plus de vingt ans après les premiers pas que les initiatives de coopération décentralisée se sont multipliées et ont connu une complexification incontestable. L'on est face à une évolution quantitative et qualitative du phénomène. Après les petites communes et les collectivités frontalières, les régions, les grandes villes et les départements se sont impliqués à leur tour dans des actions de coopération décentralisée. Les relations se densifient, les interventions se diversifient géographiquement et sectoriellement, les partenaires impliqués se multiplient. Plusieurs dizaines de communes parrainent des prisonniers tibétains, la région de la Guadeloupe mène dès 1986 des actions de protection de l'environnement et de culture avec la ville de Caracas (Venezuela), pendant que l'Ile de Pins (Nouvelle-Calédonie) réalise en 1980 un jumelage avec Matsushima Cho (Japon), ou alors la Réunion accorde en 1989 de l'aide humanitaire à Madagascar par le biais de subventions.

Plus que par le passé, plusieurs tendances se dessinent en matière de coopération décentralisée. Il s'agit de l'émergence de véritables politiques de coopération internationale menées par des collectivités territoriales avec des volets et des partenaires diversifiés. On a également le développement d'actions concertées entre collectivités françaises d'une même région vis-à-vis des partenaires d'une même région étrangère, ou l'engagement dans des relations entre le ministère de la Coopération et les collectivités locales pour la mise en œuvre des programmes bilatéraux. On peut aussi mentionner le renforcement des synergies entre coopération décentralisée et bilatérale, notamment par l'association des collectivités locales françaises à travers leurs organismes fédérateurs et aux commissions ministérielles, ou encore la reconnaissance de la coopération décentralisée française par les bailleurs de fonds multilatéraux.

L'idée à retenir est que les gouvernements s'étant succédé en France ont œuvré à l'évolution du processus de décentralisation, et donc de la coopération décentralisée. La tendance se confirme avec l'organisation au début des années 90 de colloques pour des réflexions autour de la coopération décentralisée. Ce sont entre autres les assises régionales de la coopération décentralisée organisées en 1990 par Jacques Pelletier, alors ministre de la Coopération, le colloque de la Roche-sur-Yon en 1993, les assises régionales de 1994, les assises de la coopération et de la solidarité internationale en 1997, ou encore les rencontres de la coopération décentralisée organisées en 1999 à l'Institut du monde arabe.

Après ce que Charles Josselin, alors ministre délégué à la Coopération et à la Francophonie, a appelé *« des années de quasi-clandestinité »,* l'action extérieure des collectivités territoriales françaises est devenue une notion familière, et celle de la coopération décentralisée a été consacrée par les textes. La création de la commission nationale de la coopération décentralisée a donné une autre consécration institutionnelle à ce phénomène. Des rapports des conseils économiques et sociaux des différentes régions ont été consacrés à ces pratiques. Avant cela, les statuts des DOM français prévoyaient explicitement la possibilité de se lancer dans des opérations de cette nature.

En vertu du Titre IV de la loi d'orientation de 1992 relative à l'administration territoriale de la République, les collectivités territoriales et leurs groupements peuvent conclure des conventions avec des collectivités territoriales étrangères et leurs groupements, dans les limites de leurs compétences et dans le respect des engagements internationaux de la France (article 131). Les collectivités françaises ainsi concernées sont les communes, les départements, les régions et leurs groupements. Par groupements, il faut entendre tous les établissements publics qui agissent en lieu et place des collectivités territoriales à la suite des transferts de compétences que celles-ci leur ont consentis. Il s'agit de tous les établissements publics de coopération intercommunale à fiscalité propre ou non, dont les syndicats de communes, les communautés de communes, les communautés d'agglomération, les communautés urbaines, les districts jusqu'au 1er janvier 2002, et les syndicats d'agglomération nouvelle. Il faut également inscrire dans cette liste les syndicats mixtes, les institutions ou organismes interdépartementaux créés en application de l'article L.5421-1 du code général des collectivités territoriales, et les ententes interrégionales créées en application de l'article L.5621-1 du code général des collectivités territoriales.

La législation française en matière de coopération décentralisée n'oblige pas les collectivités locales et leurs groupements à se soumettre au parallélisme de forme pour passer une convention à l'international. Les collectivités territoriales étrangères pouvant contracter avec les collectivités françaises sont les autorités ou organismes exerçant des fonctions territoriales ou régionales et considérées comme telles dans le droit interne de chaque État. La loi prévoit en France tout de même qu'au cas où l'organisation territoriale des États ne comprend pas de collectivités territoriales autonomes, il peut être alors utile d'apprécier si l'autorité territoriale dispose bien de la faculté de passer des conventions. Les préfets pourront si nécessaire se rapprocher du ministère des Affaires étrangères si des informations de ce type leur sont demandées ou dans le cadre du contrôle de légalité. Ainsi, la loi ne crée pas d'obligation pour que la collectivité étrangère soit de même niveau que la collectivité française. Sauf disposition particulière dans le droit interne de l'État dont relève la collectivité étrangère, les collectivités territoriales françaises ou leurs groupements ont donc une capacité à contracter avec des collectivités territoriales étrangères, quel que soit leur niveau dans l'organisation de l'État étranger.

Globalement, quand on fait une géographie générale de la coopération décentralisée comme l'a fait une étude collective de La Documentation française (2003), on se rend compte que les relations entre les collectivités locales sont tout d'abord des relations de proximité. Sont privilégiés, pour ce qui est de la France, les pays voisins. C'est ainsi que les sept frontières immédiates de l'hexagone représentent à elles seules 56 % des actions de coopération décentralisée en France : L'Allemagne, la Grande-Bretagne, l'Espagne, l'Italie, la Suisse, la Belgique et le Luxembourg. Bien plus, chacun des grands voisins de la France représente individuellement plus d'actions de coopération décentralisée que des ensembles continentaux comme l'Amérique ou l'Asie. Jusqu'en 2001, l'Allemagne venait en tête avec 1638 actions de coopération décentralisée, soit 27, 81 % de l'ensemble des actions engagées par les collectivités françaises à l'étranger.

Les collectivités territoriales dont parle la loi française sont constituées de trois échelons : les régions (26), les départements (100) et les communes (36.778). Une structuration qui diffère avec celle adoptée par l'État camerounais qui ne reconnaît que les deux échelons territoriaux que sont la région et la commune ; échelons bénéficiant de plus en plus d'une large autonomie pouvant permettre à court ou moyen terme de participer à la politique d'aide au développement, et même de faire émerger des territoires des politiques publiques locales. C'est la preuve que la centralisation recule également au Cameroun.

II. Le desserrement de la centralisation au Cameroun

Dans le premier chapitre de ce travail, il a été souligné que malgré les efforts fournis par de nombreux pays africains dans le sens de la décentralisation, l'État reste encore centralisé, et que cette centralisation est fille de la colonisation, et produit un impact négatif sur les politiques publiques, sur l'aide publique au développement, et sur le programme C2D. Mais on observe progressivement une inscription de l'aide dans des dynamiques territoriales, ceci étant favorisé par le desserrement de l'étau de la centralisation au Cameroun. Mais parler de desserrement ne signifie pas que la décentralisation ou au moins la liberté des collectivités territoriales est récente au Cameroun. Elle ne date pas des lois de 2004. Par comparaison à d'autres pays du continent, le Cameroun se présente même comme le plus vieux pays décentralisé en Afrique. L'affirmer signifie donc de montrer qu'on est en présence d'une démarche lointaine (A) et une effectivité récente (B).

A. Une démarche lointaine

Au regard de la définition qui est donnée à la décentralisation, il est possible d'affirmer que ce phénomène est amorcé au Cameroun depuis de longues années déjà. En effet, la décentralisation consiste à conférer à une entité la personnalité morale, *« en rompant le lien hiérarchique entre elle et l'État central au profit d'un simple contrôle, d'une simple surveillance. La conséquence de ce choix est que le pouvoir de décision est réparti entre de multiples personnes morales autonomes dotées d'organes propres pour mettre en œuvre les compétences qui leur sont reconnues pour la gestion des affaires publiques »*[409]. La rupture de ces liens ou au moins leur desserrement est très ancien au Cameroun. Elle remonte à l'époque où le colon britannique appliquait sur la partie occidentale du Cameroun un système d'administration appelé l' « Indirect Rule », lequel consistait à faire recours aux souverains locaux, à travers des textes promulgués à cet effet, en l'occurrence la « Native Court Ordinance » de 1914 et la « Native Authority Ordinance » de 1916. Par ailleurs, dès 1932, les souverains locaux, alors appelés « Native Authorities » sont entourés de conseils de notables qui, devenus de véritables organes délibérants, les transforment en « Local Councils ». Pendant cette même période, la France créait plutôt au Cameroun les premières unités administratives à partir de son système d'administration dit « jacobin ». Dès 1923, elle met néanmoins sur pied des conseils de notables par nomination des membres, et crée les premières communes à Yaoundé et à Douala le 25 juin 1941. Il y aura ensuite disparition progressive des conseils de notables avec la création progressive des communes ; ce qui sera à l'origine d'un mouvement communal fort diversifié.

Après l'accession à l'indépendance en 1960, le processus d'autonomie des communes se poursuit sous les lois nationales, notamment avec la définition des affaires dites locales, suite à la loi n°74/23 du 05 décembre 1974. Cette loi prévoit que la commune « *gère les affaires locales sous la tutelle de l'État en vue du développement économique, social et culturel de ses populations* ». Plus, loin, l'article 45 dispose que le conseil

---

[409] Pierre-Laurent Frier et Jacques Petit, *Précis de droit administratif,* 5è éd. Paris, Montchrestien, 2008, p 105.

municipal « délibère sur les affaires de la commune ». L'on estime que cette notion qui est large permet néanmoins aux collectivités territoriales d'intervenir dans toutes les matières, sauf celles dites « régaliennes », soit les affaires étrangères, la défense, la monnaie et la sécurité intérieure ;des précisions qui sont faites tant dans la Constitution que dans les lois adoptées à partir du milieu des années 2000.

La Constitution du 18 janvier 1996, dans son article premier al 2 proclame : « *La République du Cameroun est un État unitaire décentralisé. Elle est indivisible, laïque, démocratique et sociale* ». Le Titre X du texte est par ailleurs consacré entièrement aux collectivités territoriales décentralisées qui sont d'après l'article 55 les régions et les communes. Il est prévu également la possibilité que tout autre type de collectivité territoriale décentralisée soit créé par la loi. Une double autonomie est ainsi reconnue aux collectivités territoriales décentralisées : l'autonomie administrative et l'autonomie financière. Le but est de leur permettre de gérer librement leurs intérêts régionaux et locaux, et ce par le biais des conseils élus et dans les conditions fixées par la loi. Ces conseils jouent un rôle fondamental dans la mesure où ils « *ont pour mission de promouvoir le développement économique, social, sanitaire, éducatif, culturel et sportif de ces collectivités* »[410]. Mais le contrôle du pouvoir central demeure, car « *l'État assure la tutelle sur les collectivités territoriales décentralisées dans les conditions fixées par la loi* »[411]. Son rôle est également de s'assurer que la décentralisation ne crée pas des inégalités de développement sur l'ensemble du territoire national. Ainsi, il « *veille au développement harmonieux de toutes les collectivités territoriales décentralisées sur la base de la solidarité nationale, des potentialités régionales et de l'équilibre inter-régional* »[412]. Ceci signifie qu'aucune partie du territoire national ne doit être lésée à cause du manque de ressources ou du manque d'initiatives de la part des élus. Toute situation de cette nature doit être remédiée par la puissance publique.

L'article 56 autorise l'État à transférer « *aux régions, dans les conditions fixées par la loi, des compétences dans les matières nécessaires à leur développement économique, social, sanitaire, éducatif,*

---

[410] Al. 2.
[411] Al. 3.
[412] Al. 4.

culturel et sportif »[413]. Ceci suppose que la décentralisation ne dépossède pas complètement les administrations centrales de leurs prérogatives. Il revient à la loi de déterminer ainsi le partage des compétences entre l'Etat et les régions dans les matières ainsi transférées, les ressources des régions, le domaine et le patrimoine particulier de la région[414].

L'on estime là qu'on est en présence d'une avancée consistant à énumérer et cibler clairement les domaines d'intervention des collectivités territoriales. Les trois lois d'orientation de juillet 2004 relatives à la décentralisation, fixant les règles applicables aux communes, et celles applicables aux régions, non seulement précisent et complètent les dispositions constitutionnelles, mais également précisent l'étendue des ressources des collectivités territoriales. À titre d'exemple, la loi n°2004/017 du 22 juillet 2004 d'orientation de la décentralisation définit ce qu'est la décentralisation, en mentionnant que celle-ci « *consiste en un transfert par l'État, aux collectivités territoriales décentralisées (...) de compétences particulières et de moyens appropriés* »[415]. C'est autour de la décentralisation que s'organisent et s'appliquent les principes nouveaux de la gestion de la cité. Pour le législateur de 2004, « *la décentralisation constitue l'axe fondamental de promotion du développement, de la démocratie et de la bonne gouvernance au niveau local* »[416]. Mais la chape de plomb du pouvoir central persiste, car les collectivités territoriales « *exercent leurs activités dans le respect de l'unité nationale, de l'intégrité du territoire et de la primauté de l'Etat* »[417].

Jusqu'à une date très récente, les communes et leurs groupements que sont les communautés urbaines étaient les seuls acteurs principaux de la coopération décentralisée. Avec les lois de 2004 sur la décentralisation, la liberté pour les collectivités territoriales d'agir à l'international s'en trouve reconnue et garantie, ce qui pourrait encore multiplier et diversifier ces actions. Les lois de décentralisation adoptées en juillet 2004 prévoient le transfert de compétences et de moyens importants aux communes. Leur mise en œuvre permet de stimuler les initiatives de développement local et de rénover les services déconcentrés de l'État.

---

[413] Article 56 al. 1.
[414] Article 56. Al. 2.
[415] Article 2, al. 1 de la loi d'orientation du 22 juillet 2004.
[416] Article 2, al. 2.
[417] Article 3, al. 2.

Concernant la coopération décentralisée, la loi n°2004/018 du 22 juillet 2004 fixant les règles applicables aux communes consacre le titre VI à la coopération et la solidarité intercommunales. Le chapitre premier consacré à la coopération décentralisée définit celle-ci comme une relation qui « *résulte d'une convention par laquelle deux (02) ou plusieurs communes décident de mettre en commun leurs divers moyens en vue de réaliser des objectifs communs* »[418]. Cette relation peut s'établir soit entre des communes camerounaises, soit entre celles-ci et des communes étrangères, dans les conditions fixées par la législation et la réglementation en vigueur[419]. Par ailleurs, la liberté est octroyée aux communes d'adhérer à des organisations internationales de villes jumelées ou à d'autres organisations internationales de villes[420]. Mais une fois de plus, l'ombre du pouvoir central demeure. La loi camerounaise prévoit que la convention de coopération décentralisée, préalablement autorisée par délibération du conseil municipal, est soumise par le représentant de l'État à l'approbation préalable du ministre chargé des collectivités territoriales[421].

Tout ce qui précède montre donc le caractère ancien de la décentralisation au Cameroun par rapport à d'autres pays d'Afrique. Au Gabon par exemple, le processus remonte à la loi organique du 6 juin 1996 relative à la décentralisation territoriale, laquelle ne paraît d'ailleurs pas selon les analystes, avoir tenu toutes ses promesses. En effet, David Ikoghou Mensah note que « *privée des textes d'application qui lui auraient permis de vivre dans le temps, ses ambitions qui se déclinaient pour l'essentiel en la mise en place de pouvoirs locaux au service des populations dans le cadre d'une démocratie locale sont restées lettre morte* »[422]. Pour l'auteur, malgré la mise en place des pouvoirs locaux, l'effectivité d'une réelle autonomie locale est encore illusoire au Gabon. Ce retard dans la concrétisation des intentions de la loi de 1996 participe de la phobie de la désintégration qui habite de nombreux pays d'Afrique ayant vécu pendant longtemps sous le joug de la colonisation française, lesquels ont toujours considéré la décentralisation comme la mise sur

---

[418] Article 131, al. 1 de la loi n°2004/018 du 22 juillet 2004 fixant les règles applicables aux communes.

[419] Article 131, al. 2.

[420] Article 132, al. 1.

[421] Article 132, al. 2.

[422] David Ikoghou Mensah : « *Remarques à propos de la décentralisation au Gabon* », *op cit.*, p 6.

pied de patries parallèles. Ikoghou Mensah note à cet effet combien au Gabon, comme dans d'autres pays anciennement colonisés d'Afrique subsaharienne, et en dépit d'un bref intermède de pluralisme politique en ce qui le concerne, « *le commencement de l'État est allé de pair avec l'exigence première de la construction de l'unité nationale. Au plan interne, cette priorité offrira le socle de légitimation des partis uniques pour la régulation de la vie politique* »[423]. De nombreux arguments étaient portés à l'actif de la construction de l'unité nationale, et l'on pense que celle-ci « *s'accommodait mal avec toute diversité idéologique et politique, que le multipartisme était source de divisions dont il fallait faire l'économie et que, tout compte fait, le monopartisme ouvert à tous serait meilleur gage de construction et de solidarité nationales. Ainsi que de progrès. Imposée, l'idée a fini par séduire* »[424]. Selon l'auteur ces arguments viennent de loin : « *En France, par exemple, l'Ancien Régime était fortement centralisé, car la monarchie était attachée à réunir les différentes parties du territoire national français sous une seule autorité. Toute l'œuvre des Capétiens, qui y régnèrent de 987 à 1328, a consisté en cela, s'efforçant de corriger la dispersion du pouvoir à laquelle conduisait la féodalité*»[425]. Pour l'auteur, le maintien de la centralisation par l'idée de construction de l'unité nationale est un alibi pour maintenir la domination du centre sur la périphérie, et donc de perpétuer le système de domination que la France même tient de la désintégration de la féodalité.

Ce retard dans l'engagement des États dans la décentralisation s'observe également dans d'autres pays d'Afrique anciennement colonisés par la France. L'on s'accorde sur le fait que, adapté parfaitement à la situation de l'après-indépendance où l'État-providence fonctionnait à plein régime, le mode de gouvernance calqué sur le modèle jacobin français a permis, aux jeunes nations en construction, de conforter l'appartenance à la communauté nationale, partageant des valeurs communes moins évidentes au début, en raison du caractère hétéroclite des groupements humains au sein d'un territoire national, résultant du tracé arbitraire des frontières actuelles des États par les anciennes puissances coloniales. Bien plus, au lendemain de la prise en main de la destinée de leurs pays respectifs, les dirigeants africains de l'époque avaient eu comme principal souci de consolider l'unité

---

423 Ibid.
424 Ibid.
425 *Op cit.*, pp2-3.

nationale encore en état de timide balbutiement. L'État exerçait son autorité partout et en tout lieu et affirmait sa présence sur toute l'étendue du territoire national à travers les services publics de proximité. C'est le cas du Tchad où le processus est également récent, et remonte au début des années 2000 avec la promulgation de deux lois organiques : la loi organique du 16 février 2000 fixant le statut des régions, départements et communes, et la loi organique du 5 juin 2002 fixant le statut des communautés rurales. Par ailleurs, une ordonnance datée de 2000 porte création des collectivités territoriales décentralisées à l'exception de l'échelon des communautés rurales. Désormais, le territoire national se trouve organisé en 18 régions, 54 départements et 200 communes. Les différents échelons des collectivités locales dans ce pays sont donc les communautés rurales, les communes, les départements et les régions. La grande réforme territoriale portée par le ministère délégué chargé de la décentralisation et les partenaires extérieurs semble se faire néanmoins timidement. Si le gouvernement poursuit le processus, il n'en demeure pas moins que la volonté politique sur cette question fait largement défaut, surtout dans un contexte de crise sécuritaire tant à l'intérieur qu'aux frontières du Tchad[426].

Au Congo, le processus de décentralisation est également récent. Il remonte à l'adoption d'un certain nombre de lois votées dans la décennie 2000, à savoir : la loi du 17 janvier 2003 fixant l'organisation administrative territoriale ; la loi du 6 février 2003 portant organisation et fonctionnement des collectivités territoriales, exercice de la tutelle sur les collectivités territoriales, orientations fondamentales de la décentralisation, transfert de compétences aux collectivités territoriales, statut particulier de la ville de Brazzaville et de la ville de Pointe-Noire ; la loi du 20 octobre 2003 portant institution du régime financier des collectivités locales ; la loi du 24 octobre 2003 portant détermination du patrimoine des collectivités locales ; et la loi du 25 mai 2005 portant statut de la fonction publique territoriale.

On voit donc que le Cameroun se présente comme un État pionnier en Afrique centrale en matière de décentralisation, même si le pouvoir central reste au cœur du processus, et même si l'effectivité de cette décentralisation est encore récente.

---

[426] Notes tirées des analyses faites par Moussa Torna sur le titre : *Tchad : le processus de décentralisation pétienne*, Rennes, Ouest France.

B. Une effectivité récente

Au Cameroun, les collectivités territoriales reconnues par la loi sont la région et la commune. Les régions sont au nombre de dix (10), et épousent les contours des anciennes provinces qui composaient le Cameroun depuis l'indépendance. Dans le domaine du développement, plusieurs dispositions juridiques les consacrent en tant qu'espaces légitimes de réalisation du développement local. On parle régulièrement de proximité, de rapidité d'intervention et de capacité d'innovation. C'est dans ce sens que la loi leur octroie l'autonomie financière et administrative pour la gestion des intérêts régionaux et locaux. À ce titre, les conseils des collectivités territoriales ont pour mission de promouvoir le développement économique, social, sanitaire, éducatif, culturel et sportif.

L'effectivité dont il est question dans cette sous-partie concerne le transfert effectif des compétences et des ressources aux collectivités territoriales décentralisées, telles que la Constitution et les lois de 2004 le prévoient. Ce transfert permet à ces collectivités d'exercer en toute liberté et en toute efficacité leur pouvoir en matière de politiques publiques. Il a déjà été souligné dans les lignes précédentes que ce transfert qui répond à des exigences de territorialisation correspond à la nécessité de faire évoluer les modes de gestion de l'action publique afin de les rendre plus efficaces. C'est en somme la volonté, non seulement de prendre en compte la variabilité et la multiplicité des situations locales, mais également la mise en œuvre efficace des politiques adoptées, qui conduit à l'adoption des lois sur la décentralisation, et à la mise sur pied des programmes contractuels entre l'État et les collectivités territoriales décentralisées. Les programmes retenus touchent à la presque totalité des domaines du développement, à l'instar de l'éducation, l'action sociale, le logement, l'insertion, la santé. En somme, comme le prévoit la loi, il s'agit de « *promouvoir le développement économique, social, sanitaire, éducatif, culturel et sportif de ces collectivités* »[427].

L'on est ainsi d'avis que la décentralisation a donné au projet local une place déterminante. Elle a également dessiné une sorte de géographie prioritaire, en mettant en avant une multitude de zones d'intervention sur lesquelles sont mobilisés à la fois les moyens publics et les acteurs locaux, autour de projets clairement identifiés. Mais Olivier David,

[427] Article 4, al. 1 de la loi d'orientation de la décentralisation de 2004 au Cameroun.

examinant la question de la territorialisation des politiques publiques et la cohésion nationale, considère cette situation comme étant un mariage complexe[428]. Ceci justifie la multitude de questions soulevées à ce sujet, dont celles de savoir si l'évolution observée a contribué à résorber les inégalités sociales, ou au contraire elle a accru les disparités territoriales. L'inégale implication des collectivités locales ou territoriales a-t-elle permis de garantir la cohésion nationale dans le traitement des inégalités sociales ? Les choix politiques des élus locaux, généralement fondés sur des bases idéologiques, ne sont-ils pas contradictoires avec les exigences d'une politique nationale homogène et équitable ? Autant de questions qui laissent perplexes les analystes de la territorialisation des politiques publiques.

Si ce travail n'est pas le lieu de faire une évaluation de l'impact de la décentralisation sur la réalisation des politiques publiques d'aide au développement, il permet néanmoins de constater le desserrement de l'étau de la centralisation, et de montrer que, non seulement elle est récente, mais en plus, elle inscrit l'aide publique au développement et le programme C2D dans une logique de territorialisation. Cette inscription dans une logique de territorialisation est favorisée par la Constitution de 1996, les lois de 2004, et les décrets relatifs aux modalités de transfert de compétences et de ressources aux collectivités territoriales décentralisées. Autant de textes qui donnent aux collectivités territoriales décentralisées, non seulement l'opportunité de mettre en œuvre de façon opérationnelle les projets de développement élaborés à l'échelon national, mais également de faire émerger au niveau des territoires, des politiques locales reflétant les besoins des populations. Elles peuvent le faire en recevant soit les ressources de l'État, soit celles de l'aide publique au développement, à l'instar des fonds C2D.

Le fait pour la Constitution de 1996 et la loi d'orientation de 2004 sur la décentralisation au Cameroun de confier aux conseils des collectivités territoriales décentralisées la mission de promouvoir le développement économique, social, sanitaire, éducatif, culturel et sportif de ces collectivités[429] permet aux territoires de recevoir, via le pouvoir central certes, les ressources de l'aide publique au développement destinées à ces domaines d'action. Les décrets d'application s'inscrivent dans le même

---

[428] Olivier David : « Territorialisation des politiques publiques et cohésion nationale », *op cit.*, p 1.
[429] Article 55, al. 2.

sillage, celui qui consiste à transférer de façon effective les compétences afin que les territoires soient de véritables acteurs de leur développement. Ce rôle que jouent les décrets d'application est pensé depuis Platon qui, conscient que le législateur n'est pas un dieu, souligne qu'il ne saurait tout prévoir ni régler jusqu'au moindre détail. Tel un peintre dont le tableau n'est jamais achevé, il instituera un successeur, qui assumera la double fonction de conservateur (préservant l'œuvre contre les injures du temps) et d'élève (achevant la toile dans l'esprit du maître en portant ses regards sur le même modèle)[430].C'est le cas du décret du premier ministre n°2001/0004 du 13 janvier 2011 fixant les modalités d'exercice de certaines compétences transférées par l'État aux communes en matière de construction, d'équipement et de gestion des centres médicaux d'arrondissement, lequel vient contribuer au desserrement, de façon effective, de l'étau de la centralisation dans le domaine du développement, en confirmant ainsi la possibilité qu'ont les collectivités territoriales à s'occuper de ces matières. Ainsi, d'après ce texte, « *les communes exercent les compétences en matière de constructions, d'équipement et de gestion des centres médicaux d'arrondissement, sans préjudice des prérogatives et responsabilités ci-après reconnues à l'Etat : l'élaboration, la mise en œuvre et l'évaluation continues de la politique de santé publique ; l'organisation, la gestion et le développement des formations hospitalières publiques...* »[431].

Même si les domaines relevant de la compétence du pouvoir central sont encore denses, force est de constater que la reconnaissance du rôle des collectivités territoriales dans ce domaine clé du développement est réelle. Cette reconnaissance est également étendue, car la construction des centres médicaux d'arrondissement par la commune par exemple consiste en : « *la maîtrise d'ouvrage en vue de la réalisation des infrastructures des centres ; la construction des logements d'astreinte ; l'installation et l'aménagement de dispositifs fonctionnels de fourniture d'énergie de secours ; l'installation et l'aménagement de forages d'eau fonctionnels au sein desdits centres médicaux* »[432].

Le desserrement de l'étau de la centralisation se manifeste également dans le domaine de la coopération décentralisée. Le décret n°2011/1116

---

[430] Victor Goldschmidt : « Le paradigme dans la théorie platonicienne de l'action », *Revue des études grecques*, tome 58, fascicule 274-278, 1945, p 125.
[431] Article 2 du décret du Premier ministre du 13 janvier 2011.
[432] *Op cit.*, article 4.

du premier ministre du 26 avril 2011 prévoit que la coopération décentralisée a pour objectifs de promouvoir les échanges d'expériences et de savoir-faire entre les collectivités territoriales ; de contribuer au rayonnement extérieur du modèle camerounais de décentralisation ; de satisfaire les besoins essentiels et les priorités exprimés par les populations concernées ; d'impulser et de soutenir la dynamique du développement économique social, sanitaire, éducatif, culturel et sportif au niveau local et régional[433]. La question du développement se trouve ainsi au cœur des préoccupations du législateur camerounais, qui souhaite que les collectivités camerounaises passent des conventions de coopération décentralisée avec leurs homologues étrangers. La coopération décentralisée devrait même avoir pour mission de promouvoir ce développement. Si d'après l'article 27 de ce décret, « *aucune convention ne peut être passée entre les collectivités territoriales françaises ou leurs groupements avec un État étranger* », il faut néanmoins observer que les collectivités accueillent sur leurs territoires des programmes de développement financés par les puissances étrangères. Au regard du caractère asymétrique des relations entre donateurs et receveurs de l'aide, on observe que les puissances étrangères suggèrent ou exigent que tel ou tel programme soit mis en œuvre par les collectivités territoriales décentralisées. Bien plus, à partir du moment où les collectivités locales françaises reçoivent des fonds dans le cadre de la politique d'aide au développement, et qu'elles passent des conventions de coopération décentralisée avec leurs homologues camerounais, il est possible d'affirmer que les programmes d'aide sont mis en œuvre par les collectivités territoriales camerounaises. Reste simplement à ces collectivités de dynamiser leurs relations avec les collectivités françaises.

Les mutations conceptuelles et institutionnelles examinées dans ce chapitre, lesquelles montrent que les arènes de la coopération au développement sont progressivement ouvertes aux collectivités territoriales, inscrivent donc cette coopération dans une dynamique de complémentarité entre le centre et la périphérie. Il y a complémentarité dans la mesure où bien qu'accordant de plus en plus une place aux territoires, le centre ne s'efface pas de la politique d'aide en général, et du programme C2D en particulier. L'État reste présent, mais demeure conscient de son incapacité à accomplir avec efficacité les programmes de développement sans le concours des collectivités territoriales, au point

[433] Article 4 du décret du Premier ministre camerounais de 2011.

où progressivement ces territoires occupent une place de choix dans la réflexion concernant les projets destinés à être mis en œuvre à partir des fonds de l'aide publique au développement. On est proche de ce que Jean-Pierre Olivier de Sardan appelle le « *développement sur le terrain* », lequel est une résultante des multiples interactions « *qu'aucun modèle économique en laboratoire ne peut décrire a priori, mais dont la sociologie et l'ethnologie peuvent tenter de découvrir les modalités in situ* »[434]. Ce travail de terrain fait également qu'on est en présence d'un lieu d'affrontement politique, où l'on voit clairement des interactions ou des rapports directs ou indirects entre une série d'acteurs relevant de catégories variées : paysans de statuts divers, jeunes sans emploi, femmes, notables ruraux, agents de développement de terrain, représentants locaux de l'administration, membres des ONG, experts de passage, assistants techniques européens...Mais dans le schéma de Jean-Pierre Olivier de Sardan, l'on va au-delà des seules collectivités territoriales décentralisées, pour rencontrer une multitude d'acteurs aux intérêts et aux rationalités divers, lesquels développent tous autour du projet de développement« *des stratégies personnelles et professionnelles, menées selon des critères multiples : renforcer le patrimoine foncier pour certains, obtenir de l'essence et un véhicule pour d'autres, et ainsi à l'avenant : améliorer une position institutionnelle, obtenir un meilleur contrat, accroître un réseau de clientèle, se rendre indispensable, gagner plus d'argent, surveiller le voisin ou le rival, faire plaisir à ses relations, etc.* »[435]. L'auteur décrit ainsi de façon ethnologique un tissu d'objectifs et d'intérêts que poursuivent les acteurs de terrain, qui existent sans aucun doute partout en Afrique. Mais la préoccupation de ce travail réside dans l'examen du degré de décentralisation auquel on est arrivé depuis la réforme de 1998 en France sur la coopération au développement, jusqu'au financement des projets sur fonds C2D. Si le texte de la réforme de 1998 reste centralisateur en ce sens que la coordination et la rationalisation qu'il entend instituer maintiennent la domination du centre sur la périphérie, le programme C2D adopté à partir du début des années 2000 quant à lui fait de plus en plus de la territorialisation le nouveau paradigme de l'intervention française au Cameroun et en Afrique.

[434] JPO de Sardan, *op cit.*, p 3.
[435] *Ibid.*

Chapitre 4

La territorialisation : nouveau paradigme de l'intervention française

La notion de paradigme qui est retenue dans ce dernier chapitre mérite une clarification qui permettra à son tour de mieux cerner les orientations retenues désormais par la France dans ses interventions au Cameroun en matière d'aide publique au développement.

Si le mot paradigme vient du grec *paradeigma*, qui signifie « *exemple* », l'on s'accorde à dire que c'est grâce au philosophe et historien des sciences américain, Thomas Samuel Kuhn, que cette notion a pris une importance dans les sciences. Dans son ouvrage *Structure of Scientific Revolutions* (1962), il serait le premier à employer le terme pour désigner les cadres conceptuels ou la vision du monde de diverses communautés scientifiques. Kuhn énonce à cet effet une théorie du paradigme dans laquelle il tente de distinguer entre deux acceptions de ce concept« *D'une part, il représente tout l'ensemble des croyances, des valeurs reconnues et des techniques qui sont communes aux membres d'un groupe donné. D'autre part, il dénote un élément isolé de cet ensemble : les solutions d'énigmes concrètes qui, employées comme modèles ou exemples, peuvent remplacer les règles explicites en tant que bases de solutions pour les énigmes qui subsistent dans la science normale* »[436]. Il s'agit ainsi non seulement des croyances, des valeurs et des techniques, mais également des solutions aux problèmes qui se posent. Les problèmes qu'examine Kuhn concernent la communauté scientifique, pour lequel le fonctionnement s'appuie sur des traditions de recherche fondées sur un consensus relativement ferme entre les praticiens de la recherche *: « Ce consensus sur les solutions d'un problème particulier s'établit de deux manières : d'une part, ils sont d'accord sur le fait qu'une situation spécifique articulée d'une manière particulière constitue un problème scientifique. D'autre part, ils sont*

---

[436] Gilles Willet : « Paradigme, théorie, modèle, schéma : qu'est-ce donc ? », Communication et organisation, n°10, 1996, p 2.

aussi d'accord sur le fait que la méthode précise utilisée pour traiter du problème constitue une solution scientifiquement acceptable »[437].Dans le même ordre d'idées, il pense que *« les solutions concrètes à des problèmes concrets sont donc acceptées non seulement pour ce qu'elles sont, mais aussi parce qu'elles constituent des guides pour la recherche et la pratique scientifiques »*[438]. Pour Kuhn, repris par Gilles Willet, le paradigme entraîne un double accord au sein d'un groupe de chercheurs donné. Il représente un accord par rapport au problème scientifique, et un accord par rapport à la solution à ce problème scientifique.

Des critiques ont été formulées sur le travail de Kuhn portant sur le paradigme. Pour Margaret Masterman, l'historien et philosophe des sciences américain « *a une vision sociologique et non pas philosophique du paradigme* »[439]. Cette vision sociologique se doublerait du fait que l'étude de Kuhn porterait avant tout sur le processus global qui conduit à la construction d'une explication scientifique, sans rien présupposer.

Mais avant Kuhn, la notion de « *paradigme* » est déjà présente dans les écrits de Platon, comme le montre Victor Goldschmidt pour qui : « *le concept du paradigme joue dans le platonisme un rôle central. Dans l'ordre de la connaissance tout d'abord : les choses sensibles sont des paradigmes qui, correctement interprétés, guident notre ascension vers les Formes. À leur tour, les Formes sont des paradigmes qui, dans la voie descendante, permettent de connaître le monde sensible et d'agir avec lui »*[440]. Les paradigmes chez Platon sont d'abord associés au monde sensible, ensuite ils commandent l'action de ce monde et permettent d'agir avec lui. Chez le philosophe grec, « *le politique a contemplé le paradigme qui peut-être se dresse dans le ciel pour qui veut le voir et, d'après cette vision, se gouverner soi-même »*[441].Le paradigme est équivoque. Dans un premier temps, il peut être considéré comme un modèle. Dans ce cas, on est dans l'ordre de l'imitation : « *imiter ce paradigme, fin suprême de l'art politique, c'est connaître et réaliser, à partir du Bien, tous les biens dérivés, toutes les fins secondaires, c'est reproduire le modèle à chaque échelon de la réalité politique, selon les exigences du Bien et contre la résistance de la matière et de la nécessité*

---

[437] Ibid.
[438] *Ibid.*
[439] *Ibid.*
[440] Victor Goldschmidt, *op cit.*, p 118.
[441] *Op cit.*, p. 122.

qui croît à mesure que l'on descend »[442]. Dans un second temps, le paradigme n'atteindrait pas le stade du modèle, et ne constituerait qu'un principe d'inspiration qu'on ne saurait, trait par trait, reproduire dans une copie conforme.

Kuhn définit les paradigmes comme « *les découvertes scientifiques universellement reconnues qui, pour un temps, fournissent à un groupe de chercheurs des problèmes types et des solutions* »[443].On est en présence d'un ensemble de connaissances généralement admises à une époque donnée par la communauté scientifique et formant un corpus théorique. Ce terme est de plus en plus synonyme de « *modèle* », et a donné naissance à des expressions comme « *changement de paradigme* », ou « *révolution conceptuelle* », c'est-à-dire passage collectif de l'ancien paradigme au nouveau. En se rapprochant des questions de l'analyse des politiques, on s'inscrit dans la question du changement, laquelle n'est pas souvent allée de soi. Si cette notion est d'ailleurs largement discutée par les analystes des politiques publiques aujourd'hui, elle n'est pas complètement éloignée de la sociologie dynamique, si elle n'en découle d'ailleurs pas. Cette sociologie, dont Georges Balandier est le pionnier, s'est « *opposée radicalement au structuralisme, et à l'importance donnée aux faits de structure pour mettre au centre de sa réflexion l'étude des changements, des mutations des mouvements sociaux, du devenir des sociétés* »[444]. Plutôt que d'accorder de l'importance aux structures selon la logique marxiste ou durkheimienne, ou alors à l'individu ou à l'acteur dans ses interactions et sa rationalité, comme le soutient Max Weber, il faut plutôt penser le changement des sociétés. Il faut réfléchir sur ce que certains auteurs classiques désignent sous l'appellation de « *la dynamique sociale* ». Dans ce cas, il s'agit, non pas de réfléchir au changement en raison d'un choix conceptuel, mais plutôt « *d'appréhender toute l'étendue des changements pour en montrer les multiples relations internes et les dépendances extérieures* »[445].

Dans l'analyse des politiques publiques, tout se passe comme si très peu d'auteurs sont d'accord sur les niveaux de ce changement. Pour d'aucuns, il y a changement de politique publique quand on peut constater les trois changements suivants : un changement des *objectifs*

[442] *Op cit.*, p 123.
[443] Gilles Willet, *op cit.*, p 3.
[444] Pierre Ansart : *Les sociologies contemporaines, opcit.*, p 47.
[445] *Ibid*, p 49.

des politiques et plus généralement, des *cadres normatifs* qui orientent l'action publique ; un changement d'*instruments* qui permettent de concrétiser et de mettre en mouvement l'action publique dans un domaine et ; un changement des *cadres institutionnels* qui structurent l'action publique dans le domaine concerné. Peter Hall (1993) quant à lui distingue trois ordres de changement clairement hiérarchisés : un changement dans le *mode d'utilisation d'un outil* déjà existant, un changement par *la création de nouveaux outils de politique publique*, et un changement de *paradigme*, c'est-à-dire l'orientation générale et les conceptions qui la sous-tendent[446]. En élargissant la distinction de Hall, Joseph Fontaine et Patrick Hassenteufel introduisent l'idée de *changement dans les réseaux d'acteurs* (mise en place ou entrée d'un nouvel acteur, affaiblissement ou renforcement d'un acteur), mais également celle *du changement par les bénéficiaires d'une politique*, autrement dit du public d'une politique[447].

À la suite de Kuhn, le paradigme sera considéré dans le cadre de ce travail comme une découverte sociopolitique reconnue par les acteurs du développement présentant des problèmes et des solutions pour l'amélioration des conditions de vie des populations. Ce paradigme est celui de la territorialisation, lequel constitue un consensus sur les effets pervers de la centralisation d'une part (section 1), entraînant une nouvelle conception du développement d'autre part (section 2).

Section 1
Un consensus sur les effets pervers de la centralisation

Dans les lignes qui précèdent (chapitre 1), il a été observé qu'en France comme dans de nombreux pays africains ayant subi la colonisation française, on est en présence d'une administration centralisée. Celle-ci est caractérisée par une organisation hiérarchisée des tâches correspondant à l'aménagement des structures. Cette administration se veut cohérente et intégrée, constituée d'éléments constitutifs étroitement liés, interdépendants et solidaires. La conséquence de cette recherche de cohérence est l'absence de ce que Jacques Chevallier appelle « *une logique d'action autonome* »[448]. Dans

---

[446] Joseph Fontaine et Patrick Hassenteufel : *Introduction. Quelle sociologie du changement dans l'action publique ? Retour au terrain et « refroidissement » théorique*, *opcit.*, p 18.
[447] *Ibid.*
[448] Chevallier : *Sciences administratives*, *op cit.*, p 330.

ce cas, au nom du principe de l'unité de l'État, l'administration centrale quadrille l'espace territorial pour que son autorité s'exerce dans toute sa splendeur. Cette puissance et cette omniprésence de l'administration centrale sur l'ensemble du territoire se manifestent également dans la production des politiques publiques, qu'elles soient nationales ou internationales, comme c'est le cas de l'aide publique au développement. Elle traduit la prétention qu'ont les autorités centrales à réaliser le bien commun et l'intérêt national.

Pourtant, les sociologues des organisations ont critiqué cette prétention et cet optimisme des *Policy sciences,* en soulignant les difficultés de l'administration à mettre en œuvre des décisions prises, la faiblesse des compétences administratives, l'autonomie des agents de guichet, et donc au final, les limites de la capacité de l'État à résoudre les problèmes qu'il affirme prendre en charge. L'observation empirique met ainsi à nu un État prétentieux qui peine à réaliser entièrement ses objectifs. L'observation que font les sociologues des organisations pourrait ainsi être à l'origine d'une érosion de la confiance que le citoyen a en l'État.

En Afrique, la question de la centralisation administrative a été débattue, au point où certains auteurs semblaient n'y voir qu'une transposition des analyses de la bureaucratie occidentale. Luc Sindjoun demande par exemple d'éviter ces images certes frappantes, mais simplistes d'État hyper centralisé, d'État coupé de la société, images qui méconnaissent la complexité des relations entre l'État et la société[449]. Pour l'auteur, il y a une sorte d'interaction entre l'État et la société, et non une domination absolue de l'un sur l'autre. Il affirme à cet effet combien étatisation et socialisation *« se télescopent et emportent une combinaison des approches État et société. En fait, la construction locale de l'État ne s'effectue pas exclusivement sur le registre de la contrainte, de l'imposition des prêts à spatialiser que sont les unités administratives, mais aussi sur le registre de la séduction, c'est-à-dire de l'incorporation des élites locales dans la gestion de l'espace, de la colonisation des cadres d'action administrative par les intérêts locaux »*[450]. Pour certains auteurs le pouvoir central prend en compte les aspirations de la périphérie et favorise même la contribution de celle-ci à la construction de l'État. Mais il affirme également plus loin qu'il existe une *« quasi-*

---

[449] Sindjoun : *L'Etat ailleurs*, *op cit.*, p 27.
[450] Sindjoun, *op cit.*, p 28.

diabolisation » de la périphérie dans le discours suprême au Cameroun. D'après lui, cette périphérie est généralement intégrée dans le discours de manière diabolique[451]. Mais à y regarder de près, c'est l'administration centrale qui devrait être diabolisée à cause des effets que son action produit sur les politiques publiques de développement, à l'instar de celles financées par l'aide publique au développement et lesC2D.

I. Une question de politique intérieure

Les effets pervers que produit la centralisation administrative sur les politiques publiques ont pour source le droit, dans la mesure où celui-ci prévoit clairement, malgré les efforts de déconcentration et de décentralisation, la mainmise du pouvoir central sur les structures locales. Cette mainmise, pourrait-on dire, éloigne les territoires de leur objectif de développement, dans la mesure où l'essentiel de la planification est produit au niveau du centre. La notion d'affaires dites locales, prévue par exemple au Cameroun depuis la loi du 05 décembre 1974, perd complètement de sens. Pourtant, elle traduit une volonté historique du législateur à confier aux communes la gestion locale de leurs affaires en vue du développement social et culturel de leurs populations. L'omniprésence du pouvoir central, ou tout simplement de l'État dans les politiques de développement a donné lieu à un constat d'échec à chaque fois que les acteurs locaux n'ont pas été associés dans les phases significatives de ces politiques. Ceci a été examiné par la sociologie du développement comme le montrent les travaux de Louis Favreau et d'Abdou Salam Fall. Pour les deux acteurs : « *il ressort que les gouvernements locaux ont été amenés à jouer un nouveau rôle dans le développement de leurs quartiers, que ce soit sur le plan socio-économique pour la revitalisation du centre-ville, le soutien au développement d'initiatives d'insertion socioprofessionnelle des jeunes... ou sur le plan social, par le soutien au développement de nouveaux services de proximité* »[452]. Le cas le plus emblématique cité est celui de Villa el Salvador au Pérou, bidonville de 350 000 habitants en banlieue de la capitale, Lima, devenue une communauté autogérée, puis une nouvelle municipalité disposant, en outre d'un parc industriel de 30 000 postes de travail, généré par le soutien aux activités informelles

---

[451] *Op cit.*, p 50.

[452] Louis Favreau et d'Abdou Salam Fall : *L'Afrique qui se refait. Initiative socioéconomique des communautés et développement en Afrique noire*, Presses de l'Université de Québec, 2007 p21.

locales[453]. Ce rôle joué par les acteurs locaux introduit un développement par le bas, et révèle pour ainsi dire les limites d'une action *top-down*. Il introduit une nouvelle approche du développement local qui est, selon Louis Favreau et Abdou Salam Fall, une « *véritable innovation par rapport au développement économique local traditionnel* »[454].

A. La nécessité d'un équilibre nouveau en France

Ce consensus remonte à Charles de Gaulle quand celui-ci prononce le 24 mars 1968 à Lyon, un discours dans lequel il souligne la nécessité d'un équilibre nouveau. Cet équilibre vient rompre avec ce qu'il appelle « *l'effort multiséculaire de centralisation qui fut longtemps nécessaire pour réaliser et maintenir son unité, malgré les divergences des provinces qui lui étaient successivement attachées* ». Le président français entend désormais mettre en avant les activités régionales qui apparaissent comme les ressorts de la puissance économique de la France. Cette position sera reprise par ses successeurs, toute obédience politique confondue. En 1970, Chaban Delmas, souligne la nécessité de faire des régions sans défaire la France. Quant à Georges Pompidou, la région doit être conçue, non comme un échelon administratif se superposant à ce qui existe, mais avant tout, comme l'union des départements permettant la réalisation et la gestion rationnelle des grands équipements collectifs. Valérie Giscard d'Estaing, pour sa part, insiste sur la définition du ressort, l'organisation et le fonctionnement des institutions locales, la répartition des compétences et des ressources entre elles et l'État, les moyens de leurs services, les statuts des personnalités de la fonction publique locale, les conditions de participation des citoyens, le statut des maires et conseillers municipaux. L'impulsion lancée par Charles de Gaulle ne sera donc pas contredite. Au contraire, elle aboutira à un démantèlement progressif de la centralisation par les lois sur la décentralisation. Si c'est un homme de droite qui l'impulse, c'est la gauche qui l'adopte.

Vincent Lemieux prend à cet effet l'exemple sur la France où alors que pour la première fois sous la Ve République, les socialistes dirigent le gouvernement, à la suite des élections législatives de mai 1981 « *Ils ont mis la décentralisation au centre de leur programme, François Mitterrand, qui est élu président de la République, la même année, ayant promis de faire de la décentralisation la grande affaire du septennat.*

[453] Louis Favreau et d'Abdou Salam Fall, *op cit.*, p 21.
[454] *Op cit.*, p 22.

Tous les autres partis parlent aussi de décentralisation. Les élections législatives sont d'ailleurs venues interrompre un processus fort avancé en vue de l'adoption d'une loi sur la décentralisation »[455]. La raison que donnent les acteurs majeurs de la décentralisation tient justement aux effets pervers de la centralisation. Pour le maire de Marseille, Gaston Defferre, nommé ministre de l'Intérieur et de la Décentralisation à l'arrivée de Mitterrand au pouvoir, la décentralisation a été faite parce qu'en tant que maire, il avait souffert de la centralisation, et en particulier de la tutelle des préfets[456]. En effet, la tutelle et le contrôle des communes sont exercés en France (comme au Cameroun) par le Préfet. L'application des décisions des communes peut être subordonnée à l'approbation explicite ou implicite du représentant du pouvoir central, ce dernier étant même habilité à se substituer au maire lorsqu'il refuse de prendre les mesures dont la loi lui fait obligation.

L'argument avancé par les défenseurs de la tutelle administrative est celui de la sauvegarde de l'intérêt général contre une autonomisation trop poussée des pouvoirs locaux. Cette tutelle est double. Premièrement, elle s'exerce sur les personnes, en l'occurrence à l'égard du maire et de ses adjoints, et peut aboutir à une suspension ou révocation du maire ; une suspension provisoire ou dissolution du conseil ; démission d'office d'un conseiller municipal qui se trouve dans un cas d'exclusion, d'incompatibilité, ou bien qui a manqué trois séances consécutives sans être excusé par le conseil ; ou bien encore qui a, sans excuse valable, refusé de remplir une des fonctions qui lui sont dévolues par les lois. Deuxièmement, la tutelle s'exerce sur les actes, et porte sur les arrêtés du maire dont le texte doit être immédiatement adressé au sous-préfet, et sur les délibérations du conseil municipal, qui sont toutes communiquées, sous huitaine, au sous-préfet ou au préfet. Mais depuis la loi du 31 décembre 1970, qui a considérablement allégé la tutelle préfectorale, les délibérations des conseils municipaux sont en principe exécutoires de plein droit, quinze jours après le dépôt qui en a été fait à la sous-préfecture ou à la préfecture ; ce délai peut être abrégé par le Préfet ou le Sous-préfet.

---

[455] Vincent Lemieux : *Décentralisation, politiques publiques et relations de pouvoir*, Les Presses de l'Université de Montréal, 2001, version Les Classiques des sciences sociales, pp : 98-99.
[456] *Ibid.*

Vincent Lemieux rappelle ainsi que c'est l'élément « *tutelle* » auquel s'attaque en premier Gaston Defferre qui, selon lui, « *est convaincu que les élus locaux, une fois qu'on les aura responsabilisés en leur transférant de l'autorité, c'est-à-dire des pouvoirs de décisions appartenant jusque-là aux préfets, réclameront ensuite des compétences et des sources de financement* »[457]. Pour le politologue canadien, l'autorité est donc l'élément déclencheur de la véritable autonomie des collectivités territoriales. Une autonomie qui permet d'imaginer le développement et de le mettre en œuvre en dehors du regard tutélaire du pouvoir central.

Ces questions sont ainsi proches des débats touchant à la régulation politique, et plus précisément, aux questions sur le retrait de l'État. Bruno Jobert souligne combien « *d'un côté, les illusions concernant la possibilité pour le politique de forger la société à son gré sont tombées, en même temps que s'effondraient les régimes totalitaires et autoritaires. Dans les pays démocratiques eux-mêmes, la prétention des groupes étatiques à monopoliser la définition de l'intérêt général est remise en cause par une transformation profonde des cultures politiques* »[458]. Autrement dit, même les pays connaissant des États forts ou consolidés, ont été confrontés à un moment où à un autre à la remise en question de l'efficacité de la puissance publique. Cette remise en question n'est pas seulement le fait des contestations internes. Pour Jobert, « *l'internationalisation et l'européanisation ont frappé d'obsolescence les instruments de politique qui avaient permis, durant les Trente Glorieuses, de mieux concilier croissance économique et protection sociale* »[459]. L'État ne semble plus ainsi être capable de tout faire. Ses missions sont remplies partiellement, situation qui l'expose à la critique de l'opinion, et « *certains auteurs en tirent l'idée d'un évidement de l'État, d'une partition croissante entre les rituels de politique symbolique, électorale, et les processus de résolution des problèmes, les premiers relevant plutôt des gouvernements nationaux, les seconds animant la sphère des relations intergouvernementales et des institutions supra ou internationales* »[460]. Mais pour Bruno Jobert, point n'est

---

[457] Lemieux, *op cit.*, p 98.
[458] Bruno Jobert : « *La régulation politique. Le point de vue d'un politiste* », in Jacques Commaille et Bruno Jobert (sous la direction) : « Les métamorphoses de la régulation politique », LGDJ, 1999, p 119.
[459] *Ibid.*
[460] *Ibid.*

question d'une démission de l'État face aux acteurs divers : « *ce désenchantement de l'Etat, si puissant soit-il, ne doit pas être confondu avec le retrait généralisé de l'État ; des indices convergents suggèrent au contraire une tendance à revaloriser son rôle* »[461]. Cette position rejoint celle de certains internationalistes français qui rejettent toute idée relative au déclin ou à la fragilité de l'État. C'est le cas de Jean-Jacques Roche qui examine « *les très nombreux travaux qui déclinent sur les modes divers les multiples carences de l'État, principalement dans les pays du Tiers-monde où l'universalisation forcée du modèle occidental a souvent provoqué des catastrophes* »[462]. En critiquant le manque d'unité dont font preuve ces recherches, il souligne qu'elles tendent à « *condamner l'État au prétexte d'une souveraineté caricaturale pour mieux mettre en évidence ses carences supposées. La fin des territoires accompagna donc la genèse d'un monde sans souveraineté où la région offrait une alternative à l'État pour réconforter le politique à partir d'une société civile responsable* »[463].Mais contre cet argumentaire, Jean-Jacques penche plutôt en faveur des travaux qui pensent la pérennité de l'ordre post-westphalien, notamment ceux de Kalevi J. Holsti[464] qui prolongent ceux de Barry Buzan sur les nouvelles formes d'insécurité et sur le rôle des « *États faibles* » dans l'instabilité du monde de l'après-guerre froide. La thèse de cet auteur défend l'autorité étatique, en soulignant que les États forts sont un élément essentiel de la paix dans et entre les sociétés[465].

Mais les démonstrations des sacralisateurs de l'État ne sont tenables que lorsqu'on prend en considération les questions relevant de la souveraineté, les domaines relevant de la compétence régalienne de l'État, à l'instar de la Défense, la monnaie ou la politique étrangère. Bien plus, ces thèses ne sont soutenables que lorsqu'on est en présence d'États forts, c'est-à-dire des États de droit. L'expérience montre de plus en plus que les questions de développement ne sont mieux traitées que s'il y a une coproduction de l'action publique à partir des initiatives locales. Bien plus, Bernard Jouve parle de la remise en cause d'« *un type*

---

[461] *Ibid.*

[462] Jean-Jacques Roche : « *Théories des relations internationales* », 8e édition, Paris, Montchrestien, 2010, p 99.

[463] *Op cit.*, p 100.

[464] The State, War and the State of War (1996).

[465] *Ibid.*

d'organisation du politique historiquement daté »[466], et souligne qu'il a longtemps été inconcevable de penser le politique en dehors de l'État, de ses institutions, et de son territoire contrôlé par le biais d'un ensemble de frontières et d'instruments normatifs. Cette situation de remise en cause de l'intelligence de l'État central, de sa domination sur les corps divers, et de sa prépondérance en matière de politiques publiques, entraîne selon Jouve, *« la nécessaire adaptation des élus face aux nouvelles contraintes qui pèsent sur eux et qui justifient le recours de plus en plus systématique à la concertation, à la participation, à la délibération dans l'élaboration et la mise en œuvre des politiques publiques »*[467]. Le territoire est une fois de plus à l'honneur, en raison des vertus qu'il présente en termes d'imagination et de mise en œuvre de ces politiques publiques. Les multiples réflexions autour du retrait ou de la faillite de l'État font ainsi généralement l'hypothèse que *« les régimes politiques contemporains ont une nette tendance à la pluralisation, l'espace local étant un terrain d'observation privilégié de cette dynamique dans laquelle la place des élus politiques et la démocratie représentative sont remises en question »*[468]. On est donc au cœur de la problématique de la territorialisation dont le consensus n'est néanmoins pas total dans les sciences sociales.

De nombreuses réserves sont liées à la notion de territorialisation, et mettent en avant ce qu'ils appellent des « paradoxes » sur les modalités actuelles de la régulation sociopolitique, lesquelles font apparaître des écarts entre les principes mis en avant et la réalité effective. À cet effet, Claude Sorbets souligne d'entrée de jeu que *« la question territoriale est posée en France depuis des siècles sous la forme de la centralisation étatique et aujourd'hui par la décentralisation »*[469].Mais cette ancienneté en tant que préoccupation pour l'administration, les experts et les

---

[466] Bernard Jouve : *La démocratie en métropoles : gouvernance, participation et citoyenneté, op cit.*, p 317.

[467] *Ibid.*

[468] *Ibid.*

[469] Claude Sorbets : « La territorialisation de la gestion publique : proximité et changement localisé », Plate-forme d'observation des projets et stratégies urbaines, Bordeaux, décembre 2005, p 3. Dans sa thèse consacrée à l'invention du territoire, Paul Alliès situe les fondations de cette étrangéité à la Révolution française. La notion se serait imposée à partir d'une représentation naturelle des frontières politiques de la France, alors qu'elle se dessinait surtout sur une construction juridique singulièrement attachée aux rouages administratifs de l'État-nation en formation. Alain Faure, *op cit.*, pp432-433.

savants, ne signifie pas qu'on est désormais en présence d'une notion et d'une pratique consensuelles. La quiétude n'y est pas encore, car on navigue « *entre une direction à proximité supposée devoir être plus transparente ou, au moins plus lisible pour les citoyens et moins aveugle sur les besoins existants pour les décideurs publics, et une dilution des lieux de la décision et donc de la responsabilité dans des dispositifs de plus en plus composites- et validés comme tels- sous la dénomination de gouvernance territoriale multi-niveau* »[470]. Cette ambiguïté est révélatrice même de la résistance qu'affichent certains acteurs, notamment ceux des administrations centrales, à transférer complètement les compétences et les ressources aux territoires. Elle n'empêche cependant pas une définition qui, une fois de plus, mêle la notion de territorialisation aux deux notions de décentralisation et de déconcentration.

Pour Claude Sorbets, *« La territorialisation signifie en premier lieu le transfert d'autorité associé à la décentralisation »*[471].Il conçoit à cet effet la décentralisation, comme une*« politique constitutive, une action publique matrice et à l'origine d'autres actions publiques territorialisées »*[472]. Dans le même ordre d'idées, la décentralisation peut être un mode particulier de l'État. A cet effet « *c'est la signification de « l'État » qui change : d'une autorité publique définie par sa capacité propre comme une « personne » à une structure institutionnelle. À ce titre, la déconcentration est une autre modalité de la territorialisation de l'action publique : l'État déportant du centre à la périphérie, vers les services localisés une part de l'activité de conception en sus de la part traditionnelle et évidemment nécessaire délocalisation – application »*[473]. À cet égard, que ce soit par la décentralisation ou par la déconcentration, *« c'est une prévalence nouvelle accordée à la localisation dans la production de politiques sectorielles »*[474]. Pour l'auteur, la décentralisation et la déconcentration constituent donc les deux modalités de la territorialisation, l'une et l'autre ayant pour point commun le fait que le pouvoir central cède de plus ou moins larges parts de ressources et de compétences au profit des structures locales.

---

[470] Claude Sorbets, *op cit.*, p 3.
[471] Ibid.
[472] Ibid.
[473] Ibid.
[474] *Op cit.*, p 8.

Mais la notion de « *territoire* » peut aussi renvoyer dans de nombreux cas à des espaces virtuels « *constitués au croisement des réseaux d'acteurs intervenant dans des références spatiales différentes et en fonction de logiques socioprofessionnelles qui vont partager un enjeu commun pendant un certain temps* »[475]. Dans cette perspective, ces territoires ne renvoient pas aux entités géographiques. Mais dans le cadre de cette recherche, allusion est justement faite à ces entités géographiques dénommées collectivités territoriales, et dont l'émancipation est liée à l'adoption des lois sur la décentralisation tant en France (1982) et plus tard au Cameroun en 2004. Ces territoires, entités géographiques, ont été durant la décennie 1990-2000, et sont encore, objet de réflexion en tant qu'acteurs, au moins, de mise en œuvre des politiques publiques décidées par les pouvoirs centraux. Mais leur place et leur rôle dans la production du développement local sont de plus en plus incontestables, au point où l'adoption des lois relatives à leur autonomie a toujours fait l'unanimité au sein des différentes classes politiques. Ceci est d'autant vrai qu'avant l'adoption du principe du non-cumul des mandats, de nombreux élus locaux étaient également des élus de la nation, donc députés ou sénateurs, et donc favorables à une grande autonomie des territoires. Ce qui est observable en France l'est également en Afrique.

B. Une acceptation néanmoins débattue en Afrique

Dans un pays comme le Cameroun, où le parti au pouvoir (RDPC) a toujours eu, depuis près de trente ans, une écrasante majorité, d'abord à l'Assemblée nationale, et ensuite au Sénat, il est évident que la plupart des questions majeures de politique intérieure, et même de politique internationale, ont toujours été adoptées sans blocage de vote par l'opposition. Mais dire qu'il n'y a pas blocage de vote ne signifie pas que cette opposition n'émet pas d'avis contraires sur les projets et les propositions de lois émanant du gouvernement ou du parti au pouvoir. Sur l'autonomie des collectivités territoriales, on peut observer qu'il y a eu très peu d'avis contraires sur le principe même de la décentralisation au Cameroun qui, comme on l'a souligné dans les lignes précédentes, remonte à l'entre-deux-guerres, lorsque les Britanniques appliquaient le principe de l' « *Indirect Rule* » dans la partie occidentale du pays.

---

[475] Muller, *op cit.*, p 102.

Les débats autour de la décentralisation au Cameroun (et donc de la territorialisation des politiques publiques) ont eu lieu à l'Assemblée nationale, à partir d'une discussion sur les textes de lois y afférents. Ceci a fait dire à une partie de l'opinion que le pouvoir en place vivait des pressions considérables de la part de l'opposition. Ces débats ont porté grosso modo sur la notion de partage de pouvoirs et du mode de régulation et de contrôle une fois ce partage établi, de l'exécution des tâches de chacun en fonction de ses compétences… Mais pour certains observateurs, ces discussions devaient s'appesantir sur d'autres aspects essentiels à l'instar de la redéfinition de ce qu'est la collectivité territoriale au Cameroun, et ce qu'elle suppose en termes de circonscription géographique et espace d'identification culturelle. En d'autres termes, sur quelles réalités sociales et culturelles s'appuient les collectivités territoriales camerounaises, et sur quoi entendent-elles légiférer ? Ces préoccupations d'ordre anthropologique ont entraîné des questionnements de la part des observateurs qui s'interrogent si les communautés de la décentralisation sont le reflet exact des représentations que les Camerounais ont de ce qui fait leur territoire de référence, et si elles sont des espaces dans lesquels se reconnaissent les citoyens, en dehors de toute logique partisane qui, souvent, fonde la critique sur l'incapacité de ceux qui sont au pouvoir à gérer les différenciations tant historiques, politiques que culturelles qui s'opèrent au sein de la société camerounaise[476]. D'autres interrogations ont porté sur la question dite « *essentielle* » de savoir si les auteurs de la réforme, c'est-à-dire le législateur et le gouvernement en place, ont réellement envie de partager le pouvoir. Par ailleurs, les conditions sociohistoriques permettent-elles d'avoir une véritable décentralisation induisant une démocratie locale, alors que la question du droit à la participation au pouvoir reste une des exigences constantes des forces politiques régionalisées ? L'opinion s'est également interrogée au Cameroun sur le fait de savoir si la référence à la commune est une idée intériorisée par les masses, si la démocratie locale ne doit pas être instruite par une autre culture, celle de la participation, de l'interpellation, du dialogue et de la concertation, pour construire une autre façon de vivre sa citoyenneté.

Ces questions et bien d'autres encore, aussi pertinentes soient-elles, n'ont cependant pas empêché l'adoption en juillet 2004 des lois sur la décentralisation au Cameroun. Ce mouvement a été suivi par de

---

[476] Suzanne Kala Lobé, *La Nouvelle Expression*, 19 juillet 2004.

nombreux pays d'Afrique centrale à l'instar du Tchad, du Congo, du Gabon ou de la République centrafricaine.

Globalement, le desserrement de l'étau de la centralisation, et donc la mise en avant des territoires, est un mouvement encouragé et promu en Afrique. Au cours du deuxième sommet des Africités tenu en mai 2000 à Windhoek en Namibie, les responsables des gouvernements africains en charge de la décentralisation ont lancé l'idée de la création d'une instance continentale sur les questions de décentralisation et de développement local. Le but principal de l'initiative était de faire progresser la décentralisation en Afrique. Cette instance a pris la dénomination de *« Conférence africaine de la Décentralisation et du Développement local »(CADDEL),* en se donnant une série de cinq objectifs à atteindre :

- amener les gouvernements à inscrire la décentralisation dans leurs priorités, et de faire comprendre, aux membres des gouvernements, ainsi qu'aux citoyens, l'importance du rôle de la décentralisation dans le processus de développement économique en Afrique ;

- être un intermédiaire entre le collectif des associations africaines de collectivités locales et leurs gouvernements, pour toutes les questions touchant à la décentralisation ;

- trouver et mobiliser des ressources auprès des gouvernements, des institutions d'aide au développement, et des agences multilatérales afin de mettre en œuvre des programmes de décentralisation ;

- s'assurer de la permanence de la décentralisation dans les grands agendas politiques des États membres de l'Union africaine ;

- s'assurer que les États membres de l'Union africaine maintiennent leurs engagements en faveur du processus de décentralisation sur le continent africain.

À la suite de la conférence de Windhoek, un atelier technique réunissant les directeurs chargés de la décentralisation d'une quarantaine de pays africains s'est tenue à Cotonou au Bénin les 23 et 24 avril 2003. C'est ainsi qu'au sommet des chefs d'État de l'Union africaine tenu à Maputo en juillet 2003, le président Joachim Chissano, chef de l'État du Mozambique, et président en exercice de l'Union, a recommandé la reconnaissance de la CADDEL comme conférence spécialisée de l'organisation continentale.

L'initiative de Windhoek a été applaudie dans la mesure où la décentralisation et son corollaire, la démocratie locale, constituent les stratégies les plus sûres pour atteindre le développement au niveau national, et assurer une intégration régionale par les peuples, laquelle pourrait consacrer l'Union africaine comme organisation d'intégration. De nombreux analystes sont d'accord sur le fait que la décentralisation, de par ses règles et ses pratiques, libère les capacités d'initiative et d'innovation des collectivités locales[477]. Tel qu'elle a évolué dans certains pays comme la France, elle s'est définie à travers plusieurs missions, notamment la rationalisation de la répartition des compétences entre les différents niveaux administratifs et territoriaux[478]. La décentralisation vise également à « *rééquilibrer les pouvoirs et les forces politiques et éviter que les individus comme les institutions soient absorbés par l'État* »[479].

Bien plus, la décentralisation, par le fait qu'elle met en avant les territoires, constitue un outil d'amélioration du fonctionnement démocratique de l'État. En ce sens, elle assure un meilleur équilibre des pouvoirs entre « *différentes autorités et sensibilités politiques divergentes sur l'ensemble du territoire national* [480] ». Mais la plus grande mission de la décentralisation que retiennent Blanc et Rémond est qu'elle fait« *surgir un nouveau mode de définition de l'intérêt général, non plus seulement conçu par les acteurs nationaux, mais aussi, dans certains domaines, imaginé et porté par les acteurs locaux* [481] ».Dans le domaine des politiques publiques, on parlerait des deux types de rationalités : le monisme et le pluralisme. Pour l'approche moniste, la production des politiques est le résultat d'une régulation globale de la société par les autorités publiques centrales à partir d'un objectif prédéfini. L'approche pluraliste quant à elle postule que l'action publique est le résultat

---

[477] Jacques Blanc et Bruno Rémond : *Les collectivités locales,* Paris, Presses de Science Po et Dalloz, 1995, p 17.

[478] Principes élaborés par Odilon Barrot en 1852, et les vagues successives de déconcentrations sous les quatrième et cinquième Républiques.

[479] Blanc et Rémond, *ibidem*, p18.

[480] *Ibid.*

[481] Dans ce sens, les auteurs pensent que « *l'intérêt général n'est plus seulement mis en œuvre au niveau territorial en fonction des finalités et des modalités retenues par la souveraineté nationale, mais aussi partiellement construit par les citoyens et leurs responsables politiques à différents niveaux territoriaux* ». Blanc et Rémond, *ibidem,* p18.

d'interactions entre des acteurs multiples qui élaborent des dispositifs concrets selon des « *finalités vécues* ».

Dans le cadre du monisme, l'on est en présence d'un « *régulateur central* » qui produit des politiques publiques *a priori* ; et dans le système pluraliste, l'on est face à un processus d'ajustements mutuels par de multiples acteurs. D'une part c'est le « *modèle synoptique* », et de l'autre, c'est le modèle des « *ajustements mutuels* [482] ». Pour Gilles Massardier, dans le cadre du modèle synoptique, les autorités publiques et les gouvernants imposent par le haut, une définition de l'intérêt général et les dispositifs qui doivent régir les secteurs de la société. Le modèle des ajustements mutuels quant à lui présente la société comme un ordre politique où les autorités publiques ne seraient plus que des acteurs parmi d'autres, appelés à négocier « *par le bas* », avec d'autres intervenants concernés par ladite politique, pour mettre en place des intérêts généraux et des dispositifs concrets adaptés[483]. D'après ce modèle, l'on est face à une transformation de fond en comble des attitudes face à cette prétention traditionnelle des bureaucraties et professions incarnant l'État à dire l'intérêt général.

II. Un avis largement partagé dans les instances internationales

Le constat qui a été fait sur la prise au sérieux des territoires au niveau interne des États, a partie liée avec les positions des bailleurs de fonds dans les instances internationales. On peut observer que la décentralisation et son corollaire, l'autonomie des territoires, occupent depuis le milieu des années 80, une place centrale dans les politiques de développement. Pour certains, elle constitue un indicateur du niveau d'enracinement de la culture démocratique du pays, pour d'autres, elle rend effective la participation des citoyens à la gestion des affaires locales, ou encore elle est porteuse de réels espoirs d'un développement durable. Autant de raisons qui justifient son approfondissement, et l'ouverture de la participation aux collectivités territoriales pour la réalisation du développement local. Il existe à cet effet un rapport entre la décentralisation et le développement local, ou au moins entre la décentralisation et la lutte contre la pauvreté. On observe donc que les grandes organisations internationales sont favorables à l'autonomie des

---

[482] Massardier, *op cit.*, p 8.
[483] *Op cit.*, p 10.

territoires (A). C'est également le cas des grandes rencontres internationales relatives à l'aide publique au développement (B).

A. Les grandes organisations internationales et l'autonomie des territoires

La lecture des rapports d'évaluation des cadres stratégiques de réduction de la pauvreté de la Banque mondiale et du Fonds monétaire international fait observer la nécessité de renforcer les capacités institutionnelles pour une mise en œuvre réussie des politiques de développement. À cet effet, l'application non seulement d'une politique cohérente de décentralisation, mais également des indicateurs de suivi des progrès réalisés apparaissent pour les deux institutions, et d'autres bailleurs de fonds, comme un instrument prometteur susceptible d'améliorer les capacités et la qualité des institutions locales. C'est ainsi que dès le début de la décennie 1990, on peut observer une prise de position de ces instances internationales en faveur d'une plus grande autonomie des territoires, avec un accent particulier sur le desserrement de l'étau de la centralisation dans les pays africains, jugés autoritaires et dictatoriaux.

Dès 1991, la Banque mondiale contribue à la création du Programme de développement municipal (PDM), comme agence d'exécution et d'appui de plusieurs donateurs pour assister les gouvernements dans ce domaine précis. Le programme traduit la conviction que comme les dirigeants localement élus sont plus en contact avec la population que ne le sont leurs homologues du gouvernement central, il est très vraisemblable que les politiques choisies reflèteront les préoccupations des communautés et qu'ils seront aussi plus responsables vis-à-vis d'elles. À ces débuts, le programme de développement municipal consiste en des facilités permettant des mises à disposition rapides de dons aux autorités locales chargées de l'exécution des politiques de développement et de la création des capacités locales. L'appui est apporté sous forme de petits dons (de $ 5, 000 à $ 60, 000) et de consultants (souvent recrutés localement), en utilisant des ateliers de planification d'actions, et en apportant une assistance dans la planification stratégique destinée à fournir des outils de gestion et en améliorant les aptitudes clés du personnel sélectionné. Le PDM travaille avec des partenaires qui sont des institutions comme les municipalités ou des institutions de formation du gouvernement local pour les rendre capables de mieux définir leurs objectifs et priorités, de créer un cadre de politique solide pour l'exécution du programme et des projets dans le domaine du gouvernement local, et d'améliorer les institutions existantes, dirigées par un personnel compétent et bien formé. L'objectif retenu porte sur le renforcement de la capacité des institutions à fixer les objectifs, à évaluer les alternatives d'actions possibles et à prendre la direction des opérations. La relation entre le partenaire et le PDM est directe parce qu'elle ne transite pas par le gouvernement central ; c'est la responsabilité du partenaire d'envisager les approbations nécessaires. Les quatre domaines d'appuis mutuels aux municipalités sont : études et soutien des politiques, formation, appui aux municipalités, et renforcement des associations des autorités locales. Dans plusieurs cas, les interventions du PDM ont eu des liens directs avec les opérations de la banque. Comme la banque et d'autres agences de développement envisagent leur appui à la décentralisation et à la création d'une capacité locale, les possibilités pour initier des activités complémentaires avec celles du PDM vont augmenter.

En 1999, le Fonds monétaire international, quant à lui, pose la question de la participation des peuples à la prise des décisions les concernant, et souligne combien les peuples du monde entier revendiquent à l'unisson un plus grand droit à la parole sur la manière dont ils sont gouvernés. Les groupes qui n'ont jamais eu le droit d'exercer quelque pouvoir l'exigent maintenant, et les administrations centrales peuvent de moins en moins résister à leurs exigences. D'après le FMI, plusieurs facteurs expliquent cette situation : l'échec économique de l'État centralisé autoritaire (avec l'aliénation d'importants groupes de soutien), le recul de la menace de guerre et d'agression extérieure dans la majeure partie du monde (avec le rejet des gouvernements autoritaires forts), et l'émergence de classes moyennes urbaines instruites (avec le recul de la relation traditionnelle de protecteur à client entre gouvernants et gouvernés). Face à ces récriminations et ces inquiétudes, les gouvernements nationaux ont réagi de plusieurs manières. Certains sont devenus plus démocratiques. Le FMI constate à cet effet qu'alors qu'il y a vingt-cinq ans, un tiers seulement des pays du monde tenaient des élections dans des conditions de concurrence, 60 % le font aujourd'hui. Bien plus, les gouvernements procèdent à la décentralisation en transférant responsabilités et ressources aux échelons infranationaux des administrations publiques. L'avantage de ces deux mesures est qu'elles donnent un moyen de maintenir la stabilité politique et de concéder un pouvoir politique dans les limites d'un système de décision formel, fondé sur des règles.

Le FMI reconnaît donc les opportunités de stabilité politique et de dévolution des pouvoirs qu'offre la décentralisation. Bien plus, il soutient surtout qu'elle a des implications pour les objectifs de développement plus traditionnels. Dans ce cas, la décentralisation peut accroître l'efficacité et la réceptivité du secteur public en rapprochant le processus de décision des citoyens, l'inconvénient résidant au niveau de l'accroissement du risque d'instabilité macroéconomique. Mais la position du Fonds est sans équivoque. Pour lui, la question n'est pas de savoir si les administrations publiques doivent être décentralisées — la réponse à cela est dictée par le contexte politique, mais plutôt comment concilier les pressions politiques sous-jacentes pour que le potentiel de développement offert par la décentralisation puisse être réalisé et que les risques soient limités au maximum.

Si les stratégies de décentralisation varient selon les spécificités de chaque pays. Au FMI, on pense néanmoins qu'on peut tirer de l'expérience des enseignements universellement applicables. Le plus important peut-être est que les systèmes fondés sur un ensemble cohérent et explicite de règles fonctionnent mieux que les autres. Ces règles doivent couvrir trois aspects des relations entre administrations publiques : la répartition du pouvoir politique national entre les échelons national et infranational, les fonctions et ressources attribuées aux administrations infranationales, et les règles électorales et autres institutions politiques qui lient les élus locaux à leurs administrés.

Le Fonds monétaire international, tout en soutenant sans ambages la décentralisation, pose tout de même un certain nombre d'inquiétudes dont la question de l'arbitrage entre les intérêts régionaux (ceux des collectivités décentralisées) et nationaux, et celle des fonctions et ressources des administrations infranationales. Ainsi, les autorités nationales établissent les règles selon lesquelles les autorités infranationales opèrent. Le pouvoir des groupes d'intérêts infranationaux au niveau du gouvernement national influe donc de manière déterminante sur la façon dont les relations entre les différents niveaux d'administration sont gérées et modifiées. Les démocraties s'interrogent depuis longtemps sur la façon de représenter les intérêts régionaux au niveau national. D'un côté, si l'on donne trop de pouvoir aux intérêts régionaux, il est difficile de défendre les intérêts nationaux contre les intérêts régionaux lorsqu'ils sont en conflit. De l'autre côté, une administration centrale trop forte étouffera la liberté politique que la décentralisation est censée assurer.

Sur les fonctions, le FMI pense que l'approche traditionnelle de la décentralisation, fédéraliste en matière de finances publiques, repose sur une structure d'administration infranationale à plusieurs niveaux, chacun fournissant des services qui bénéficient à ceux qui résident dans la juridiction de l'administration infranationale. Ce modèle, bien qu'utile, présente certaines limites. En pratique, il est souvent difficile de définir la portée des avantages procurés par un service spécifique pour déterminer la juridiction qui en bénéficiera. On peut considérer que l'éducation, par exemple, a des avantages extrêmement localisés, étant donné son effet sur le revenu futur des élèves. Mais, en tant que moyen de lutte contre la pauvreté et de sensibilisation politique, elle présente aussi des avantages de portée nationale. Les contraintes administratives constituent une autre limitation. Les services publics se prêtent à des économies d'échelle, en particulier en ce qui concerne l'emploi de personnel spécialisé. Les autorités locales peuvent donc trouver avantage à sous-traiter ce type de services auprès d'administrations plus importantes, de plus haut niveau. De même, il peut être plus économique pour l'administration centrale de laisser les autorités locales assumer en son nom les fonctions qui lui incombent dans les bureaux locaux.

Pour le Fonds, une bonne répartition des fonctions se caractérise souvent par un réseau compliqué de relations de commettant à agent, dans lequel les administrations infranationales agissent à la fois en tant qu'agents des échelons supérieurs des administrations publiques que commettants pour la prestation de services au niveau local (ou, plus précisément, en tant qu'agents de leurs administrés). À cet effet, les différents services sont souvent dissociés, chaque niveau d'administration jouant le rôle qui correspond le mieux à ses intérêts ou à son avantage comparatif. Par exemple, étant donné que l'éducation sert à lutter contre la pauvreté, les administrations nationales fournissent souvent un soutien financier pour assurer un niveau d'éducation minimum dans toutes les juridictions, tandis que la gestion courante incombe aux administrations locales ou aux conseils d'administration des écoles. Il est surtout important que ces relations, aussi complexes soient-elles, soient clairement définies et stables, sans quoi la répartition des fonctions risque de tourner en jeu de dupes entre les différentes administrations. L'exemple de l'Afrique du Sud est souvent cité, car l'administration centrale et les provinces ont des responsabilités conjointes dans les domaines de la santé et de l'éducation, mais leurs responsabilités respectives ne sont pas définies. En conséquence, les provinces reçoivent des transferts destinés à l'éducation et à la santé qu'elles utilisent à d'autres fins, sachant qu'elles peuvent compter sur l'administration centrale pour fournir les services nécessaires.

Sur les ressources, le Fonds rappelle que le principe directeur de l'affectation des ressources repose sur le fait que le financement dépend de la fonction. La raison en est que les administrations infranationales ont besoin de ressources en rapport avec leurs responsabilités. Des transferts entre administrations s'imposent dans les diverses circonstances où les administrations infranationales opèrent, implicitement ou explicitement en tant qu'agents de l'administration nationale. La forme des transferts devrait être fonction de leurs objectifs et des contraintes administratives auxquelles ils sont assujettis. Ces paramètres varient. Mais ce qui ne varie pas, c'est que les transferts doivent être simples, transparents et prévisibles, pour aider à éliminer l'incertitude et le marchandage qui empoisonnent souvent les relations financières entre les administrations.

Quelles que soient les fortunes que connaît la décentralisation dans les pays en développement, non seulement le Fonds la soutient, en plus de cela, ses experts pensent qu'elle est en marche. Le plus incontestable est qu'il est indispensable de synchroniser les éléments de la réforme. Les recettes doivent être décentralisées en même temps que les activités qu'elles sont censées financer. Des dispositions doivent être prises pour opérer le transfert du personnel et des actifs de l'administration centrale. La motivation politique de la décentralisation incite les pouvoirs centraux à commencer par prendre les mesures les plus visibles, organisation d'élections locales et plus large partage des recettes. Mais ce qui est crucial, et prend davantage de temps, est de définir les nouvelles relations fonctionnelles entre les différents échelons de l'administration. Les relations administratives entre différentes entités de l'administration centrale doivent faire place à des relations fondées sur un principe d'indépendance réciproque entre différents niveaux d'administration[484].

L'intérêt que le Fonds accorde à l'autonomie des territoires a encore suscité en 2000 une conférence sur le thème de la décentralisation budgétaire, afin d'examiner l'efficacité de la fourniture de services, ainsi

---

[484] Toutes ces informations sur la position du FMI sur la question de la décentralisation sont tirées de Finances et Développement, décembre 1999.

que la gestion de l'économie et des affaires publiques, dans un monde de plus en plus décentralisé. Paul Smoke, de l'université de New York et du MIT, et Giorgio Brosio, de l'université de Turin, ont à cette occasion examiné diverses expériences africaines et recensé les conditions préalables à une décentralisation budgétaire efficace. Il faut des mécanismes politiques viables pour déterminer les préférences et responsabiliser les autorités. Des capacités institutionnelles, techniques et administratives doivent exister localement pour fournir les services demandés, et les collectivités locales doivent avoir accès à des ressources financières, recettes fiscales et transferts, leur permettant d'assumer leurs responsabilités. Ces conditions sont rarement réunies dans nombre de pays africains, dont les institutions démocratiques et administratives sont généralement fragiles. Le processus de décentralisation exige donc de la prudence dans l'échelonnement et l'exécution[485].

En septembre 2004, le centre de développement et le réseau du Comité d'aide au développement (CAD) sur la gouvernance des pays de l'OCDE ont organisé à Paris un atelier sur le thème : « *la décentralisation et la réduction de la pauvreté : des leçons à l'action* ». Cette rencontre entendait évaluer les stratégies de réduction de la pauvreté liées à la décentralisation, et discuter des recommandations pour améliorer le soutien et les initiatives des bailleurs de fonds. De ces travaux, on a pu retenir que les bailleurs devaient optimiser leur coordination, s'engager à long terme en faveur d'une décentralisation favorable aux pauvres, et analyser en profondeur le contexte local. Plusieurs points sont ainsi apparus comme des facteurs essentiels pour l'implication des bailleurs de fonds dans les processus de décentralisation susceptibles d'améliorer le sort des populations pauvres.

Premièrement, les politiques des bailleurs de fonds doivent faire preuve davantage de cohérence et d'une coordination accrue : la cohérence et la coordination dont il est question signifient que seule une cohérence accrue des politiques permettra de remédier au problème de la mise à l'écart des autorités locales, avec consultation systématique de celles-ci avant d'approuver des projets communautaires de développement. En plus, les bailleurs devront mieux coordonner leurs interventions dans un souci de rationalité et en s'appuyant sur leur propre expérience. Une coordination renforcée entre la décentralisation et d'autres réformes est importante.

---

[485] FMI Bulletin, 18 décembre 2000.

Deuxièmement, les bailleurs doivent avoir davantage conscience de l'économie politique de la décentralisation en tant que processus de changement : dans ce cas, l'OCDE pense qu'il est essentiel de s'assurer que les bénéficiaires de la décentralisation deviennent de fervents avocats de la réforme et que les perdants aient accès à un interlocuteur chargé de traiter leurs doléances. Il convient également de réfléchir aux différentes formes de compensation. Les bailleurs devront donc promouvoir des réformes à plusieurs échelons de gouvernement, y compris aux niveaux intermédiaires qui ont un rôle administratif et politique, faute de quoi, les réformes n'auront pas des effets durables. Le constat est que si les services chargés de la planification sont probablement favorables à la décentralisation, les ministères des Finances ou de l'Intérieur pourraient bien être plus réticents, surtout lorsqu'il s'agira de gérer le processus.

Troisièmement, les bailleurs de fonds doivent souligner le caractère instrumental de la décentralisation pour la création d'un environnement propice à la réduction de la pauvreté au niveau local : dans ce cas, l'OCDE prône que la décentralisation soit promue en tant qu'instrument efficace de lutte contre la pauvreté, et non comme une fin en soi. Les bailleurs devraient s'efforcer de consolider le rapport entre décentralisation et lutte contre la pauvreté en faisant pression sur les gouvernements pour obtenir des résultats favorables aux pauvres, en pilotant en permanence le processus, et en adoptant des politiques souples, centrées sur l'impact (apprentissage par la pratique) et propres à chaque pays. Pour assurer un pilotage efficace, l'adoption des normes des prestations de services et de cibles de résultats favorables aux pauvres.

Quatrièmement, les bailleurs de fonds doivent encourager les systèmes de transfert doublés d'incitation à améliorer l'efficacité ; ils doivent aussi contribuer à l'instauration de capacités locales susceptibles de générer sur place des ressources durables : sur ce dernier point, l'OCDE pense que ces systèmes de transfert aideront à trouver un équilibre entre la responsabilité (descendante) des autorités locales vis-à-vis des citoyens et leur responsabilité (ascendante) vis-à-vis des institutions centrales. Une répartition claire des fonctions, la formation des autorités locales et la transparence sont les pierres angulaires de ce processus de construction de capacités budgétaires locales fiables. Enfin, les experts de l'OCDE, tout en soutenant fortement l'idée d'une plus grande autonomie des territoires, pensent que pour réaliser une décentralisation favorable aux pauvres, l'engagement des élites nationales et l'appui de la population sont fondamentaux, tandis qu'un soutien solide de la part des bailleurs pourrait nettement contribuer à mener cette tâche à bien[486].

B. Les grandes rencontres relatives à l'aide publique au développement

Si les réformes internes aux États constituent la pierre angulaire de l'amélioration de la politique d'aide, comme le veut la réforme de 1998 en France[487], force est de constater que les grandes rencontres internationales sont également le lieu de prise de décisions fortes en la matière. Durant la décennie 2000, on peut citer de façon non limitative quatre grandes rencontres internationales s'étant tenues au sujet de l'aide publique au développement : la conférence de Monterrey de 2002, le forum de haut niveau sur l'harmonisation tenu à Rome en février 2003, la table ronde sur la gestion axée sur les résultats en matière de développement tenue à Marrakech en février 2004, et surtout le forum de haut niveau tenu dans la capitale française du 28 février au 2 mars 2005, et ayant donné lieu à la Déclaration de Paris sur l'efficacité de l'aide au développement.

L'une des résolutions essentielles prises à Monterrey portait sur l'exhortation que les pays donateurs doivent consacrer 0, 7% de leur PIB à l'aide publique au développement. Cette disposition a été réaffirmée à Rome en 2003 et à Marrakech en 2004, et a été suivie d'efforts de la part des donateurs. L'OCDE constate à cet effet que les chiffres détaillés concernant les apports totaux d'Aide publique au développement (APD) consentis en 2004 par les donneurs, membres du Comité d'aide au développement (CAD) de l'OCDE montrent que ceux-ci ont atteint 79.5 milliards USD, soit 5.9 pour cent de plus, en termes réels, qu'en 2003. Plus significatives, les sommes affectées directement à des programmes et projets d'aide à long terme, lesquels font abstraction des allégements de dette et de l'aide d'urgence, ont augmenté de 13.3 pour cent entre 2003 et 2004. Cela représente une progression de 7.7 milliards USD, la

---

[486] Repères : *Décentralisation et réduction de la pauvreté* n°5, Centre de développement de l'OCDE, 2005.

[487] Rappelons à toutes fins utiles que la réforme de 1998 a pour points essentiels, la création d'un Comité interministériel de la coopération internationale et du développement (CICID) ; le regroupement des services du ministère des Affaires étrangères et du secrétariat d'État à la Coopération et à la Francophonie, et la rationalisation autour de deux grands pôles ; la définition d'un opérateur pivot qu'est l'Agence française de développement ; la contractualisation des relations avec les pays concernés ; et la création d'un Haut conseil de la coopération internationale.

plus importante qui ait été enregistrée depuis de nombreuses années. Ce surcroît d'aide est principalement allé à l'amélioration des infrastructures, dans les secteurs des transports, des communications et de l'énergie en particulier. L'aide dans les domaines de l'éducation ainsi que de l'approvisionnement en eau et de l'assainissement s'est également accrue. D'après les estimations de l'OCDE, si tous les engagements d'accroissement de l'aide pris en 2005 sont tenus, y compris pour ce qui est du doublement de l'aide à l'Afrique annoncé au sommet du G8 à Gleneagles, l'APD émanant des seuls pays du CAD augmentera de 50 milliards USD en termes réels entre 2004 et 2010, date à laquelle elle approchera alors les 130 milliards USD.

Lors du forum de haut niveau tenu à Paris en 2005, les ministres de pays développés et de pays en développement chargés de la promotion du développement, et responsables d'organismes bilatéraux et multilatéraux d'aide au développement, ont pris la résolution de mener des actions ambitieuses, se prêtant à un suivi, afin de réformer les modalités d'acheminement et de gestion de l'aide, dans la perspective du bilan après cinq ans, qui doit être effectué plus tard dans l'année dans le cadre des Nations unies, de la mise en œuvre de la déclaration du millénaire et des Objectifs du millénaire pour le développement (OMD). Comme à Monterrey, ils ont reconnu que si la réalisation de ces objectifs suppose un accroissement des volumes d'aide et d'autres ressources affectées au développement, une augmentation significative de l'efficacité de l'aide est également nécessaire pour soutenir les efforts déployés par les pays partenaires, en vue de renforcer la gouvernance, et d'améliorer les résultats obtenus sur le front du développement. Cela importera d'autant plus si les initiatives actuelles et à venir conduisent à d'autres augmentations significatives de l'aide.

L'aspect le plus important de la Déclaration de Paris porte sur l'importance accordée aux pays partenaires, autrement dit, aux États du Sud recevant l'aide au développement. Cela signifie que ce sont les priorités des citoyens qui sont pris en compte, et non pas les seuls objectifs retenus par les instances internationales et les pays donateurs. L'importance accordée aux pays partenaires est une voie permettant aux citoyens de participer au processus de développement. Ainsi, les parties présentes à Paris se sont engagées à renforcer les stratégies nationales de développement des pays partenaires et des cadres opérationnels correspondants (plans, budgets et cadres d'évaluation des performances, par exemple) ; aligner l'aide sur les priorités, systèmes et procédures des pays partenaires et soutien au renforcement de leurs capacités ; renforcer les obligations mutuelles des donneurs et des pays partenaires à l'égard des citoyens et des instances parlementaires concernant leurs politiques et leurs stratégies de développement, et les résultats obtenus ; supprimer les doubles emplois dans les efforts des donneurs et rationaliser leurs activités pour en optimiser la rentabilité ; réformer et simplifier les politiques et procédures des donneurs dans un sens qui encourage la collaboration et l'alignement progressif sur les priorités, systèmes et procédures des pays partenaires.

Section 2
Une nouvelle conception du développement expérimentée par le PNDP

La nouvelle conception de la coopération au développement dont on parle dans cette dernière section touche principalement à la question des acteurs en charge de la mise en œuvre de l'aide publique de la France en Afrique. Depuis la période coloniale, la principale critique que l'on fait à cette coopération concerne la coordination de ses acteurs, et plus particulièrement leur manque d'unité. Pour la Conférence économique de la France métropolitaine (1935), « *tant que n'aurait pas été institué un ministère unique de la France d'outre-mer, le ministère des Colonies n'aurait pas d'action directe sur les possessions qui dépendaient d'autres ministères, et dont la production comme les échanges devraient être harmonisés avec ceux des colonies et de la métropole* »[488]. La question de l'harmonisation des institutions en charge de la coopération se posait déjà donc avec acuité, et en appelait déjà à des réformes. C'est ainsi qu'en 1945, Michel Debré soulignait la nécessité pour la France de réaliser une réforme essentielle qu'elle n'a jamais su mener à bien jusqu'ici : « *la constitution d'un ministère de la France d'outre-mer, qui, en concernant l'ensemble des services coloniaux, serait capable de suivre tous les problèmes et de prendre toutes les initiatives* »[489]. Par la suite, en 1954, cette idée de réforme sera soutenue par le patronat de l'Union française qui « *émettait le vœu que soit créé un organisme gouvernemental chargé de traiter de l'ensemble des problèmes économiques et généraux intéressant la zone franc, de déterminer une ligne d'action générale et de coordonner l'activité des ministères de*

---

[488] Claude Freud : *Quelle coopération ? Un bilan de l'aide au développement, op cit.*, p 27.
[489] *Ibid.*

tutelle et des ministères financiers, économiques et techniques »[490]. Il était donc question de créer un super ministère en charge de l'ensemble de la coopération avec les colonies de la France. Mais le constat est que jusqu'aux indépendances de ces colonies, la situation n'avait vraiment pas changé.

Plusieurs années après, l'idée est revenue dans la réforme de 1998 qui a procédé à une réorganisation de l'architecture institutionnelle de la coopération. Le ministère de la coopération, trop longtemps considéré comme le « *Ministère Afrique* » est intégré au ministère des Affaires étrangères. Simultanément, les attributions techniques de ce ministère, dans le domaine des infrastructures d'éducation et de santé sont confiées à l'Agence française de développement qui, comme il a été souligné plus haut, est responsable de la mise en œuvre des C2D (instruction et exécution des points d'affectation) dans les pays de la zone de solidarité prioritaire. La réforme de 1998 a fait de cette structure un acteur de poids de la coopération française en Afrique. Établissement public industriel et commercial (EPIC) relevant de la loi bancaire en tant qu'institution financière spécialisée, elle est chargée, dans le cadre du dispositif public français d'aide au développement, de financer et d'accompagner, par des prêts à long terme, des subventions, des fonds de garantie et des contrats de désendettement et de développement, le développement économique et social de plus de 90 pays en voie de développement et des collectivités et territoires d'outre-mer. Elle forme avec ses filiales et les instituts d'émission des DOM et des TOM dont elle fournit les moyens humains, un groupe comptant environ 1700 personnes. En matière de subvention, la France concentre ses subventions sur un nombre limité de pays pauvres prioritaires. Il a été décidé que le Gouvernement y concentre au moins la moitié des subventions de l'État et les deux tiers de celles mises en œuvre par l'AFD. Elles concernent non seulement les secteurs sociaux (santé, éducation), mais aussi les projets d'infrastructures ou de développement rural et urbain. Par le rôle qui est accordé à l'AFD, le ministère de l'Économie et des Finances, « *qui déjà pouvait se prévaloir du rôle central dans la gestion de l'aide publique au développement, voit ainsi son statut renforcé et officialisé. En 1998, il gère plus de 50% de cette aide, soit une progression de cinq points par rapport à l'année*

[490] *Ibid.*

précédente, ses moyens augmentant en valeur absolue de 2 milliards de francs»[491].

Si la réforme de 1998 vient corriger le manque d'unité que certains ont souvent observé dans le dispositif institutionnel de la coopération de la France en Afrique, elle vient également introduire une forte centralisation, en remettant l'essentiel des compétences aux trois ministères de l'Économie et des Finances, Affaires étrangères et Coopération. Ce qui crée des lourdeurs administratives en matière de réalisation de la politique d'aide au développement. Ce n'est que progressivement que les vannes sont ouvertes à de nouveaux acteurs du développement (I), ceci aboutissant à des résultats palpables (II).

I. Des nouveaux acteurs dans la coopération au développement

Les nouveaux acteurs de la coopération au développement dont il est question ici renvoient principalement aux collectivités territoriales en général, et aux communes en particulier, que l'on soit en France ou dans les pays africains. Ces collectivités territoriales bénéficient désormais d'une attention particulière de la part des pouvoirs centraux pour la réalisation de la politique d'aide au développement. Non seulement elles reçoivent des financements de l'État pour la réalisation de leurs projets de coopération décentralisée, elles sont également devenues des receveurs directs des fonds de l'aide, à l'exemple des fonds C2D. Nous traiterons principalement le cas des communes (A) et celui des communautés rurales (B).

A. Les communes

Dans le cadre de l'aide au développement, le gouvernement français n'intervient plus exclusivement par le biais des administrations centrales. Comme le soulignent André J. Bélanger et Vincent Lemieux concernant les politiques publiques en général, les acteurs étatiques participent à l'action publique, on peut même dire la pilotent en compagnie d'autres acteurs. La politique de l'aide en France se fait donc avec un réseau de partenaires étendu. Par le biais de la Mission pour la coopération non gouvernementale MCNG), le gouvernement français appuie les initiatives des organisations de solidarité internationale (OSI ou ONG). Avec les collectivités territoriales, son aide se fait par le biais de la mission de la coopération décentralisée.

---

[491] Claude Freud, *op cit.*, p 19.

Au cours de l'année 2003 par exemple, 286 projets de coopération décentralisée ont été soutenus par le biais de la mission pour la coopération décentralisée pour un montant de 8, 6 millions d'euros. Ces projets initiés par des collectivités territoriales françaises concernent le développement local, l'environnement (eau et déchets), la santé, l'éducation et la culture.

Dans sa politique d'appui à l'action internationale des collectivités territoriales, le gouvernement français, par le biais de la DGCID, favorise trois types d'actions :

- les opérations visant à accroître les capacités organisationnelles des collectivités territoriales du Sud et d'Europe centrale et orientale (formation des cadres, appui institutionnel, appui à la décentralisation) ;

- le soutien à des réseaux nationaux (Cités unies France) et l'Union nationale des acteurs et des structures du développement local (UNADEL), et régionaux de promotion et d'organisation de la coopération décentralisée. Le Gouvernement soutient aussi les grandes associations des élus dans leur volonté de s'impliquer dans les coopérations décentralisées ;

- l'accompagnement de la déconcentration et la décentralisation avec une mise en place des mesures simplificatrices. Ainsi, la DGCID a produit une nouvelle circulaire, le 26 février2003, qui donne pouvoir aux commissions régionales État-régions, dans le cadre des contrats de plan, de décider elles-mêmes des cofinancements apportés par l'État aux projets de coopération décentralisée, après avis des postes diplomatiques.

Depuis le déclenchement du processus d'annulation de la dette et de refinancement par dons, les communes sont devenues des acteurs directs de la coopération au développement en ce sens qu'elles reçoivent des versements des fonds C2D pour la réalisation de leurs projets de développement.

En ce qui concerne les fonds C2D, le mécanisme de financement pour les communes au Cameroun passe par le PNDP. Lors de la première phase de ce programme, l'approche de financement était basée sur une approche de microprojets. Ensuite, les acteurs ont adopté une approche basée sur des allocations annuelles versées selon les modalités suivantes :

- le montant de ces allocations est transmis aux communes au plus tard le 30 octobre de chaque année afin que le budget communal puisse être finalisé au 20 décembre ;

- en accord avec le Plan communal de développement (PCD), les communes préparent un plan d'investissement incluant un certain nombre de projets jugés prioritaires. Ce plan d'investissement est examiné et validé par le conseil municipal. Le montant des allocations a été déterminé à la suite d'une étude indépendante qui s'est appuyée sur les critères ci-après : capacité et gouvernance au niveau local ; niveau de pauvreté de la commune, existence d'un système de fiscalité locale et existence d'un plan de financement des collectivités territoriales décentralisées ; critères démographiques et taille de la commune. Ces différents critères, ainsi que les conditions d'éligibilité pour les microprojets sont décrits dans le manuel d'exécution du PNDP ;
- les fonds sont directement transférés du compte primaire (Acompte A) à un compte bancaire de la commune ouvert à cet effet sur la base des conventions signées entre la commune et le Programme. Ce versement se fait en trois tranches : la première tranche destinée à financer le PCD et les activités connexes, est versée après la signature d'une convention de financement ; le versement de la deuxième tranche se fait après validation des études de faisabilité, virement de la contribution de la commune pour leurs microprojets et signature de la convention de cofinancement entre le PNDP et la commune ; le versement de la troisième tranche qui représente les 40% de la convention de cofinancement est basé sur les rapports de l'état d'avancement de l'exécution des travaux des microprojets financés par la deuxième tranche ;
- le compte de la commune ouvert à cet effet est mouvementé sous la triple signature du maire, du receveur municipal et du coordonnateur régional de la cellule du PNDP ;
- dans un souci de transparence et de bonne gouvernance locale, le résumé du budget communal, les rapports d'exécution technique des projets, ainsi que les états des dépenses du compte joint sont rendus publics.

Dans cette procédure de versement direct des fonds aux communes, le rôle de l'AFD demeure fondamental dans la mesure où il lui revient de donner un avis de non-objection sur les termes de référence des études qui sont financées sur fonds C2D. Mais l'on observe que la volonté de faire de la commune un acteur principal du développement et de la coopération au développement est réelle. Cette volonté qui n'est certes pas exprimée dans la réforme de 1998 se trouve exprimée tant par les communes elles-mêmes que par l'État. Ceci est observable tant en France que dans les pays africains.

En France, Jacques Blanc et Bruno Rémond font observer que de tout temps, les collectivités locales ont été des agents du développement économique et social. Au même moment, on peut voir que la manifestation de l'intensification des actions de l'État dans les domaines économique et social, correspond au cours des dernières décennies à « *une certaine volonté ou une velléité certaine des responsables des collectivités locales d'intervenir pour structurer comme pour animer le développement économique de leur territoire* »[492]. Les deux auteurs veulent par-là dire que les communes, les départements et les régions en France n'ont pas attendu que le pouvoir central leur cède les compétences en matière de développement économique et social. Ces échelons territoriaux entendent eux-mêmes s'occuper de leur développement, quitte à répondre de leurs actes devant leurs électeurs. C'est de cette responsabilité que parlent Vincent Lemieux et les défenseurs de la décentralisation qui se sont exprimés après le discours fondateur de Charles de Gaulle prononcé à Lyon en 1968. Les domaines dont les collectivités entendent s'occuper concernent ce que Jacques Blanc et Bruno Rémond appellent des « *domaines éminemment délicats et conflictuels d'articulation des compétences et des moyens des collectivités territoriales et de l'État au niveau national* »[493].La prise en compte de ces domaines par les collectivités territoriales entraîne ce que les deux auteurs désignent par les expressions « *régionalisation progressive de la planification* » et « *interventionnisme économique des collectivités territoriales* ». Ils notent que, depuis l'instauration en France de la planification, au lendemain de la Seconde Guerre mondiale, il est possible de distinguer deux grandes étapes historiques : *« La première fut marquée par la progressive régionalisation du Plan national, des timides tentatives du Ive plan au demi-succès du VIIe plan. Puis à partir de 1982, un certain renversement de perspective s'est opéré, parallèlement à la mise en œuvre de la décentralisation, et le concept de planification régionalisée a été retenu »*[494].

---

[492] Jacques Blanc et Bruno Rémond, *op cit.*, p 359.
[493] Ibid.
[494] *Ibid.*

Des étapes intermédiaires scanderont ainsi l'aboutissement à la régionalisation de la planification, pour qu'une véritable responsabilité soit reconnue aux territoires régionaux en la matière. C'est ainsi : « *après l'expérience du Plan intérimaire, qui sans être intérimaire, est du moins intérimaire entre la pratique des plans précédents, et celle d'une future planification décentralisée que le gouvernement de l'époque se proposait de concevoir, la régionalisation de la planification fut réalisée par la loi du 29 juillet 1982 qui, définissant un nouvel État de droit, modifie les relations entre l'État et les régions en matière de planification* »[495].

Quant à l'interventionnisme économique des collectivités territoriales, Jacques Blanc et Bruno Rémond pensent qu'on est parti d'une ouverture timide à une révolution copernicienne. Ceci s'est déroulé à travers interdiction, tolérance et autorisation dans la mesure où dans le domaine économique, la loi du 2 mars 1982 « *représente indiscutablement une ligne de brisure. Avant elle, on a assisté à un passage progressif des principes de liberté à des interdictions concrètes* »[496]. Avant la loi de 1982, on observe qu'il y avait des fenêtres de liberté et des principes d'interdiction. En termes de fenêtres de liberté, on voit que les collectivités locales avaient la possibilité d'intervenir en faveur du développement économique, cette intervention se fondant sur la clause générale de compétence qui régit les attributions du conseil municipal comme du conseil général. Mais pendant longtemps, et en dépit de leur capacité juridique d'intervenir, les collectivités locales en France- communes et départements- ont peu agi dans le domaine économique ; cela d'autant plus que le souci de l'État fut constamment de limiter au plus étroit les interventions économiques des collectivités locales[497]. La réalité s'est au fil des années modifiée. On « *s'éloigna rapidement de cette théorie et la volonté administrative de limiter fortement les interventions économiques des collectivités territoriales s'éloigna. Cette réalité constatable fut marquée tout à la fois par la diversification des catégories d'intervention économique, comme par le développement des interventions illégales des établissements publics régionaux* »[498]. En 1982, on a pu donc observer un renversement de la théorie, et en 1987 sa régulation. En effet, les lois du 7 janvier et du 2 mars 1982 clarifient et renouvellent les principes, et le dispositif adopté consacre ce que Jacques

---

[495] *Op cit.*, p 364.
[496] *Op cit.*, p 383.
[497] Jacques Blanc et Bruno Rémond, *op cit.*, p. 384
[498] *Op cit.*, p 385.

Blanc et Bruno Rémond appellent « *la fin des interdits* »[499]. Il ne s'agit certes pas d'un transfert de compétences. Le législateur retient simplement un nouveau principe de liberté pour définir l'action des collectivités territoriales en matière économique.

Le fait de verser directement aux communes les fonds des C2D pour leur développement répond également au souci que les pouvoirs locaux et l'État ont depuis longtemps dans le domaine de l'autonomie des territoires. Les lois de décentralisation adoptées en juillet 2004 au Cameroun par exemple, prévoient le transfert de compétences et de moyens importants aux communes. Leur mise en œuvre permet de stimuler les initiatives de développement local et de rénover les services déconcentrés de l'État. On observe par ailleurs que la France comme les pays africains entendent aller plus loin dans l'implication des territoires dans la coopération au développement. Elle ne se limite plus à l'échelon de la commune, les financements concernent également les communautés rurales.

B. Les communautés rurales

Ces communautés sont également devenues parties prenantes de la coopération au développement, dans la mesure où les fonds C2D leur sont destinés. Même si ces fonds transitent par les communes auxquelles elles appartiennent, il n'en demeure pas moins qu'ils leur sont destinés. La raison est que les communautés peuvent avoir des projets de développement qui ne font pas partie du Plan communal de développement (PCD), mais l'importance de ces projets pour leur développement interpelle les bailleurs de fonds qui autorisent que leur soient versés les fonds nécessaires au financement.

Au titre de la composante 1, les prévisions des réalisations du PNDP se sont situées autour de 314 microprojets dont 78 communaux et 236 communautaires répartis ainsi qu'il suit d'année en année :

---

[499] *Op cit.*, p 387.

Prévision des microprojets année par année.

	2007	2 008	2 009	cumul
Montage et contrôle technique des microprojets				
Adamaoua			20	
Centre			16	
Extrême-Nord			41	
Nord			50	
OUEST			16	
Sud			16	
Microprojets communaux				
Adamaoua	1	6	3	10
Centre	1	-	3	4
Extrême-Nord	2	15	7	24
Nord	3	10	7	20
Ouest	1	4	3	8
Sud	0	9	3	12
TOTAL MICROPROJETS COMMUNAUX	**8**	**38**	**26**	72
Microprojets communautaires				0
Adamaoua	4	14	17	35
Centre	6	6	13	25
Extrême-Nord	10	9	34	53
Nord	7	30	43	80
Ouest	2	11	13	26
Sud	4	-	14	18
TOTAL microprojets communautaires	**33**	**70**	**134**	**237**
TOTAL GÉNÉRAL	**41**	**108**	**160**	**309**

Source : PNDP : bilan des réalisations physiques au cours de la première phase de la mise en œuvre sur fonds C2D.

Au cours de la 1re phase, le montant alloué au financement des microprojets s'élève à 4.16 milliards de FCFA, soit environ 31, 8 % des ressources reçues. On voit apparaître dans le tableau ci-dessus la part accordée aux communautés.

Localisation	Région	2007	2008	2009	Total
Communautaire	AD	-	163 931 017	529 518 537	693 449 554
	CE	83 717 084	142 542 909		226 259 993
	EN	-	15 000 000	213 730 537	228 730 537
	NO	172 187 811	368 599 103	290 948 093	831 735 007
	OU	69 045 784			69 045 784
	SU	28 500 000	135 862 000	99 425 000	263 787 000
Total communautaire		353 450 679	**825 935 029**	**1 133 622 167**	**2 313 007 875**
Communaux	AD	129 422 907		47 500 000	176 922 907
	CE	75 000 000			75 000 000
	EN	-	298 150 864	239 237 326	537 388 190
	NO	328 911 046	73 202 965	73 367 729	475 481 740
	OU	449 504 062			449 504 062
	SU	-	62 097 471	66 524 685	128 622 156
Totaux communaux		982 838 015	**433 451 300**	**426 629 740**	**1 842 919 055**
Total		1 336 288 694	**1 259 386 329**	**1 560 251 907**	**4 155 926 930**

Au titre de cette composante, les trois provinces septentrionales (AD, NO, EN) représentent 73% du nombre total de microprojets financés sur fonds C2D. Ces microprojets correspondent à 71% des financementsC2D alloués aux régions septentrionales au cours de la première phase du programme, avec une part accordée aux communautés rurales, via les communes. Ceci confirme l'idée selon laquelle la France a adopté de nouvelles orientations dans sa politique d'aide au développement. Dans ce cas, les communautés rurales, comme les communes, constituent des solutions aux problèmes qui se posent à l'efficacité de la politique d'aide au développement de la France en Afrique. Elles font partie du nouveau paradigme de l'intervention française, car même si la France s'est toujours intéressée au développement à la base par le biais des programmes sur l'agriculture par exemple, les financements et la mise en œuvre de ces programmes passaient exclusivement par les administrations centrales qui contrôlaient par ailleurs largement les programmes qui étaient mis en place. Il y a ainsi une rupture dans les traditions de la coopération au développement de la France en Afrique. Ce qui constituait hier un consensus relativement ferme entre les politiques et les praticiens du développement a connu une crise dont la solution a consisté à changer de méthode pour passer d'une coopération centralisée à une coopération intégrant les territoires, au-delà même des échelons territoriaux reconnus par la loi.

Les communes et les communautés rurales constituent donc le nouveau paradigme de l'intervention française en Afrique parce qu'en tant que solution à l'efficacité de la politique d'aide, elles sont des réponses concrètes à des problèmes concrets, lesquelles sont acceptées non seulement pour ce qu'elles sont, mais aussi parce qu'elles constituent des guides pour la recherche et la pratique du développement. Comme c'est le cas pour le paradigme scientifique, les territoires que sont les communes et les communautés rurales entraînent un double accord au sein des acteurs du développement : c'est un accord par rapport au problème de la faible efficacité des politiques d'aide, c'est également un accord par rapport à la solution à ce problème. Le territoire est à l'image du paradigme de Kuhn, une solution découverte, reconnue et qui, pour un temps, fournit à un groupe de personnes, des problèmes types et des solutions adaptées. Il n'est pas exagéré de parler de changement de paradigme ou de révolution conceptuelle dans la politique d'aide de la France en Afrique, car cette politique a d'abord été strictement centralisée, gérée, coordonnée et mise en œuvre par les bureaucraties centrales, avant d'intégrer dans son dispositif les collectivités territoriales. On est par ailleurs dans l'une des dimensions du changement que distingue Peter Hall, à savoir un changement de paradigme, c'est-à-dire l'orientation générale et les conceptions qui la sous-tendent. Ce qui était hier accepté est aujourd'hui progressivement modifié. La toute-puissance des bureaucraties centrales et leur prétention à réaliser le bien au profit des territoires reculent au point où la territorialisation des politiques publiques devient un consensus tant national qu'international. C'est l'échec de l'administration pour le développement qui est mis en avant par cette territorialisation des politiques de développement.

Cette question a déjà longuement été traitée par les spécialistes de l'Administration publique comparée (APC), lesquels ont souvent cherché à renforcer les capacités managériales dans le cadre de la mise en œuvre des initiatives de développement national, et pour offrir les services publics nécessaires de façon efficiente et efficace. Plus l'intérêt pour les questions du développement s'est affirmé, plus l'APC a fini par évoluer vers un domaine d'étude désormais appelé « *l'administration pour le développement* ». De nombreuses publications ont été produites à cet effet à partir des années 60, avec pour point d'ancrage des stratégies de réforme possibles pour les pays se lançant dans des missions de modernisation. Mais le constat qui a été fait est que : « *sur le plan opérationnel, l'administration pour le développement désigne les activités de l'État qui favorisent la croissance économique, renforcent les capacités humaines et organisationnelles et encouragent l'égalité entre les citoyens dans la répartition des opportunités, des revenus et du pouvoir »*[500]. Cette définition permet néanmoins de repérer sur le continent *noir le fait que« l'efficacité de l'exécution des programmes est souvent limitée »*[501]. L'auteur vient par-là confirmer l'idée que les efforts produits par les administrations centrales ne permettent pas toujours d'atteindre les meilleurs résultats en termes de développement. Or, l'expérience est en train de montrer que la mise en avant des territoires produit des résultats plutôt satisfaisants.

II. Des résultats palpables

L'une des raisons ayant justifié cette recherche porte sur le bilan mitigé que les analystes et les experts dressent sur la politique française d'aide au développement en Afrique. C'est une politique qui remonte au lendemain de la Seconde Guerre mondiale, mais dont les réformes se sont fait attendre pendant longtemps. Mais d'année en année, la France a commencé un certain nombre d'ajustements pour « *mieux répondre aux enjeux du développement par une stratégie cohérente au service du développement durable et de la lutte contre la pauvreté, par le biais des stratégies sectorielles au service de ces objectifs* ». Cette ambition a pris un tournant décisif en 1998, avec l'arrivée de Jacques Chirac au pouvoir, mais à partir d'un travail fait par la gauche. Autant dire que la question des réformes de l'aide publique de la France, et de façon plus globale, celle de sa coopération au développement, est un consensus dans la classe politique française.

Mais force est de constater que le texte de la réforme n'a pas prévu l'élargissement des intervenants de l'aide publique au développement aux collectivités territoriales qui sont pourtant, comme cela est perceptible dans de nombreux pays au monde, des acteurs pertinents du processus de développement, lequel renvoie à l'ensemble des mesures prises pour améliorer durablement les conditions de vie des populations.

Malgré cette absence de prise en compte, le constat qui a été fait à partir du bilan négatif des administrations centrales en matière de développement, le contexte législatif des États receveurs de l'aide, et le dynamisme des collectivités territoriales elles-mêmes, ont rendu favorable la mise en avant de celles-ci dans la réalisation des projets financés par l'APD. À partir de l'exemple des microprojets financés sur

---

[500] Jamil Jreisat : « L'administration publique comparée et l'Afrique », *Revue internationale des Sciences administratives*, *op cit.*, p 647.
[501] Ibid.

fonds C2D, et coordonnés par le programme national de développement participatif au Cameroun, on peut observer des résultats concrets obtenus à partir des territoires (A) et donc une nécessaire extension dans d'autres aspects de l'aide publique au développement (B).

A. Des résultats concrets en trois phases à partir des territoires

Les résultats présentés ici concernent la phase 1 du programme national de développement participatif, et plus précisément les projets financés sur fonds C2D. C'est un bilan dressé par l'Agence française de développement, principal opérateur dans le domaine des C2D. Lors de cette évaluation par l'AFD, il a été convenu de répartir le montant de *13, 1 milliards* FCFA approuvé sur ressources C2D ainsi qu'il suit au cours des quatre ans de la première phase du Programme :

Tableau 1 : Plan de financement du PNDP par les fonds C2D (Phase 1).

Année	2006	2007	2008	2009	Total
Montant en millions d'euros	1, 1	5, 7	6, 0	7, 2	**20**
Montant en milliards de FCFA	0, 7	3, 7	4, 0	4, 7	**13, 1**

Le plan d'utilisation des ressources C2D a été élaboré à partir du plan de financement prévisionnel contenu à l'annexe II de la convention d'affectation. Ce plan dispose que les fonds affectés au PNDP seront au minimum concentrés à 65 % dans les trois provinces septentrionales. Toutefois, dans le souci de booster les activités dans toutes les provinces de mise en œuvre du PNDP, les pourcentages prévus dans la convention d'affection ne seront pas respectés à la lettre dès la première année, mais la tendance générale permettra qu'au moins les 65% du financement C2D soient alloués aux trois provinces septentrionales d'ici la fin du financement.

Après la signature de la convention d'affectation, les fonds C2D ont été débloqués suivant le tableau ci-après :

Tableau 2 : Rythme de mobilisation des ressources C2D.

Année	2007	2008	2009	Total
Montant en milliards deFCFA	2, 7	4, 445	5, 973	**13, 1**

Sur les 309 microprojets prévus par le PNDP au cours de la première phase, 196 ont été effectivement financés. La répartition de ces financements est reprise dans le tableau ci-après. Il importe de préciser que la différence entre les prévisions et les réalisations trouve son explication à 2 niveaux : (i) une estimation trop optimiste (44 MP communaux pour 1.4 milliard et 69 MP communautaires, 719 millions, soit des moyennes respectives de 31 millions pour 1 MP communal et 10 millions pour un microprojet communautaire)et (ii) des reliquats de ressources encore disponibles au niveau des régions et destinés au financement des microprojets, compte tenu de l'arrivée assez tardive des ressources.

Localisation	**Région**	**2007**	**2008**	**2009**	**Total**
Communautaire	AD		15	31	46
	CE	6	13		19
	EN		1	15	16
	NO	114	28	22	64
	OU	5			5
	SU	2	10	7	19
Total communautaire		**27**	**67**	**75**	**169**
Communaux	AD	2		1	3
	CE	1			1
	EN		4	4	8
	NO	5	1	1	7
	OU	6			6
	SU		1	1	2
Totaux communaux		**14**	**6**	**7**	**27**
Total général		**41**	**73**	**82**	**196**

Au titre de la composante 2, les prévisions des réalisations du PNDP d'année en année ont concerné :

- le financement des études en appui à la décentralisation ;
- la formation des commissions communales de passation des marchés ;
- les formations thématiques des maires et du personnel sur la gestion communale.

Comme réalisation de la composante 2, le PNDP a pu capitaliser les résultats suivants :

1. Une étude sur la mise en application du nouveau plan comptable sectoriel des communes dans sa phase de recherche d'une solution informatique optimale ;

2. Des formations des commissions des marchés et des maîtres d'ouvrage ;

3. Des formations thématiques des communes.

Les tableaux suivants reprennent le nombre de communes et personnes formées dans le cadre de ces activités :

4. Formation des commissions communales de passation des marchés et des maîtres d'ouvrage

a) Nombre de maires et de commissions communales formés par l'ARMP.

	2007	**2008**	**2009**	**Total**
Adamaoua	7	12	9	**28**
Centre	17		17	**34**
Extrême-Nord		35	12	**47**
Nord	0	21	21	**42**
Ouest		11	11	**22**
Sud	0	23	10	**33**
Total	**24**	**102**	**80**	**206**

(Certaines commissions ont été formées plus d'une fois du fait du renouvellement des membres de la commission et/ou de l'exécutif municipal).

b) **Nombre de personnes formées**

	2007	**2008**	**2009**	**Total**
Adamaoua	40	60	48	**148**
Centre	11		7	**18**
Extrême-Nord		223	84	**307**
Nord	0	147	0	**147**
Ouest		77	77	**154**
Sud	0	155	57	**212**
Total	**51**	**662**	**273**	**986**

Formation du personnel communal à la gestion budgétaire

a) Nombre de communes formées par le CEFAM

	2007	**2008**	**2009**	**Total**
Adamaoua	0	0	7	7
Centre	19	25	15	59
Extrême-Nord		**5**	**5**	10
Nord	0	0	10	10
Ouest			14	14
Sud	0	0	6	6
Total	19	30	57	106

b) Nombre d'élus et personnels communaux formés

	2007	2008	2009	Total
Adamaoua	0	0	36	36
Centre	20	50	15	85
Extrême-Nord		**5**	**5**	10
Nord	0	0	10	10
Ouest			14	14
Sud	0	0	23	23
Total	20	55	103	178

Les principales activités de la composante 3 ont concerné :

- la contractualisation avec les OAL, les formations du personnel et des élus, des ateliers de formation et des ateliers techniques divers ;
- la formation des organes de délibération du programme (CPAC et CPAP) ;
- la formation du personnel.

Au cours de la première phase, 79 contrats ont été signés avec les OAL pour l'accompagnement des communes. Dans les 6 régions d'intervention du programme, ces contrats, ainsi que les produits de l'accompagnement des communes, sont présentés dans les tableaux suivants :

Contractualisation avec les OAL

	2007	2008'	Total
Adamaoua	2	8	10
Centre	2	18	20
Extrême-Nord	4	**19**	23
Nord	4	4	8
Ouest	1	11	12
Sud	1	5	6
Total	**14**	**65**	**79**

Produit de la planification locale et communale

Plans de développement communal

Région	2 007	2 008	2 009	Total
AD	2	11		13
CE	8			8
EN			7	7
NO	2	4		6

OU	5			5
SU	3			3
Total	20	15	7	42

Plan de développement local

Région	2 007	2 008	2 009	Total
AD	94	269		363
CE	166			166
EN	0		588	588
NO	67	151		218
OU	101			101
SU	54			54
Total	482	420	588	1490

Formation des organes de délibération

Les organes de délibération ont été formés dans les six régions sur les procédures du programme en général et sur le processus d'approbation des PDL, PDC et requêtes des microprojets communautaires et communaux.

Formation du personnel du programme

Outre les ateliers de routine liés à la programmation et la budgétisation, des formations de recyclage et de mise à niveau du personnel ont été organisées. Ces formations portaient sur les procédures administratives et financières, la passation des marchés, le mode opératoire du programme et la définition de certains outils.

Certains cadres du programme ont effectué des stages de formation à l'extérieur du pays notamment à l'institut Forhum, à la Rochelle et au CIFOPE à Paris.

Au titre de la composante 4, les fonds C2D ont permis de financer outre une partie des charges récurrentes de fonctionnement, notamment les charges locatives, les salaires du personnel et les fournitures de bureau, l'acquisition de cinq (5) véhicules 4x4 et le financement des frais de mission de suivi et supervision, des audits (techniques et financiers), des évaluations internes et externes, ainsi que de petits travaux d'aménagement de locaux.

Pour l'année 2015 par exemple, le PNDP entend poursuivre la mise en œuvre des activités liées au financement C2D, que sont : (i) la poursuite de la mise en œuvre du projet REDD+ « Réduction des Emissions des gaz à effet de serre dues à la Déforestation et à la Dégradation des forêts », (ii) l'institutionnalisation du contrôle citoyen dans de nouvelles communes (iv); la poursuite du déploiement du logiciel Sim_ba dans de nouvelles communes et (v) la mise en place de 13 radios communautaires et le renforcement de 13 radios existantes.

Des résultats concrets entre la 1ère et la 3e phase du PNDP au Cameroun

-329 plans communaux de développement (PCD) élaborés ;

-identification dans les 10 régions du Cameroun de plus de 4000 microprojets ;

-314 700 personnes ont désormais accès à l'eau grâce à la création ou à la réhabilitation de plus 467 points d'eau ;

- 250 000 personnes ont désormais accès à l'électricité grâce à l'électrification de plus de 50 localités ;

-166 000 élèves étudient dans de meilleures conditions grâce à la construction de plus de 274 salles de classe ;

-95 000 personnes ont accès aux structures sanitaires grâce à la construction et à l'équipement de 32 centres de santé intégrés ;

-125 000 personnes ont été désenclavées et réparties dans 100 villages grâce à l'aménagement de 160 km de pistes rurales et de 80 ouvrages de franchissement (ponts, ponceaux, dalots).

Source : Les Echos du PNDP, n°011, janvier, février, mars 2016, p. 6.

Le cahier suivant de 8 pages (hors pagination)
comporte des tableaux scindés en deux

Tableau montrant que les aides, notamment les fonds C2D, sont versées aux territoires et ne sont pas diluées dans le fonctionnement des administrations centrales

N°	Code géo	Commune	Date signature convention PCD	Montant de l'allocation	Montant 1ère tranche	Date de virement 1ère tranche
68	NO101	Baschéo	18/08/2010	136124285	34480000	02/11/2010
69	NO111	Garoua 1	30/07/2010	136124285	30313333	02/11/2010
70	NO112	Garoua 2	13/09/2010	136124285	29480000	02/11/2010
71	NO113	Garoua 3	11/08/2010	136124285	36380000	02/11/2010
72	NO105	Gaschiga	19/08/2010	136124285	36480000	02/11/2010
73	NO107	Ngong	21/08/2010	136124285	39566957	02/11/2010
74	NO402	Rey Bouba	06/08/2010	136124285	43480000	02/11/2010
75	NO107	Bibemi	28-nov-10	85380197	33480000	31/12/2010
76	NO202	Poli	28-nov-10	85245213	32566274	31/12/2010
77	NO103	Dembo	28-nov-10	85380196	22680000	31/12/2010
78	NO401	Madingring	28-nov-10	85380196	26480000	31/12/2010
133	EN046	Maroua I			5 160 000	04/04/2011
134	EN045	Maroua II				
135	EN044	Maroua III				

suite	N°	Date de justification 1ère tranche (date de transmission à la CNC)	Montant 2ème tranche	Date de virement 2ème tranche	Date de justification 2ème tranche	Montant 3ème tranche	Date de virement 3ème tranche	Date de justification 3ème tranche	Niveau de consommation de l'allocation	Bailleur
	68								3071011	C2D
	69								2186265	C2D
	70								2198250	C2D
	71								2776205	C2D
	72								2910411	C2D
	73								2063025	C2D
	74								2456550	C2D
	75									C2D
	76		53678938	31/12/2010						C2D
	77		62700196	31/12/2010						C2D
	78									C2D
	133								0	C2D
	134								0	
	135								0	

N°	Code géo	Commune	Date signature convention PCD	Montant de l'allocation	Montant 1ère tranche	Date de virement 1ère tranche
136	EN043	Bogo			5 160 000	04/04/2011
137	EN042	Ndoukoula				
138	EN041	Méri				
139	EN040	Pétté				
140	EN039	GAZAWA	19/08/2010		24 260 000	02/09/2010
141	EN038	DARGALA	19/08/2010		27 760 000	02/09/2010
142	EN037	FOTOKOL	13/08/2010		53 660 000	02/09/2010
143	EN036	GOULFEY	13/08/2010		33 010 000	02/09/2010
144	EN035	BLANGOUA	13/08/2010		43 160 000	02/09/2010
145	EN034	HILE ALIFA	13/08/2010		34 410 000	02/09/2010
146	EN033	DARAK	13/08/2010		27 060 000	02/09/2010
147	EN032	Makary			5 160 000	04/04/2011
148	EN031	Logone birni			5 160 000	04/04/2011
149	EN030	Waza			5 160 000	04/04/2011
150	EN029	Kousséri			5 160 000	04/04/2011
151	EN028	ZINA	13/08/2010		27 760 000	02/09/2010
152	EN027	TCHATIBALI	18/08/2010		26 710 000	02/09/2010
153	EN026	DATCHEKA	18/08/2010		25 660 000	02/09/2010

suite	N°	Date de justification 1ère tranche (date de transmission à la CNC)	Montant 2ème tranche	Date de virement 2ème tranche	Date de justification 2ème tranche	Montant 3ème tranche	Date de virement 3ème tranche	Date de justification 3ème tranche	Niveau de consommation de l'allocation	Bailleur
	136								625 000	C2D
	137								0	
	138								0	
	139								0	
	140								2 075 550	C2D
	141								1 559 325	C2D
	142								5 581 075	C2D
	143								10 025 861	C2D
	144								13 346 013	C2D
	145								2 273 758	C2D
	146								6 197 139	C2D
	147								675 000	C2D
	148								675 000	C2D
	149								550 000	C2D
	150								750 000	C2D
	151								5 992 500	C2D
	152								2 313 315	C2D
	153								2 085 816	C2D

N°	Code géo	Commune	Date signature convention PCD	Montant de l'allocation	Montant 1ère tranche	Date de virement 1ère tranche
154	EN025	WINA	18/08/2010		29 160 000	02/09/2010
155	EN024	Yagoua			5 160 000	04/04/2011
156	EN023	Kar hay			5 160 000	04/04/2011
157	EN022	Gobo			5 160 000	04/04/2011
158	EN021	Kaïkaï			5 160 000	04/04/2011
159	EN020	GUERE	18/08/2010		33 710 000	02/09/2010
160	EN019	GUEME	18/08/2010		27 760 000	02/09/2010
161	EN018	MAGA	18/08/2010		33 710 000	02/09/2010
162	EN017	KALFOU	18/08/2010		28 110 000	02/09/2010
163	EN016	MINDIF	17/08/2010		28 110 000	02/09/2010
164	EN015	Kaélé			5 160 000	04/04/2011
165	EN014	Moutourwa			5 160 000	04/04/2011
166	EN013	Moulvoudaye			5 160 000	04/04/2011
167	EN012	GUIDIGUIS	17/08/2010		23 210 000	02/09/2010
168	EN011	TOULOUM	17/08/2010		24 960 000	02/09/2010
169	EN010	DZIGUILAO	17/08/2010		24 260 000	02/09/2010
170	EN009	Mora			5 160 000	04/04/2011
171	EN008	Tokombéré			5 160 000	04/04/2011

suite	N°	Date de justification 1ère tranche (date de transmission à la CNC)	Montant 2ème tranche	Date de virement 2ème tranche	Date de justification 2ème tranche	Montant 3ème tranche	Date de virement 3ème tranche	Date de justification 3ème tranche	Niveau de consommation de l'allocation	Bailleur
	154								7 028 589	C2D
	155								750 000	C2D
	156								475 000	C2D
	157								675 000	C2D
	158								700 000	C2D
	159								9 243 412	C2D
	160								5 592 344	C2D
	161								1 500 000	C2D
	162								2 628 309	C2D
	163								6 310 107	C2D
	164								625 000	C2D
	165								750 000	C2D
	166								700 000	C2D
	167								1 613 781	C2D
	168								3 922 562	C2D
	169								2 074 031	C2D
	170								675 000	C2D
	171								750 000	C2D

N°	Code géo	Commune	Date signature convention PCD	Montant de l'allocation	Montant 1ère tranche	Date de virement 1ère tranche
172	EN007	KOLOFATA	12/08/2010		31 610 000	02/09/2010
173	EN006	BOURHA	16/08/2010		29 160 000	02/09/2010
174	EN005	Mokolo			5 160 000	04/04/2011
175	EN004	Mogodé			5 160 000	04/04/2011
176	EN003	Mozogo			5 160 000	04/04/2011
177	EN002	KOZA	16/08/2010		30 210 000	02/09/2010
178	EN001	ROUA	16/08/2010		32 660 000	02/09/2010
179	EN000	HINA	16/08/2010		27 410 000	02/09/2010

Source : Extrait rapport annuel d'activités PNDP 2011.

suite	N°	Date de justification 1ère tranche (date de transmission à la CNC)	Montant 2ème tranche	Date de virement 2ème tranche	Date de justification 2ème tranche	Montant 3ème tranche	Date de virement 3ème tranche	Date de justification 3ème tranche	Niveau de consommation de l'allocation	Bailleur
	172								3 021 663	C2D
	173								6 934 623	C2D
	174								750 000	C2D
	175								700 000	C2D
	176								675 000	C2D
	177								6 418 789	C2D
	178								3 157 149	C2D
	179								2 534 961	C2D

Source : Extrait rapport annuel d'activités PNDP 2011.

Tout ce qui précède ne présente en rien des résultats exhaustifs de la politique française d'aide au développement. L'objectif est de prendre des exemples concrets et bien délimités pour montrer les transformations qui surviennent dans la politique française d'aide au développement, alors qu'elles n'ont pas été prévues expressément dans la grande réforme de 1998. On est en présence d'un bilan concret qui montre désormais que, sur une période relativement courte, il est possible d'évaluer ce à quoi sert cette aide publique au développement. Les politiques d'aide au développement sont anciennes, pourtant elles ne reçoivent aucune faveur de la part des analystes. Tout a commencé par un système d'aide multilatéral conçu dans le cadre d'organismes multilatéraux à vocation de développement que sont le PNUD, le programme des nations unies pour l'environnement ou encore l'ONUDI. La France s'intéresse depuis à ce système d'aide pour officiellement assister ses colonies indépendantes dans l'amélioration des conditions de vie de leurs populations. Mais le bilan de cette politique a toujours été négatif, au point où sa territorialisation aujourd'hui constitue, à n'en point douter, une planche de salut pour les populations cibles, et un modèle à étendre.

B. Une nécessaire extension dans les autres aspects de l'APD

Les résultats, certes limités, qu'offre le financement des microprojets sur fonds C2D au Cameroun, sous la coordination du programme national de développement participatif, autorisent à penser que ce nouveau paradigme de l'intervention de la France en Afrique est à étendre dans les autres domaines de l'aide publique au développement. En effet, les contrats de désendettement et de développement ne sont pas les seules formes que prend l'aide publique de la France en Afrique. Celle-ci se décline en plusieurs formes qui parfois peuvent entraîner une confusion si une observation précise n'y est pas faite. Il s'agit :

- *aide budgétaire globale :* aide destinée à financer le budget de l'État partenaire sans affectation à des dépenses pré identifiées. Elle est inscrite en ressources du budget de l'État et décaissable selon certains critères prédéfinis (indicateurs de mise en œuvre des cadres stratégiques de croissance et de lutte contre la pauvreté ou d'amélioration de la gestion des finances publiques) ;

- *aide budgétaire sectorielle :* aide destinée à financer les dépenses du budget de l'État partenaire relatives à un secteur économique et à la mise en œuvre d'une politique sectorielle commune, sous la conduite de l'État partenaire. Elle est exécutée selon les procédures nationales d'exécution de la dépense publique ;

- *aide programmable :* aide sur laquelle le récipiendaire et le donateur disposent de la maîtrise des engagements, ce qui exclut notamment les annulations de dettes, les frais d'écolage et l'accueil des réfugiés ;

- *aide pays programmable :* l'aide pays programmable correspond à la partie de l'aide bilatérale entraînant un flux financier entre le pays donateur et le pays receveur, faisant l'objet d'une programmation pluriannuelle ;

- *aide projet :* selon les pays concernés et les bénéficiaires, il s'agit de dons accordés aux pays les plus pauvres ; de prêts à conditions très favorables accordés aux États ou à des entreprises avec l'aval des États dans les pays à revenu intermédiaire ; de prêts accordés à des entreprises ou à des banques, sans l'aval des États, à des conditions améliorées ou à des conditions proches de celles du marché ;

- *aide programme :* notion identifiée par le CAD depuis 1991 correspondant à un ensemble de projets ou d'opérations structurés pour atteindre des objectifs de développement spécifiques à l'échelle d'un secteur, d'un pays ou d'une région. Elle peut prendre plusieurs formes : aide à la balance des paiements, soutien à un secteur déterminé (aide sectorielle) ou soutien à certaines dépenses budgétaires (aide ou appui budgétaire). Ces aides sont en général mises en œuvre en harmonie avec les procédures financières et budgétaires du pays bénéficiaire. Un programme peut être constitué de plusieurs projets ;

- *dons :* par don, l'OCDE entend un transfert en espèces ou en nature qui n'entraîne pas d'obligation juridique de remboursement pour le bénéficiaire. Dans les statistiques du CAD, sont considérés comme des dons : les subventions projets, la coopération technique (dont les écolages), l'aide alimentaire à des fins de développement, l'aide humanitaire, les remises de dettes, les aides consenties à des organisations non gouvernementales, les frais administratifs et le coût des réfugiés dans le pays donateur[502].

---

[502] Ministère des Affaires étrangères et du développement international : Mise en œuvre de la stratégie française d'aide au développement.

Il est donc important que la plupart de ces formes que revêt la politique française d'aide au développement épousent autant que faire se peut le nouveau paradigme de la territorialisation. Si tel est le cas, la France sera en conformité avec les engagements pris lors du forum de haut niveau sur l'efficacité de l'aide publique au développement tenu du 2 au 4 septembre 2008 à Accra au Ghana. Lors de cette rencontre, les ministres des pays en développement et des pays donneurs chargés de la promotion du développement et les responsables d'organismes bilatéraux et multilatéraux d'aide au développement ont entériné une déclaration en vue d'accélérer et d'amplifier la mise en œuvre de la Déclaration de Paris sur l'efficacité de l'aide adoptée le 2 mars 2005. Parmi les points importants de cette déclaration se trouve en bonne place l'utilisation le plus possible des systèmes des pays en développement. En effet, pour les plénipotentiaires présents dans la capitale ghanéenne, la réussite du développement dépend dans une large mesure de la capacité de l'administration du pays à mettre en œuvre les politiques qu'elle a définies et à gérer les fonds publics en s'appuyant sur ses propres systèmes et institutions. Dans la Déclaration de Paris, les pays en développement ont pris l'engagement de renforcer leurs systèmes et les donneurs ont accepté d'utiliser ces systèmes dans toute la mesure du possible. Les données dont on dispose montrent toutefois que ni les uns ni les autres ne sont sur la bonne voie pour tenir ces engagements. Les avancées réalisées dans l'amélioration de la qualité des systèmes nationaux sont très variables selon les pays et même lorsqu'il existe des systèmes nationaux de bonne qualité, il est fréquent que les donneurs ne les utilisent pas. Pourtant, il est admis que l'utilisation des systèmes des pays contribue à les améliorer.

Nous entendons par systèmes nationaux ici, la décentralisation qu'appliquent de nombreux pays africains et qui repose principalement sur une autonomie de plus en plus grande des collectivités territoriales décentralisées. Elle repose sur le transfert des prérogatives publiques des niveaux supérieurs de gouvernance aux niveaux inférieurs. Il peut s'agir de pouvoirs administratifs (transfert de fonctionnaires de missions publiques au niveau local), budgétaires (délégation des ressources et des capacités à exercer des activités rémunératrices), politiques (délégation du pouvoir de prise de décision) ou encore un mélange entre ces différentes prérogatives. Tenir compte des systèmes nationaux revient alors à accorder aux territoires une place prépondérance dans la mise en œuvre des politiques de développement financées par l'aide publique au développement.

CONCLUSION GÉNÉRALE

En définitive, la politique d'aide au développement de la France en Afrique procède d'une démarche centralisatrice dont les sources remontent à l'histoire politique et institutionnelle de ce pays. Cette centralisation produit des effets sur les différents types d'aides (aides financières, aides projets, assistance technique), et empêche la pleine réalisation d'objectifs de développement attendus par les populations africaines. L'aide procède par une coordination d'acteurs, de groupes sociaux et d'institutions, laquelle créé des goulots d'étranglement au niveau de la réalisation des projets de développement. Si la réforme de 1998 a amélioré la gestion managériale, elle n'est néanmoins pas allée jusqu'au bout de la logique, au point où sa mise en œuvre ne produit que des effets incrémentaux au plan du développement, c'est-à-dire de petits changements de l'action publique qui ne modifient que marginalement les situations jugées problématiques.

Le contrôle par les institutions centrales de l'émergence, la formulation et la mise en œuvre des politiques publiques d'aide constitue ainsi l'un des principaux facteurs empêchant la pleine réalisation des objectifs fixés officiellement dans les accords relatifs au financement du développement à travers l'aide internationale. Les différentes analyses faites dans le cadre de cet ouvrage permettent d'observer qu'on est en présence d'une configuration institutionnelle caractérisée par une distribution du pouvoir mal articulée, avec absence d'un « ministère pilote », mais également absence de séparation tranchée entre la conception (émergence et formulation) et la mise en œuvre. La coordination faite ainsi par le Premier ministre en France s'en trouve également affectée, car pratiquement vidée de la substance liée au pilotage interministériel de la politique d'aide au développement. Tout ceci fait échec aux tentatives de rationalisation devenues au fil des années une préoccupation constante des administrations modernes.

L'une des préoccupations de la réforme de 1998 a justement été d'apporter plus de cohérence dans la politique d'aide de la France, et par conséquent plus d'efficacité dans la mise en œuvre des programmes et projets financés. Cela suppose un déploiement rationnel des structures dans l'émergence, la formulation et la mise en œuvre. Mais pendant longtemps, cette aide est encore restée engluée par la centralisation administrative, les territoires étant mis de côté, et subissant le diktat du centre. Après des années d'hésitation, et surtout grâce au mouvement de décentralisation engagé par de nombreux pays africains, et eu égard à certains engagements internationaux, l'on peut observer avec les C2D un début de rationalisation conduisant à la territorialisation de la mise en œuvre de l'aide, et à des résultats palpables comme c'est le cas avec le PNDP au Cameroun, et ce à destination des communes et des communautés rurales.

La grande rupture observée dans la politique d'aide au développement repose donc sur la territorialisation de la mise en œuvre des projets financés sur fonds C2D, et parfois l'émergence même de ces projets. Paris aime à cet effet relever que la procédure des C2D est une subvention qui finance des programmes de lutte contre la pauvreté, « sélectionnés d'un commun accord avec les pays bénéficiaires », comme pour souligner avec emphase le changement, au moins en partie, du paradigme dans l'usage des fonds d'aide de la France en Afrique. L'on observe ainsi une inscription progressive dans une dynamique de territorialisation ; le territoire devenant de plus en plus le nouveau paradigme de l'intervention française en Afrique. Ce qui est observable au Cameroun, l'est également dans un pays comme la Côte d'Ivoire qui a signé en 2012 un C2D avec la France d'un montant de 630 millions d'euros, dans le but de contribuer à l'effort de coordination, d'harmonisation et d'efficacité de l'aide, en faisant valoir les engagements internationaux souscrits par les deux pays. Ce C2D inscrit l'aide française en Côte d'Ivoire dans un partenariat pluri acteurs qui intègre, outre l'Etat, la société civile, le secteur privé, les partenaires au développement, et surtout les collectivités locales. Celles-ci sont prises au sérieux dans la mesure où l'accord entre les deux parties prévoit que chaque programme pourra prévoir le financement des collectivités territoriales décentralisées ou d'entités à but non lucratif, à l'instar des associations ou des fondations. Dans ce cas, la part de subvention affectée à un programme pourra en tout ou partie être rétrocédée par l'Etat de la Côte d'Ivoire à ces collectivités ou entités. Dans les autres pays africains, l'on perçoit également le souci qu'a l'aide française d'apporter des solutions concrètes aux problèmes des territoires. C'est le cas de la République Démocratique du Congo qui a signé en 2013 son premier C2D avec la France pour la période 2013-2016, d'un montant de 106 millions d'euros, avec entre autres secteurs prioritaires, l'accès à l'éducation et à l'eau potable. Au Congo Brazzaville, l'on a également des réalisations à peu près similaires, à l'instar des travaux de la route de la Corniche, la réhabilitation d'une partie des quartiers de Bacongo et Makélékélé de Brazzaville, le traitement des eaux pluviales et la mise en place d'une filière de gestion des déchets à Brazzaville, la réhabilitation du réseau des eaux du CHU...

Tout ce qui précède est une preuve que la France a fourni d'énormes efforts pour rendre son aide au développement utile aux populations auxquelles elle est officiellement destinée. L'une des meilleures manières d'aboutir à cette efficacité consiste à associer les pays bénéficiaires à la formulation des programmes et projets de développement, d'insister sur les solutions aux problèmes sociaux qui se posent à ces populations, et surtout de permettre aux territoires de participer pleinement à la mise en œuvre des programmes et projets retenus, le territoire étant le socle de la lutte contre la pauvreté et le terreau où émerge le développement.

Mais, s'il est vrai qu'il y a des mutations dans l'aide de la France en Afrique, les observations faites dans ce travail ne remettent pas en cause une réalité et même une vérité éternelle : l'aide est un mécanisme de financement du développement certes incontournable, mais toujours marqué par le sceau de l'intérêt, des conditionnalités et des contreparties, même s'il est question, dans le cadre des C2D, du financement du développement à partir des efforts de remboursements de la dette fournis par les pays africains.

C'est une politique publique ou simplement un mécanisme qui épouse les canons classiques des relations internationales, dont on sait depuis Machiavel que ce sont des relations ayant pour but l'acquisition des territoires et de leurs ressources. Même si à des moments prédominent un certain discours moralisateur tendant à civiliser les comportements internationaux, notamment à travers la promotion et la protection des droits de l'homme et de certaines valeurs, plus ou moins universellement acceptées, la base de l'action des Etats réside dans un calcul de l'investissement pour une meilleure rentabilité. Même l'action humanitaire la plus anodine que l'on peut observer, et qui apparaîtrait désintéressée, doit faire l'objet d'attention et être reliée à un ensemble d'actions proches ou lointaines basées également sur un calcul d'intérêt. Rien n'est pour rien dans les relations entre Etats, et ce sont ceux qui sont attentifs à cette maxime qui s'en sortent le mieux. La rationalité est au cœur des relations entre Etats, en général, celle-là même que l'on retrouve en chaque individu, et qui a permis à Bentham de concevoir sa théorie de l'utilitarisme, c'est-à-dire la problématique de l'intérêt. C'est l'existence de cet intérêt qui entraîne des contreparties de la part de ceux qui reçoivent l'aide au développement.

La contrepartie est au cœur de l'aide au développement, car elle permet de définir cette politique, qui selon l'OCDE ne contient que 25% de libéralités. Ceci suppose que les ¾ des sommes perçues au titre de l'aide publique au développement sont remboursées tôt ou tard, en totalité ou en partie. L'on paye toujours ce que l'on a reçu des pays donateurs, et quand bien même la dette est réduite ou annulée, cette « générosité » n'est qu'apparente, car elle cache d'autres contreparties qui peuvent être de nature différente.

Quant aux conditionnalités, elles sont toujours considérées comme des « contraintes extérieures » imposées aux pays receveurs qui ne les considèrent pas comme des priorités de leurs agendas de développement et de modernisation politique, mais comme des manifestations d'ingérence dans leurs politiques internes. Elles constituent par ailleurs un droit de regard a priori que les donateurs classiques de l'aide portent sur les systèmes politiques des pays receveurs. C'est l'une des principales marques de l'aide des pays occidentaux, car celle des pays d'Asie comme la Chine est moins conditionnée, voire pas du tout. Pour avoir inscrit trop de conditions dans leurs aides, les pays occidentaux ont fini par susciter l'ouverture du marché africain à d'autres grandes puissances dans d'autres régions du monde, et nul ne peut nier que les donateurs classiques de l'Afrique souffrent de voir une grande partie du marché africain entre les mains des Chinois, des Turcs, des Indiens ou des Brésiliens. L'aide publique au développement subsistera néanmoins, tant que les puissances du Nord auront des intérêts stratégiques à défendre au Sud en général, et en Afrique en particulier. Or tant que les Etats existeront ces intérêts stratégiques ne disparaîtront jamais. Et la disparition des Etats n'est pas pour demain. Le plus important est donc que des mutations même lentes puissent émerger et profiter aux populations qui devraient en être les bénéficiaires ultimes.

ANNEXES

L'efficacité de l'aide française au développement

Le concept d'efficacité de l'aide a émergé dans le contexte de l'adoption des objectifs du millénaire pour le développement (OMD) à l'ONU, en septembre 2000 et de l'augmentation attendue des volumes d'aide publique au développement (APD) suite aux engagements pris lors de la conférence de Monterrey sur le financement du développement (2002). L'engagement mutuel à améliorer l'efficacité de l'aide, en mettant en œuvre de bonnes pratiques a été scellé lors de la conférence internationale qui s'est tenue à Rome en février 2003 à l'initiative de l'OCDE et d'un groupe de pays donateurs. La déclaration finale de Rome, associe une quarantaine d'agences d'aide et 28 pays bénéficiaires, afin de respecter les priorités des pays bénéficiaires, simplifier et harmoniser les procédures, et mettre davantage l'accent sur les résultats.

Cinq axes de travail décidés à Paris en 2005

La France a signé la déclaration de Paris en mars 2005. Elle a ainsi souscrit à des engagements précis et une batterie de 12 indicateurs permettant de mesurer les progrès réalisés pour chacun de ces engagements.

La Déclaration de Paris comprend cinq axes de travail :

- L'harmonisation des méthodes d'intervention des bailleurs de fonds avec les procédures des pays bénéficiairesà travers l'utilisation des systèmes et institutions de ces derniers (notamment procédures de passation de marché, de compte-rendu financier et l'objectif ultime qui est d'aller jusqu'à l'aide budgétaire).

- L'alignement sur les priorités nationales des pays bénéficiaires : l'aide s'inscrit dans le cadre de politiques nationales plus clairement affirmées par le pays bénéficiaire (appropriation).
- La coordination et la division du travail entre bailleurs de fonds : le développement d'approches communes, la division du travail entre secteurs et entre pays pour éviter à la fois les problèmes d'engorgement dans les pays les plus appréciés par les bailleurs, ou le syndrome des "pays orphelins de l'aide".

- La gestion axée sur des résultats précis, auxquels concourent aussi bien l'aide que le budget ordinaire de l'État bénéficiaire.
- La nécessité de rendre compte de façon transparente de l'utilisation de l'aide dans les pays donateurs et bénéficiaires.

Pour en savoir plus : Déclaration de Paris sur l'efficacité de l'aide de 2005 (178 Ko)

La mise en œuvre en France : le Plan d'action français sur l'efficacité de l'aide et ses douze mesures concrètes

La France a élaboré un plan d'action qui décline les engagements pris par la France pour atteindre les objectifs fixés dans le cadre de la Déclaration de Paris. Il va même au-delà, en traitant notamment de façon plus détaillée les thèmes de la division du travail et de la prévisibilité. Ce plan est organisé autour de trois axes principaux se déclinant en 12 mesures concrètes :

La priorité donnée au renforcement des capacités

Enjeux majeurs de l'efficacité de l'aide, même si elles sont peu abordées dans la Déclaration de Paris, l'élaboration et la mise en œuvre des politiques publiques nécessitent un accompagnement en termes de renforcement des capacités. Ceci constitue une opportunité pour valoriser l'expertise française en la matière. Le plan d'action propose de développer ce type d'actions, dans un cadre coordonné, en faisant chaque fois que cela est possible appel à l'expertise disponible localement.

Le document cadre de partenariat (DCP), outil à approfondir

Le DCP, instrument de référence de la programmation de l'aide française à moyen terme, constitue un outil de mise en œuvre de la Déclaration de Paris sur bien des points : division du travail avec les autres bailleurs, alignement sur les politiques nationales, prévisibilité de l'aide, gestion axée sur les résultats. Cette évolution progressive de l'instrument doit permettre l'approfondissement des pratiques partenariales, autour du principe de responsabilité mutuelle. L'annexe chiffrée des DCP doit ainsi devenir un outil de pilotage de l'aide et d'amélioration de la maîtrise des flux de décaissement. De façon plus spécifique, l'aide devra de plus en

plus s'inscrire dans le cadre d'approches programmes (aide budgétaire, fonds communs, aide projet coordonnée).
L'amélioration des procédures et des pratiques de gestion françaises

Le plan d'action ouvre plusieurs chantiers concernant les procédures et les pratiques de gestion dans le dispositif d'aide. Une interrogation essentielle concerne les capacités des acteurs français à prendre toute leur part dans le processus de concertation et d'harmonisation. Cela concerne la déconcentration de la prise de décision pour permettre aux acteurs de terrain de participer à ce dialogue de façon efficace mais aussi le dimensionnement des ressources humaines présentes sur le terrain. Dans le domaine de la prévisibilité, une réflexion approfondie doit déboucher sur une meilleure gestion des contraintes budgétaires.
Plan d'action pour le renforcement de l'efficacité de l'aide et la mise en œuvre de la Déclaration de Paris (PDF, 78 Ko)

A l'échelle européenne : le Code de conduite européen sur la Complémentarité et la division du travail

Le Code de conduite adopté par le Conseil de l'Union européenne en mai 2007 enrichit la discussion autour de la complémentarité de l'aide et surtout propose des solutions pratiques aux bailleurs pour mettre en œuvre la division du travail dans le domaine de l'aide au développement. Le code propose aux États membres de l'UE plusieurs avancées significatives par rapport à la déclaration de Paris.
Sur la division du travail

- réduction du nombre de priorités à 3 par pays et par bailleur de fonds ;
- les bailleurs ont la possibilité de procéder par coopération déléguée ou par aide budgétaire globale dans les secteurs hors priorité ;
- maximum de 3 à 5 pays par secteur, avec un chef de file disposant d'un mandat clair de coordination et de discussion avec les autorités du pays hôte ;

même chose pour les organisations régionales ;

- quelques secteurs sont considérés comme hors concentration : gouvernance, recherche, enseignement supérieur ;
- définition pour chaque bailleur d'avantages comparatifs généraux en matière de secteurs et de types d'outil et concentration sur ces secteurs ;
- réduction du nombre de pays cibles par pays donateur ;
- définition des enveloppes d'aide à moyen terme et amélioration de la répartition entre pays afin d'éviter les pays "orphelins de l'aide".

Sur l'affirmation de la présence de l'Union européenne

- présence d'au moins un membre de l'UE dans tous les pays en développement et dans tous les secteurs importants ;
- compétence universelle de la Commission européenne : elle se doit d'être présente dans tous les pays en développement, mais elle peut déléguer la mise en œuvre de ses actions aux États membres.

A l'échelle internationale : le Partenariat mondial pour une coopération efficace au service du développement

En 2011, la déclaration finale du quatrième forum sur l'efficacité de l'aide de Busan (Corée du Sud) établissait déjà pour la première fois des principes communs et des engagements différenciés qui engagent tous les acteurs du développement (bailleurs et bénéficiaires) et prenait en compte les différentes modalités de son financement. Les pays émergents, en signant cette déclaration, font des principes de l'efficacité de l'aide une référence pour la coopération Sud-Sud, mais selon "une base volontaire". L'ensemble des acteurs du développement ont ainsi renforcé, réitéré ou énoncé de nouvelles actions et engagements pour une coopération efficace. Ils ont convenu d'agir en partenariat pour l'atteinte des Objectifs du millénaire pour le développement.

Le Partenariat mondial mentionné dans cette déclaration de Busan a ainsi été lancé le 29 juin 2012 à Paris. Il assure la mise en œuvre et le suivi des engagements en matière d'efficacité du développement, remplaçant ainsi le Groupe de travail sur l'efficacité de l'aide de l'OCDE. Le Partenariat mondial pour une coopération efficace au service du développement est co-présidé par une troïka de ministres (d'un donateur traditionnel, d'un pays bénéficiaire et d'un pays émergent) ; son secrétariat est assuré par l'OCDE et le PNUD. Il réunit tous les 18 à 24 mois les ministres des Etats ayant adoptés la déclaration finale de Busan, les responsables des organisations internationales, de la société civile, des parlementaires et des représentants du secteur privé pour assurer la mise en œuvre des engagements pris.

La mise en œuvre des engagements de Busan devrait orienter les travaux à venir du gouvernement français, qui s'est notamment engagé, à l'instar des autres signataires, à :

- améliorer la transparence de l'aide, à travers l'adoption d'un nouveau standard commun pour la publication de données détaillées sur l'aide au développement d'ici 2015, s'appuyant sur les travaux de l'OCDE et de l'Initiative internationale pour la transparence de l'aide (IATI) ;
- améliorer la prévisibilité des flux d'aide, en introduisant les réformes nécessaires à la publication régulière de données prévisionnelles sur les financements d'aide au développement ;
- utiliser plus les systèmes nationaux des pays partenaires et soutenir leur renforcement ;
- accélérer les efforts en matière de déliement de l'aide pour les pays les moins avancés ;
- réduire la fragmentation de l'aide et contenir la prolifération des canaux multilatéraux ;
- utiliser des cadres de résultats transparents, calés sur les objectifs des pays partenaires.

Depuis Busan, la France a accompli des progrès importants dans de nombreux domaines liés à l'efficacité de l'aide, tels l'utilisation de l'aide budgétaire, l'alignement avec les priorités et les systèmes des pays partenaires, le déliement de l'aide, la transparence. Elle continue à prôner l'élargissement des débats à l'ensemble des politiques et partenariats pour le développement, renforçant les synergies entre celui-ci et l'agenda post-2015. Ainsi elle a été très active lors de la première réunion de haut niveau du Partenariat mondial pour une coopération efficace au service du développement de Mexico (15-16 avril 2014) où elle s'est mobilisée sur deux thèmes :

- sur la lutte contre l'évasion fiscale et les flux financiers illicites : elle a annoncé son intention de collaborer avec le Sénégal sur un projet pilote dans le cadre de l'initiative « inspecteurs des impôts sans frontière » de l'OCDE.
- sur la rationalisation de l'aide multilatérale : dans ce cadre la France a également promu les travaux du MOPAN (Réseau de mesure des performances des organisations multilatérales), qu'elle a présidé en 2014.

Les acteurs du sud ont la volonté de sortir de la dépendance de l'aide grâce à leurs ressources internes. La France défend l'idée selon laquelle les pays donateurs doivent être en mesure de répondre à ce signal des acteurs du Sud, plaçant le curseur sur les enjeux relatifs à la mobilisation des ressources hors aide, et le renforcement des capacités des partenaires pour mobiliser et utiliser correctement ces ressources.

Le dialogue pluri-acteurs comme fondation du partenariat mondial.

Le France travaille au retour des grands pays émergents dans le partenarial mondial en restant ouverte au dialogue, dans le cadre du comité de pilotage comme au sein des instances multilatérales (G20, NU, travaux de l'OCDE en matière d'ouverture aux non membres).

Pour la France, le partenariat mondial doit également consolider les liens avec l'agenda post-2015. L'importance prise par les thèmes liés au financement du développement confirme le rôle du partenariat mondial comme l'une des instances de mise en œuvre de cet agenda.

La France défend la nécessité de revoir le fonctionnement des structures de gouvernance, principalement du comité de pilotage du Partenariat mondial. Ce dernier doit être plus transparent et inclusif, non seulement vis-à-vis des pays donateurs, mais aussi et surtout des partenaires, dont la voix n'est pas suffisamment relayée. Outre les mécanismes de coordination « traditionnels » (organisations régionales, etc.) il devrait être envisagé que ces acteurs puissent s'exprimer directement, dans le cadre de groupes de travail, ou en participant en qualité d'observateurs.

Le partenariat peut conforter et, à terme accroître son rôle en tirant parti de l''engagement des acteurs non institutionnels qui est une force et un gage de pertinence pour celle qui reste à ce jour la seule instance de dialogue multipartite sur la mise en œuvre de politiques de développement efficaces. A ce titre, la France reconnaît l'importance du développement inclusif et le rôle des organisations de la société civile (OSC) et des corps intermédiaires, non seulement sur le terrain, mais également dans les instances de dialogue. Les OSC du sud peuvent singulièrement contribuer au dialogue avec certains grands émergents (particulièrement les pays d'Amérique latine où elles sont plus actives), relayant les messages du partenariat mondial et promouvant l'adoption de « bonnes pratiques » par leurs gouvernements.

La France reconnaît aussi le rôle du secteur privé en tant que moteur d'une croissance durable dans les pays partenaires, soulignant que cette durabilité doit s'entendre au sens économique, mais aussi social et environnemental. La reconnaissance de ce nouveau rôle va de pair avec celle des responsabilités sociales et environnementales des entreprises, que la France promeut, y compris dans le cadre du partenariat mondial.

Enfin, la France estime que la mise en place des « principes pour l'engagement des fondations philanthropiques » en matière de développement devrait permettre de consolider le dialogue avec celles-ci sur la base de principes et de pratiques communes (à l'instar de l'adoption des principes d'Istanbul par les OSC de développement).

Transparence de l'aide

La transparence de l'aide constitue un enjeu majeur pour la compréhension et la légitimité des politiques de coopération au développement mais également pour l'efficacité de l'aide. C'est pourquoi la France place la transparence au cœur de ses processus et de ses pratiques. La transparence doit inclure les citoyens et les pays bénéficiaires de façon à ce qu'ils puissent accéder à des informations détaillées et régulièrement actualisées sur les projets en cours et en avoir une lisibilité claire.

Les objectifs d'une plus grande transparence

- apprécier la bonne utilisation des deniers publics par les contribuables, les parlementaires et l'opinion publique ;
- planifier l'apport de ressources extérieures par les pays bénéficiaires et construire des budgets plus fiables et cohérents ;
- favoriser la coordination et la division du travail entre bailleurs.

Les efforts de la France en matière de transparence : le site Internet sur la transparence de l'aide publique française

Depuis la déclaration de Paris (2005) sur l'efficacité de l'aide, la communauté internationale appelle régulièrement à une plus grande transparence sur l'aide publique au développement. La France a ainsi renforcé ses exercices de redevabilité et de publication d'informations sur son aide.

La politique d'open data de la France donne ainsi lieu, depuis 2011, à la mise en ligne d'informations sur l'aide au développement sur la plateforme ouverte des données publiques françaises, data.gouv.fr.

Prenant appui sur l'initiative pilote du site sur la Transparence de l'aide au Mali, la France a lancé, le 8 septembre 2014, un site internet répertoriant l'ensemble des projets d'aide au développement du MAEDI et de l'AFD dans ses 16 pays prioritaires. Au 13 février 2015, le site Internet comprend les données projet de l'aide française dans six pays (Burkina Faso, Guinée, Mali, Mauritanie, Niger, Sénégal) ; il sera élargi aux 10 autres pays prioritaires de la coopération française au printemps 2015.

Ce site internet permet de visualiser aisément sur une carte les projets mis en œuvre par la France dans ces pays, à travers un outil de géolocalisation, et de consulter pour chaque projet une fiche détaillant ses principales caractéristiques. Il est largement consultable par les utilisateurs des pays d'Afrique sub-saharienne, visés en priorité par cette initiative, et où l'accès à Internet se fait principalement via les téléphones mobiles.

Ce site est en outre un outil de dialogue entre les citoyens et l'administration française, car tout visiteur peut poster des commentaires, questions, voire compléments d'informations sur les projets recensés, et exercer de ce fait un « contrôle citoyen » sur ceux-ci.

Enfin, les données publiées dans ce site Internet répondent aux normes internationalement reconnues de données ouvertes et de l'Initiative internationale pour la transparence de l'aide (IATI), comme la France s'y était engagée dans le cadre du comité interministériel de la coopération internationale et du développement de juillet 2013.

Cela représente un nouveau pas pour la France vers la mise en œuvre de ses engagements internationaux en matière de transparence. Ces efforts ont été récompensés par le classement annuel de l'ONG internationale « *Publish what you fund* » qui évalue chaque année le niveau de transparence de l'aide des 68 principaux bailleurs bilatéraux et multilatéraux, et dans lequel la France a enregistré une nette progression en 2014, passant de la 52e à la 28e place (+ 24 places), accédant pour la première fois à la catégorie dite « transparence correcte ».

La France participe aussi aux travaux sur les statistiques de l'aide du comité d'aide au développement de l'Organisation pour la coopération et le développement économique (OCDE) et s'assure que les informations transmises sont plus détaillées chaque année.

La France a accru et amélioré les exercices de redevabilité (rapport bisannuel au Parlement, programmation budgétaire triennale, annexes aux projets de lois de finances de plus en plus détaillées) et continue à dialoguer régulièrement avec ses partenaires en développement au niveau local.

Outils de la coopération : acheminement de l'aide, financements et évaluations des projets

Le financement de projets est l'outil le plus classique de la coopération au développement.
Un projet est un ensemble d'éléments, d'activités et de produits, convenus avec le pays partenaire, en vue d'atteindre des objectifs/résultats spécifiques dans un laps de temps et une zone géographique prédéfinis au moyen d'un budget fixé à l'avance. Les projets peuvent différer considérablement par leurs objectifs, leur complexité, les montants en jeu et leur durée. Si les petits projets ne mettent en jeu que des ressources financières modestes et ne durent souvent que quelques mois, les grands projets peuvent porter sur des montants substantiels, devoir être mis en œuvre par tranches et durer plusieurs années.
L'aide acheminée par l'intermédiaire d'organisations non-gouvernementales (ONG) ou d'organisations multilatérales est également incluse dans nos projets si elle concerne la mise en place de projets ou programmes. En revanche, le soutien budgétaire, les contributions de caractère général aux ONG et aux organisations multilatérales, les bourses, les experts, l'assistance technique, les allégements de dette et certains frais administratifs ne sont pas considérées comme "projet"

Les projets "Fonds de solidarité prioritaire" du ministère des Affaires étrangères (2012 et 2013)

Les Fonds de solidarité prioritaire (FSP) du ministère des Affaires étrangères sont l'instrument de l'aide-projet avec les pays de la zone de solidarité prioritaire.
Issu de la réforme du dispositif de coopération française, il remplace le fonds d'aide et de coopération. Il a pour vocation de financer, par dons uniquement, l'appui apporté par le ministère des Affaires étrangères à ces pays en matière de développement institutionnel, social, culturel et de recherche. Il est complété par le soutien aux actions des organisations

non gouvernementales et par l'aide-projet confiée à l'Agence française de développement, opérateur du ministère des Affaires étrangères.

Le Fonds de solidarité prioritaire met en œuvre les principes de la politique française d'aide au développement :

le renforcement de l'efficacité de l'aide par l'adoption d'une logique "projet" qui contribue à la rationalisation des actions et instille la culture de la performance et la logique de résultats ;

une vision de long terme prenant en compte le temps nécessaire à la mise en œuvre d'une politique publique et aux changements sociaux grâce à l'adoption d'un cadre pluriannuel entre la France et les pays partenaires ;

l'adaptation à un monde en développement différencié qui requiert un effort de spécialisation des interventions en fonction des caractéristiques des pays concernés.

Le FSP est constitué d'objectifs englobant les actions dans une vision d'ensemble et autour desquels les moyens s'articulent. Il est structuré par un enchainement temporel des actions programmées puis réalisées. Il s'inscrit de ce fait parfaitement dans la loi organique relative aux lois de finances (LOLF).

Pour être éligible, un projet ou un programme doit être pluriannuel, avoir des objectifs précis et mesurables, un calendrier établi. Il doit être assorti d'indicateurs de suivi afin de permettre une évaluation rétrospective à son achèvement :

la contractualisation de véritables partenariats dans lesquels s'inscrivent les projets ;

l'appui aux partenaires institutionnels afin de renforcer leurs capacités d'action ;

l'appui aux sociétés civiles des pays du Sud afin de satisfaire aux exigences de l'exercice de la citoyenneté dans des institutions démocratiques ;

la volonté de transparence.

Le Fonds de solidarité prioritaire est un instrument privilégié de partenariat avec les États, mais aussi avec les autres bailleurs de fonds et la société civile. Par sa vocation institutionnelle, il est susceptible d'être utilisé en partenariat avec l'ensemble des structures nationales d'un pays : ministères, collectivités territoriales, établissements publics. Outil de lutte contre la pauvreté, il associe la société civile.

Le FSP associe deux niveaux de pilotage : le Conseil d'orientation stratégique, instance d'orientation et de contrôle impliquant la représentation nationale française, et le comité des projets, instance interministérielle d'examen des projets

Cohérence des politiques publiques en matière de développement

Au-delà de la politique de développement, de nombreuses autres politiques publiques ont un impact important sur les pays en développement. L'efficacité de la politique française de développement et de solidarité internationale dépend donc fortement de la cohérence de l'ensemble de ces politiques nationales. Ainsi, la recherche active de synergies, quelle qu'en soit la complexité, et la résolution des conflits d'objectifs sont promues. Le Comité interministériel de la coopération internationale et du développement (CICID), qui rassemble sous la présidence du Premier ministre tous les ministères concernés par la politique de développement est chargé de veiller à cette cohérence.

La France veille également à cette cohérence des politiques publiques dans l'élaboration des politiques européennes auxquelles elle contribue. En 2005, le "consensus européen sur le développement" a identifié douze politiques sectorielles dont les Etats membres s'engagent à renforcer la cohérence avec les objectifs de développement.

En novembre 2009, le Conseil de l'Union européenne a choisi de se concentrer en priorité sur cinq de ces douze politiques : commerce et finance, changement climatique, sécurité alimentaire, migrations et sécurité.

L'Union européenne a également mis en œuvre un nouvel outil : le Programme de travail CPD 2010-2013. Adopté en 2010 il présente les initiatives stratégiques permettant d'améliorer la cohérence des politiques pour le développement.

La France a défini, en 2010, six priorités en matière de cohérence des politiques qui s'inscrivent dans le cadre du "consensus européen sur le développement" : commerce, immigration, investissements étrangers, sécurité alimentaire, protection sociale, changement climatique. Ces priorités ont été réaffirmées en 2013.

Résultats de l'aide française

La redevabilité est le processus par lequel la France rend compte aux citoyens de l'utilisation des crédits de l'aide publique au développement et des résultats des actions mises en œuvre grâce à ces crédits.

Le rapport bisannuel

La France a accru et amélioré ses exercices de redevabilité ces dernières années. Le premier rapport bisannuel au Parlement sur la mise en œuvre de la stratégie française de coopération a été publié en 2012, conformément à l'engagement pris par le gouvernement dans ce document.

Il présente un bilan en cinq parties des actions menées, au regard de la stratégie dessinée en 2010 :

- un bilan des progrès sur les quatre enjeux de la politique de développement de la France ;
- un bilan de l'action française transversale en faveur d'une approche globale du développement (influence, cohérence des politiques, gouvernance démocratique, approche élargie des financements) ;
- un bilan des interventions dans les quatre partenariats différenciés ; - un point sur l'action européenne et multilatérale ;
- un volet financier et un bilan des actions de communication et de redevabilité.

Indicateurs de résultats de l'aide française

En juillet 2013, **la France** s'est doté d'une grille de 30 indicateurs de résultats (16 indicateurs portent sur l'aide bilatérale, 14 sur l'aide multilatérale).
Cette grille a pour objectif d'améliorer la transparence de notre aide et de mieux rendre compte des résultats réels de l'action française. Ces indicateurs seront renseignés chaque année et intégrés dans le rapport bisannuel présenté au Parlement.

Indicateurs de résultats de l'aide française

N°	Indicateur de l'aide apportée par L'AFD	Domaine
1	Nombre d'exploitations agricoles familiales soutenues par les programmes financés par l'AFD	Agriculture, sécurité alimentaire
2	Superficies bénéficiant de programme de conservation, restauration ou gestion durable de la biodiversité	Biodiversité
3	Nombre de passagers empruntant les transports en commun sur les tronçons financés	Transports
4	Nombre de personnes raccordées au réseau de distribution d'électricité, ou gagnant accès à l'électrification	Energie durable
5	a. Nombre d'enfants scolarisés au primaire et au collège / b. Nombre de jeune accueillis dans les dispositifs de formation professionnelle initiale soutenus par l'AFD	Education et formation
6	Nombre d'habitants des quartiers défavorisés	Collectivités locales

N°	Indicateur de l'aide apportée par L'AFD	Domaine
	dont l'habitat est amélioré ou sécurisé	et développement urbain
7	Investissements accompagnés dans le secteur privé	Institutions financières et appui au secteur privé
8	Nombre d'entreprises (PME) bénéficiaires d'appuis ou de financements de l'AFD	Institutions financières et appui au secteur privé
9	Nouvelles capacités d'énergies renouvelables installées	Energie durable
10	Nombre de personnes gagnant un accès pérenne à une source d'eau potable améliorée	Eau et assainissement
11	Nombre de personnes gagnant accès à un système d'assainissement amélioré	Eau et assainissement
12	Nombre de consultations externes de professionnels de santé par habitant et par an	Santé
13	Réduction des émissions de gaz à effet de serre (CO_2) – indicateur ex-post à prévoir mais non envisageable fin 2013	Transversal (climat)
	Indicateur relatifs aux fonds de solidarité prioritaire	
14	Nombre d'institutions bénéficiaires d'action de renforcement de capacité	Culture, enseignement supérieur et francophonie
15	Nombre d'institutions bénéficiaires d'action de renforcement de capacité	Gouvernance démocratique
16	Nombre de projets financés au bénéfice des sociétés civiles du Sud	Société civile du Sud

N°	Indicateur de l'aide apportée par L'AFD	Domaine
	Indicateur de l'aide apportée par l'institution internationale	
1	Nombre de personnes ayant accès à un ensemble de services de santé de base (BM)	Santé
2	Nombre d'enfants immunisés grâce à notre contribution au GAVI Alliance	Santé
3	Nombre de moustiquaires imprégnées distribuées grâce à notre contribution au Fonds mondial	Santé
4	Nombre de personnes sous traitement antirétroviral grâce à notre contribution au Fonds mondial	Santé
5	Nombre d'enseignements recrutés et/ou formés (BM)	Education
6	Nombre de manuels et matériels didactiques fournis (BAfD)	Education
7	Superficie de zones bénéficiant de services d'irrigation (en ha) (BM)	Agriculture
8	Nombre de personnes forées/recrutées/utilisant une technologie moderne (BAfD)	Agriculture
9	Nombre de personnes bénéficiaires de services fournis par des projets soutenus (FIDA)	Agriculture
10	Nombre de personnes ayant gagné accès à des sources d'eau améliorées (BM)	Développement durable (eau)
11	Kilomètres de conduites d'eau installées ou améliorées (BAsD)	Développement durable (eau)
12	Nombre de routes construites ou réhabilitées (BM)	Infrastructures (transport)

N°	Indicateur de l'aide apportée par L'AFD	Domaine
14	Nombre de clients de la microfinance formés en gestion des entreprises (BAfD)	Secteur privé

Source : http://www.diplomatie.gouv.fr/fr/politique-etrangere-de-la-france/aide-au-developpement/les-principes-de-l-aide-francaise/article/resultats-de-l-aide-francaise consulté le 21 octobre 2016

BIBLIOGRAPHIE

I) OUVRAGES DIVERS DES SCIENCESSOCIALES

- Landrin Xavier : « Vie et mort des groupements et des formes politiques » in Antoin Cohen, Bernard Lacroix et Philippe Riutort : *Nouveau manuel de science politique*, Paris, La Découverte, 2009.

- Leca Jean : « État », in Boussaguet, Jacquot et Ravinet : *Dictionnaire des politiques publiques*, Presses de la fondation nationale des sciences politiques, 2006.

- Beck Ulrich : *La société du risque : sur la voie d'une autre modernité,* Alto Aubier, 2001.

- Bourg Dominique et Schlegel Jean-Louis : *Parer aux risques de demain : le principe de précaution,* Seuil, 2001.

- Braud Philippe : *Sociologie politique,* LGDJ, 6eédition, 2003.

- Burdeau Georges : *Traité de science politique,* Tome 1.

- Césaire Aimé : *Discours sur le colonialisme, suivi du discours sur la négritude,* Présence africaine, 2004.

- Coicaud Jean-Marc : *Légitimité et politique,* PUF, 1997.

- Crozier Michel : *La société bloquée,* Éditions Points/Politique, 1971.

- Debbasch Charles et Pontier Jean-Marie : *Introduction à la politique,* Dalloz, 2000.

- Dmitri Georges Lavroff : *Les grandes étapes de la pensée politique,* 2e édition, Dalloz.

- Durkheim Emile : *De la division du travail social.*

- Duverger, Maurice : *Introduction à la politique,* Idées/Gallimard, 1964.

- Grawitz Madeleine et Leca Jean : *Traité de science politique,* PUF, tome 1, 1985.

- Grawitz Madeleine : *Méthodes des sciences sociales,* 11eédition, Dalloz, 2000.

- Hendersens Burns James : *Histoire de la pensée politique moderne,* PUF, 1997.

- KovanaVarsia : « *Précis des guerres et conflits au Tchad* », L'Harmattan, 1994.

- Legouge Dominique : *Guide pratique, Nouveau code des marchés publics*, 2eédition, Éditions d'organisation, 2004.

- Passet René : « Un dogme dans l'impasse », in *Inégalité, crises, guerres : sortir de l'impasse,* Éditions de Mille et une Nuits, 2003.

II) OUVRAGES SUR LES RELATIONS INTERNATIONALES

- Badie Bertrand et Marie Claude Smouts *: Le contournement du monde : sociologie de la scène internationale,* Presse de la Fondation nationale des sciences politiques, 1999.

- Badie Bertrand : *La diplomatie des droits de l'homme, entre éthique et volonté de puissance*, Fayard, 2002.

- Badie Bertrand : *La fin des territoires. Essai sur le désordre international et sur l'utilité sociale du respect*, Paris, Fayard, 1995.

- Cumin David : « Les tendances des relations internationales et la constitution de « l'empire » », in Michèle Bacot-Décriaud, Joubert Jean-Paul et Plantin Marie-Claude : *La sécurité internationale d'un siècle à l'autre,* L'Harmattan, 2002

- Dario Battistela : *Théorie des relations internationales,* Presses de Science Po, 2003.

- Ferrier Jean-Pierre *: Les relations internationales : les acteurs, les fondements, les buts et les techniques,* Gualino éditeur, 1996.

- Doutriaux Yves et Lequesne Christian : *Les institutions de l'Union européenne*, La Documentation française, 1998.

- Kessler, Marie Christine, *La politique étrangère de la France, Acteurs et Processus,* Presses de Sciences Po, 1996.

- Laroche Josepha : *La loyauté dans les relations internationales,* Paris, L'Harmattan, 2001.

- Lavielle Jean-Marc, *Relations internationales,* Ellipses, 2003.

- Le Bras-Chopard Armelle : « Machiavel et le respect de la promesse donnée : contre le contresens », in Josepha Laroche : *La loyauté dans les relations internationales,* Paris, L'Harmattan, 2001.

- Lehingue Patrick : « La loyalty, parent pauvre de la trilogie conceptuelle d'A. O. Hirschman », in Josepha Laroche : *La loyauté dans les relations internationales,* Paris, L'Harmattan, 2001.

- Marmora Lelio : *Les politiques de migrations internationales,* L'Harmattan, 1999.

- Merle Marcel : *Sociologie des relations internationales,* 4e édition, Dalloz, 1988.

- Mwayila Tshiyembe : *Géopolitique de la paix en Afrique médiane,* Paris, L'Harmattan, 2003.

- Nguyen Quoc Dinh : *Droit international public,* 5e édition, LGDJ, 1995.

- Plantey Alain : *Principes de diplomatie,* A. Pedone, 2000.

- Ramel Frédéric : *Philosophie des relations internationales,* Presses de sciences Po, 2002.

- Roche Jean-Jacques : *Théorie des relations internationales* Paris, Montchrestien, coll. clefs, 1999.

- Sindjoun Luc : *Sociologie des relations internationales africaines,* Karthala, 2002.

- Wormser Gérard : « La loyauté selon Raymond Aron », in Josepha Laroche : *La loyauté dans les relations internationales,* Paris L'Harmattan, 2001.

- Zorgbibe Charles : *La naissance du pluralisme politique en Afrique francophone*, géopolitique africaine, avril 2003.

III) OUVRAGES SUR L'AIDE ET LA COOPÉRATION AU DÉVELOPPEMENT

- Adda Jacques et Smouts Marie-Claude : *La France face au Sud, le miroir brisé,* Paris, Karthala, 1989.

- Ageron Charles-Robert : *La décolonisation française*, Paris, Armand Colin, 1991.

- Allan Pigeon : « L'évaluation de l'efficacité de la politique française d'aide au développement », in Gabas Jean-Jacques (sous la direction) : *L'Aide publique française au développement*, Paris, La Documentation française, 2005.

- Barrat Jacques : *Géopolitique de la francophonie*, Politique aujourd'hui, 1997.

- Bolay Jean Clause et Schimd Magali (sous la direction) : *Coopération et développement durable,* Éditions Logiques Territoires, 2004.

- Brunel Sylvie : *La coopération Nord-Sud,* Paris, PUF, 1997.

- Brunel Sylvie : *Le gaspillage de l'aide,* Paris, Seuil, 1993.

- Chaigneau Pascal : « L'Afrique, continent oublié », in *Les grands enjeux du monde contemporain,* Ellipses, 1996.

- Chaigneau Pascal : « Vers de nouveaux enjeux économiques et financiers », *in Les grands enjeux du monde contemporain*, Ellipses, 1996.

- Dumont Xavier : « Le déséquilibre Nord-Sud de l'accès à l'information », travaux et documentation de l'AEDEV, 2003.

- Gabas Jean-Jacques : *Nord-Sud : impossible coopération ?,* Paris, Presses de Science Po, 2002.

- Raffinot Marc et Resellini Christine : « La réduction de la dette : l'expérience française », *in* Jean- Jacques Gabas (sous la direction), La Documentation française, 2005.

- Rocard Michel : *Pour une autre Afrique,* Flammarion, 2001.

- Sequeira Carvalho José Antonio : *Enjeux géopolitiques et nouvelles approches pour la coopération au développement,* L'Harmattan, 2003.

- Serge Armand, Guillou Michel et Salon Albert, *Les défis de la Francophonie, pour une mondialisation humaniste,* Alpharès, 2002.

- Van de Walle Nicolas et Johnson A. Thimothy : *Repenser l'Aide à l'Afrique,* Paris, Karthala, 1999.

IV) OUVRAGES SUR L'ADMINISTRATION LOCALE ET LA COOPÉRATION

- Brial Fabien, *Décentralisation territoriale et coopération internationale, le cas de l'outre-mer français,* Paris, L'Harmattan, 1998.

- Cavallier Georges : *Territoire et sécurité*, ENA de Paris, 23 novembre 1999.

- Marcou Gérard : *Réforme de la décentralisation, réforme de l'État, régions et villes d'Europe »*, CNRS éditions, 2004.

- Mecuzot Benoît : *Organisation administrative, les institutions administratives françaises,* Éditions ESKA, 2001.

- Raffarin Jean-Pierre : *L'action internationale des collectivités locales : engagements citoyens et mondialisation*, La Documentation française, 2003.

- Rémond Bruno : *La fin de l'État jacobin ?,* Paris, LGDJ, 1998.

- Rochegude Alain : *Décentralisation, acteurs locaux et fonciers*, PDM et coopération française, 2000.

- Rousset Michel, *L'action internationale des collectivités locales,* Paris, LGDJ, 1998.

- Santer Jacques : *Les communes et l'Europe : guide des jumelages,* Commission européenne, 1997.

- Sequera Carvalho José Antonio : *La dynamisation des initiatives locales : une force synergique de développement,* Paris, L'Harmattan, 1997.

V) OUVRAGES SUR LES POLITIQUES PUBLIQUES

- Commaille Jacques et Jobert Bruno (sous la direction) : *Les métamorphoses de la régulation politique,* Paris, LGDJ, 1999.

- Jacob Steve et Génard Jean-Louis : « Les métamorphoses de l'expertise », in *L'État et les savoirs des experts : la production cognitive en mutation,* Éditions de l'Université de Bruxelles, 2004.

- Lambert H. Lévy et Guillaume H : *La rationalisation des choix budgétaires : techniques d'analyse*, PUF, 1971.

- Lebègue Daniel, Hirtzman Philippe et Baumstark Luc : *Le prix du temps et la décision publique*, Paris, La Documentation française, 2005.

- Lemieux Vincent : *L'étude des politiques publiques : les acteurs et leur pouvoir,* Les Presses de l'Université de Laval, 2001.

- Lemieux Vincent : *Décentralisation, politiques publiques et relations de pouvoir*, Montréal, Les Presses de l'Université de Montréal, 2001.

- Massardier Gilles : *Politiques et actions publiques,* Paris, Armand Colin, 2003.

- Mockle Daniel : *Gouverner sans le droit,* étude du Conseil de recherche en sciences humaines du Canada, 2002.

- Muller Pierre : *Les politiques publiques*, 4e édition, Presses universitaires de France, 2000.

- Nay Olivier et Andy Smith (sous la direction) : *Le gouvernement du compromis : courtiers et généralistes dans l'action politique,* Paris, Economica, 2000.

- Nioche Jean-Pierre et Poinsard : *Evaluation des politiques publiques,* Paris, Economica, 1984.

- Perret Bernard : *L'évaluation des politiques publiques,* Paris, La Découverte, 2001.

- Smith Andy : *Le gouvernement de l'Union européenne,* LGDJ, 2004.

- Wachter Serge : *Politiques publiques et territoires*, Paris, L'Harmattan, 1989.

- Zemor Pierre : *Pour un meilleur débat public,* Paris, Presses de Science Po, 2003.

VI) OUVRAGES SUR L'ÉTAT

- Badie, Bertrand et Birnbaum Pierre *Sociologie de l'Etat,* Paris, Hachette Littératures, 2004.

- Badie Bertrand : *Culture et Politique,* Paris, Economica, 1983.

- Bayart Jean-François : *L'État au Cameroun,* Presses de FNSP, 1985.

- Bayart Jean-François : *L'Etat en Afrique,* Paris, Fayard, 1989.

- Bayart Jean-François : *L'illusion identitaire,* Fayard, 1996.

- Benetton Philippe : « L'État et la crise de la politique », in Droga Roland (sous la présidence) : *Le rôle et la place de l'État au début du XXIe siècle,* Paris, PUF, 2001.

- Bobbio Noberto : *L'Etat et la démocratie internationale,* Éditions Complexe, 2001.

- Carré de Malberg Raymond : *Contribution à la théorie générale de l'Etat,* Paris, Dalloz, 2003.

- Chevalier Jacques : *Sciences administratives*, 3e édition refondue, Paris, PUF, 2002.

- Chevallier Jacques : *L'État post-moderne,* LGDJ, 2003.

- Copans Jean : « La fin de la société « d'Etat » : entre mobilités sociales et violences invisibles »*in* Yann Lebeau, Boubacar Niane, Anne Piriou, Monique de Saint Martin, *État et acteurs émergents en Afrique,* Paris, Karthala, 2003.

- Crozier Michel : « Le changement de raisonnement, clef de la réforme de l'État », *in Le rôle et la place de l'État au début du XXIe siècle,* Paris, PUF, 2001.

- Fauroux Roger : *La crise de notre Etat : le livre vérité de la fonction publique,* Robert Laffont, 2001.

- Gélinas André : *L'intervention et le retrait de l'Etat : l'impact sur l'organisation gouvernementale,* Les Presses de l'Université Laval, 2002.

- Jacob Steve et Genard Jean-Louis : « L'Etat et les savoirs des experts : la production cognitive en mutation », *in Expertise et action publique,* Éditions de l'Université de Bruxelles, 2004.

- Kessler Marie-Christine : *Les grands corps de l'État,* Paris, Presses de SciencesPo, 1996.

- Lebeau Yann, Niane Boubacar, Piriou Anne et Monique de Saint Martin : *État et acteurs émergents en Afrique,* Paris, Karthala, 2003.

- Médard Jean-François : *États d'Afrique noire : formations, mécanismes et crise*, Paris, Karthala, 1991.

- Mény Yves et Surel Yves : *Politique comparée : les démocraties, Allemagne, États-Unis, France, Grande-Bretagne, Italie,* 7eédition, Paris, Montchrestien, 2004.

- Paye Olivier (éd) : *Que reste-t-il de l'État ? Erosion ou renaissance,* Éditions Academia Bruyant, 2004.

- Poncelet Christian : « L'État et les collectivités territoriales », *inLe rôle et la place de l'État au début du XXIe siècle,* Paris, PUF, 2001.

- Sindjoun Luc : *L'État ailleurs,* Paris, Economica, 2002.

- Queme Philippe : *L'Etat peut-il réussir ses réformes ? Pour un nouveau souffle,* Paris, L'Harmattan, 2002.

- Vellas Pierre : « Pour les années 2000 : un État à reformer ou à réinventer ? », *inLe rôle et la place de l'État au début du XXIe siècle, Académie des Sciences politiques et morales,* PUF, 2001.

- Zika Jean-Roger : *Démocratie et misère politique en Afrique : le cas du congo-Brazzaville,* Paris, L'Harmattan, 2002.

<u>VII) OUVRAGES SUR LE DÉVELOPPEMENT</u>

- Azoulay Gérard : *Les théories du développement : du rattrapage des retards à l'explosion des inégalités,* Didact Economie, 2002.

- Bessis Sophie : *L'Occident et les autres : histoire d'une suprématie,* La Découverte/Poche, 2002.

- Brunel Sylvie : *Le Sud dans la nouvelle économie mondiale,* Paris, PUF, 1995.

- Chapuis Robert : *Les quatre mondes du Tiers-monde,* Paris, Masson géographie, 1994.

- Dumont René : *L 'Afrique noire est mal partie,* Paris, PUF, 1963.

- Feuer Guy : « Vers des changements de paradigmes dans l'action internationale pour le développement », *Annuaire français des relations internationales*, 2002.

- Guichoua A et Goussault Yves : *Sciences sociales et développement,* Armand Colin, 1993.

- Jeanclos Yves : « La sécurité alimentaire à l'orée du XXIe siècle », Annuaire français des relations internationales, 2002.

- Lacoste Yves : *Géographie du sous-développement,* Paris, PUF, 1965.

- Latouche Serge : *Faut-il refuser le développement ?,* Paris, PUF, 1986.

-Malcom Gillis, Dwigh. H. Perkins, Roemer et Snodgrass : *Économie du développement,* Balises, 1998.

- Rist Gilbert, *Le développement, histoire d'une croyance occidentale,* Presses de Sciences Po, 1996.

- Sardan (de) Jean Pierre Olivier, « Le développement comme champ politique local », Bulletin de l'APAD [en ligne], 6, 1993.

ARTICLES DE REVUES SCIENTIFIQUES

- Adjovi Roland : *La politique africaine de la France,* AFRI 2000.

- Bekkouche Adda et Gallet Bertrand : « La coopération décentralisée : l'émergence des collectivités et autorités territoriales sur la scène internationale *», Annuaire français des relations internationales*, 2001.

- Béranger-Lachang Sophie et Eugène Christian : « Le Club de Paris : instrument stratégique au sein de la communauté financière internationale », *Bulletin de la Banque de France*, n°81, septembre 2000.

- Chaigneau Pascal : « Afrique les crises d'un continent », *inRevueEnjeux diplomatiques et stratégiques*, Paris, Economica, 2004.

- Chaigneau Pascal : « La France et l'Afrique »*, in Revue Enjeux diplomatiques et stratégiques*, Paris, Economica, 2004.

- Chaigneau Pascal « L'imbroglio ivoirien », *Défense nationale*, février 2003.

- Dogan Mattei : « Méfiance et corruption : discrédit des élites politiques », *Revue internationale de politique comparée*, vol 10, n°3, 2003.

- Hall Peter A. et Taylor Rosemary CR : « La science politique et les trois néo-institutionnalismes », vol. 47, n°3, 1997.

- Leroy Marc : *Dix ans d'offre publique de service de proximité en France*, Annuaire des collectivités locales, Éditions CNRS, 2003.

- Majone Giendomenico : « Une approche théorique des politiques européennes », *Revue française de science politique*, vol. 46, n°1, 1996.

- Mbembé Achille : « A propos des écritures africaines de soi », *Politique africaine*, n°77.

- Moreau Defarges Philippe, « Gouvernance - Une mutation du pouvoir ? », *Le Débat*, n° 115 mai-août 2001.

- Muller Pierre : « Esquisse d'une théorie du changement dans l'action publique. Structures, acteurs et cadres cognitifs », *Revue française de science politique*.

- Nzinzi Pierre : « La démocratie en Afrique : l'ascendant platonicien », *Politique Africaine,*

- Pagden Anthony : « La genèse de la gouvernance et l'ordre mondial cosmopolitique selon les Lumières », *Revue internationale des sciences sociales*, Unesco/Eres, n°155, mars 1998.

- Pallier Bruno et Surel Yves : « Les trois I et l'analyse de l'État en action », *Revue française de science politique*, volume 55, n°1, 2005.

- Richard Anne C « L'après 11 septembre et les dépenses du gouvernement américain pour l'Aide à l'étranger : rhétorique et réalité », *Annuaire français des relations internationales*, 2003.

- Robert Klitgaard : « Subvertir la corruption », *Finances et Développement*, Revue du FMI,

- Roche Jean-Jacques : « La France et l'universel », *Annuaire français des relations internationales*, 2000.

- Roche Jean-Jacques : « Le retour de l'Etat dans les relations internationales »*in Enjeux diplomatiques et stratégiques*, Economica, 2005.

- Severino Jean-Michel, « Les trois révolutions de l'Aide française », *Géopolitique africaine,*

- Tetu Michel : « Cousins proches et voisins lointains : la Francophonie », *Annuaire français des relations internationales*, 2000.

- Valarié Pierre : *Les services publics locaux de la santé et de l'environnement : vers de nouvelles formes de régulation ?,* Annuaire des collectivités locales, Éditions CNRS, 2003.

- Vallée Olivier : « La dette publique est-elle privée ? », *Politique Africaine*, n°73, mars

- Vennesson Pascal : « Les réalistes contre les interventions : arguments, délibérations et politique étrangère », *Annuaire français des relations internationales* (AFRI), 2003.

- Vercauteren Pierre : « La crise de l'Etat dans l'Union européenne », AFRI, 2001.

- Vion Antoine : « Au-delà de la territorialité : l'internationalisation des villes ? », *Annuaire français des relations internationales*, 2003.

VIII) LEXIQUES ET DICTIONNAIRES

- Bonte Izard : *Dictionnaire de l'ethnologie et de l'anthropologie,* Presses universitaires de France, 2000

- Bernard Yves et Colli Jean-Claude : *Dictionnaire économique et financier,* édition1981.

- Chaigneau Pascal (sous la direction) : *Dictionnaire des relations internationales,* Economica, 1998.

- Smouth Marie Claude, Dario Battistela et Venesson Pascal : *Dictionnaire des relations internationales,* Dalloz, 2003.

IX) ÉTUDES ET RAPPORTS DES INSTITUTIONS PUBLIQUES

- Darbon Dominique : « A qui profite le mime ? Le mimétisme constitutionnel confronté à ses représentations en Afrique », rapport présenté au 4econgrès de l'Association française de science politique, septembre 1992.

- Agence française de Développement : « Le guide », 1999.

- AFD : « Rapport sur l'activité de l'Agence française de développement au Tchad », octobre2004.

- Agir Ici/Survie : *Dossiers noirs de la politique africaine de la France n°8 : Tchad, Niger : escroquerie à la démocratie,* L'Harmattan, 1996.

- Attac, *Inégalités crises, guerres : sortir de l'impasse,* Éditions de Mille et une Nuits, 2003.

- Banque Africaine de Développement : *Rapport sur le développement en Afrique en2003,* Economica, 2003.

- Banque des États de l'Afrique centrale (BEAC), Notes de conjoncture, 1er trimestre 2005, in www.beac.int/index.html.

- Cités Unies France, colloque sur « L'impact de la coopération décentralisée sur les pays riches », 2001.

- Comité pour la mémoire de l'esclavage : « Mémoire de la traite négrière, de l'esclavage et de leurs abolitions », rapport à Monsieur le Premier ministre, 12 avril 2005.

- Commission des communautés européennes : *Gouvernance européenne : Un livre blanc,* Bruxelles, 2001.

- Conseil économique et social, France : « Les nécessaires évolutions des financements de l'Union européenne », rapport du septembre 2003

- Commissariat général au Plan, *Evaluer les politiques publiques,* La Documentation française, 1986.

- DGCID : *Guide de la coopération décentralisée : échanges et partenariats internationaux des collectivités territoriales,* La Documentation française, 2000.

- DGCID : *L'Action internationale des collectivités locales : engagement citoyen et mondialisation,* La Documentation française, 2003.

- DGCID, Bilan 2003 et perspectives, ministère des Affaires étrangères et de la Coopération.

- DGCID : Bilan 2003 et perspectives, 2004.

- F3E : « L'évaluation, un outil au service de l'action », IRAM, décembre 1996.

- F3E : « Prise en compte de l'impact et construction d'indicateurs d'impact », Ciedel, juin1999.

- FAO : « L'état de l'insécurité alimentaire dans le monde », Fiat Panis, 2001.

- FEICOM : « La politique de soutien à la coopération décentralisée menée par le FEICOM », 2003.

- Haut Conseil de la Coopération Internationale (HCCI), *Coopérer au début du XXIe siècle,* Karthala, 2003.

- HCCI : « Les priorités de la coopération pour l'Afrique subsaharienne et le Nouveau partenariat pour le développement de l'Afrique (NEPAD) », rapport, avril 2002.

- Institut de gérontologie sociale de Marseille : « Les solidarités intergénérationnelles comme fondement du lien social », 1999.

- Institut français de relations internationales « Bilan de dix années de gestion de crises », 2001.

- MINEFI : "État récapitulatif des crédits concourant à la coopération avec les Etats en voie de développement", septembre 2004.

- Observatoire français de la coopération internationale, rapport, 2002-2003.

- ONUSIDA, 4erapport sur l'épidémie mondiale de sida, 2004.

- PNUD : « L'Établissement des liens entre les politiques internationales des pays et la Pauvreté », 2003.

- RESACOOP : « S'engager dans une démarche d'évaluation : pourquoi ? Comment ? », octobre 2001.

- Séminaire APCG, juillet 1994.

- Sénat, rapport d'information sur la réforme de la coopération, 2001-2002.

- Sénat, Rapport sur l'Aide au développement, 21 novembre 2002.

TABLE DES MATIERES

SIGLES ET ABRÉVIATIONS 9

INTRODUCTION GÉNÉRALE 11

Première partie L'emprise des rémanences centralisatrices 55

Chapitre 1 Un héritage de l'histoire 57

Section 1 Les sources de la centralisation en France 57

I. L'histoire de la construction de l'État en France 58
A. La désintégration de la féodalité 59
B. Le renforcement continu du centre 63
II. Une tradition découlant également d'évènements contemporains 68
A. La Seconde Guerre mondiale 71
B. La guerre d'Algérie 78

Section II La dissémination de la centralisation dans les pays africains 82

I. Les controverses scientifiques 84
A. La thèse de l'extranéité 85
B. La thèse de l'historicité 90
II. L'existence d'une bureaucratie centralisée héritée de la France 96
A. Une centralisation héritée de la colonisation 97
B. Un héritage toujours présent 103

Chapitre 2 L'impact de la centralisation sur l'aide publique au développement 113

Section 1 La confiscation par le centre de l'émergence et de la formulation 116

I. Les caractéristiques de la phase d'émergence 117
A. La réforme de 1998 et ses tentatives de mutation 118
B. Les Contrats de désendettement et de développement 125
II. La centralisation dans la phase de formulation 133
A. L'adoption des mesures globales de l'aide 134
B. La formulation des projets C2D 139

Section II La mainmise des bureaucraties centrales dans la mise en œuvre ... 140

I. Les institutions de mise en œuvre en France ... 142
A. Le ministère des Affaires étrangères et de la Coopération... 144
B. Le ministère de l'Économie et des Finances ... 150
II. La formule retenue au Cameroun ... 159
A. Les structures paritaires franco-camerounaises ... 159
B. L'innovation à travers le PNDP ... 161

DEUXIÈME PARTIE L'INSCRIPTION PROGRESSIVE DANS UNE DYNAMIQUE DE TERRITORIALISATION ... 171

CHAPITRE 3 LES MUTATIONS CONCEPTUELLES ET INSTITUTIONNELLES ... 175

Section 1 Le sens nouveau de l'aide au développement ... 177

I. Contexte et justification de la mutation ... 177
A. La construction européenne ... 177
B. La crise de l'État en Afrique ... 184
II. La montée en puissance de la coopération décentralisée ... 187
A. L'évolution des liens entre collectivités territoriales françaises et européennes ... 189
B. Les relations entre collectivités territoriales françaises et africaines ... 190

Section 2 L'élargissement institutionnel des acteurs de la coopération au développement ... 203

I. Les ouvertures institutionnelles en France ... 206
A. Des ouvertures de fait ... 206
B. La consécration par la loi ... 209
II. Le desserrement de la centralisation au Cameroun ... 215
A. Une démarche lointaine ... 215
B.Une effectivité récente ... 221

Chapitre 4 La territorialisation : nouveau paradigme de l'intervention française ... 227

Section 1 Un consensus sur les effets pervers de la centralisation... 230

I. Une question de politique intérieure ... 232
A. La nécessité d'un équilibre nouveau en France ... 233
B. Une acceptation néanmoins débattue en Afrique ... 239

II. Un avis largement partagé dans les instances internationales .. 243
A. Les grandes organisations internationales et l'autonomie des territoires ... 244
B. Les grandes rencontres relatives à l'aide publique au développement ... 251

Section 2 Une nouvelle conception du développement expérimenté par le PNDP ... 253

I. Des nouveaux acteurs dans la coopération au développement .. 255
A. Les communes ... 255
B. Les communautés rurales ... 260
II. Des résultats palpables ... 264
A. Des résultats concrets en trois phases à partir des territoires ... 265
B. Une nécessaire extension dans les autres aspects de l'APD. 271

CONCLUSION GÉNÉRALE ... 275

ANNEXES ... 279

BIBLIOGRAPHIE ... 299

L'Afrique
aux éditions L'Harmattan

Dernières parutions

ETHNIES, NATIONS ET DÉVELOPPEMENT EN AFRIQUE : QUELLE GOUVERNANCE ?
Actes du colloque de Brazzaville (Congo), du 26 au 28 mai 2014
Sous la direction de Hugues Mouckaga, Scholastique Dianzinga, Jean-François Owaye
En 1962, quelques années seulement après que la parenthèse coloniale eut commencé à se fermer, un agronome français, René Dumont, osa ce pronostic : « l'Afrique noire est mal partie ». Que de protestations ! Pourtant, plus de 50 ans après les indépendances, le continent africain est à la peine et patine. L'explication : la mal gouvernance. Du fait de ses ethnies, l'Afrique fait face à un épouvantable écueil ! Elle n'arrive pas à se constituer en nations ! Il importait donc d'agir, de réfléchir autour de cette problématique.
(Coll. Études africaines, 55.00 euros, 704 p.)
ISBN : 978-2-343-05785-9, ISBN EBOOK : 978-2-336-37944-9

ÉLECTIONS, VOTE ET REPRÉSENTATION POLITIQUE DES AFRICAINS DE L'ÉTRANGER
Suivi du *Guide des opérations électorales en dehors des frontières nationales*
Wongo Ahanda Antoine
Quels sont aujourd'hui les types d'élections, les mécanismes et les procédures du vote à l'extérieur adoptés par les pays africains ? Dans cet ouvrage, qui fait la synthèse des connaissances et des pratiques du vote à l'extérieur et de la représentation politique des Africains de l'étranger, l'auteur entend apporter une contribution pédagogique au processus d'appropriation de la citoyenneté externe par les États africains. Un ouvrage qui intéressera les leaders africains, les migrants africains et tous ceux qui sont impliqués dans le processus de vote à distance à travers l'Afrique et les pays d'immigration.
(Coll. Études africaines, 21.00 euros, 202 p.)
ISBN : 978-2-343-02009-9, ISBN EBOOK : 978-2-336-38129-9

MANUELS SCOLAIRES, ENVIRONNEMENT INFORMATIF ET NUMÉRIQUE AU SERVICE DE LA LECTURE
Enjeux nouveaux pour une école émergente
Thioune Birahim - Préface de Michèle Verdelhan Bourgade
Aujourd'hui, l'environnement socioculturel s'est complexifié du fait de l'émergence de technologies nouvelles qui ont envahi l'univers des apprenants et qui se révèlent, dans les espaces d'éducation et de formation, à la fois comme des promesses d'enrichissement et des menaces. Ce livre fixe quelques contours de l'utilisation des TIC (Technologies de l'Information et de la Communication) et des limites à observer dans leur application, sous peine de mettre en péril tout un patrimoine pédagogique.
(16.50 euros, 164 p.)
ISBN : 978-2-343-06236-5, ISBN EBOOK : 978-2-336-37731-5

L'ÉCOLE, GAGE DU DÉVELOPPEMENT DE L'AFRIQUE

Zénith Laurent - Préface de Mathias Eric Owona Nguini

Si plusieurs facteurs et secteurs sont à considérer pour sortir rapidement l'Afrique de son retard, le domaine scolaire revêt une importance capitale. Malheureusement, ce levier du développement qu'est l'école regorge de nombreuses tares dans la quasi-totalité des pays subsahariens. Un système académique bien pensé participerait fortement à l'essor de l'Afrique. À partir de propos, témoignages et de cas vécus, l'auteur met à nu tous les manquements qui handicapent l'émergence de ces pays.

(Harmattan Cameroun, 16.50 euros, 158 p.)

ISBN : 978-2-343-06203-7, ISBN EBOOK : 978-2-336-38133-6

LE CAMÉLÉON ET LA MORT EN AFRIQUE

Eschenlohr Nicole

La question de la mort hante nos esprits rationnels. Pour mieux maîtriser cette angoisse existentielle, les civilisations traditionnelles ont détourné le problème en attribuant une origine à cette mort : pourquoi et comment est-elle apparue ? En réponse à ses interrogations, la mythologie africaine, riche de liens tissés entre les hommes et les animaux, a désigné un responsable qu'elle a placé au cœur de ses récits et légendes : le caméléon. Accusé de lenteur, sa défense repose sur l'inéluctabilité de la mort...

(Coll. Ethnographiques, 14.00 euros, 132 p.,)

ISBN : 978-2-343-05818-4, ISBN EBOOK : 978-2-336-37485-7

APPROCHE CRITIQUE DU DÉVELOPPEMENT EN AFRIQUE SUBSAHARIENNE

Zagre Ambroise

Le sous-développement de l'Afrique subsaharienne constitue une préoccupation majeure pour les pays concernés, la communauté internationale, les milieux intellectuels et la société civile. Cet ouvrage interroge la notion de développement et envisage l'avenir de ce sous-continent vers un nouveau paradigme de développement : l'»auto-développement humain», capacité des sociétés à se développer en comptant d'abord sur leurs forces intérieures, leur capacité de création et leurs potentialités matérielles et spirituelles.

(Coll. Politique et dynamiques religieuses en Afrique, 27.00 euros, 260 p.,)

ISBN : 978-2-343-05939-6, ISBN EBOOK : 978-2-336-37427-7

LA PRÉCARITÉ QUOTIDIENNE EN AFRIQUE DE L'OUEST

Culture et développement

Ernoux Jules - Préface de Michaël Singleton

Cet ouvrage propose des tranches de vie prises sur le vif dans la population, plutôt urbaine, de Côte d'Ivoire, de Guinée et du Niger. À l'issue de 33 séjours riches de rencontres collectives et individuelles, l'auteur s'interroge : comment vivre au jour le jour dans le manque permanent, seulement soucieux de manger à sa faim, de sauvegarder une santé précaire, de confier ses enfants à des écoles surpeuplées, de vivre dans l'insécurité d'un pays où l'État de droit n'est qu'une illusion ?

(Coll. Écrire l'Afrique, 15.50 euros, 154 p.)

ISBN : 978-2-343-05748-4, ISBN EBOOK : 978-2-336-37417-8

LE MARKETING DE RUE EN AFRIQUE

Mouandjo Lewis Pierre

Cet ouvrage, abondamment illustré d'exemples, se veut un outil pédagogique pour faciliter la compréhension de ce «Marketing de rue» tant développé par ses acteurs en Afrique. Son but est de mettre à la disposition des étudiants et responsables d'entreprises un manuel leur permettant de saisir les opportunités qui leur sont offertes par ce nouveau marché que représente la rue et où se déroulent des pratiques commerciales «agressives» et une concurrence farouche entre les entrepreneurs individuels, les grandes sociétés et les Petites et Moyennes Industries.

(Coll. Études africaines, 44.00 euros, 512 p., Illustré)

ISBN : 978-2-343-05770-5, ISBN EBOOK : 978-2-336-37547-2

L'AGENCE SPATIALE AFRICAINE
Vecteur de développement
Ouedraogo Sékou - Préface de Jean-Loup Chrétien
L'Algérie est en train de finaliser la conception de son premier satellite national ALSAT2B qui devrait être entièrement conçu par ses ingénieurs. Le Nigéria veut envoyer un astronaute dans l'espace avant la fin 2015. Qui peut le croire ? Et pourtant, l'Afrique possède des agences spatiales nationales crédibles et des organisations panafricaines qui travaillent sur le sujet. Pour utiliser efficacement ces applications spatiales au service du développement, l'auteur défend la création d'une Agence Spatiale Africaine.
(Coll. Diplomatie et stratégie, 18.50 euros, 188 p.)
ISBN : 978-2-343-05942-6, ISBN EBOOK : 978-2-336-37375-1

UN CHEF-D'ŒUVRE DES ARTS D'AFRIQUE
La plateau de Fa (golfe du Bénin), collection Christoph Weickmann Ulm, 1659
Biton Marlène-Michèle
Dans cet ouvrage, l'auteur a tenté de mener une enquête sur un plateau de divination provenant des côtes de Guinée, importé il y a 350 ans à destination du cabinet de curiosités d'un marchand d'Ulm, Christoph Weickmann. Il s'agit d'abord de replacer cet objet dans son contexte historique et culturel et de retrouver les conditions de son arrivée en Europe. L'auteur entreprend également une analyse plastique précise ouvrant des perspectives sur les modalités de représentations utilisées et l'accès à une mythologie foisonnante.
(Coll. Ethnoesthétique, 30.00 euros, 290 p.)
ISBN : 978-2-343-04282-4, ISBN EBOOK : 978-2-336-37491-8

DE LA CEAO À L'UEMOA
Ou la genèse d'une intégration sous-régionale réussie
Sawadogo Fatimata - Préface de Cheikhe Hadjibou Soumaré
Cet ouvrage est un solide argumentaire de la trajectoire de l'intégration ouest-africaine. Cette analyse historique sur les principales organisations qui ont précédé la CEAO (Communauté économique de l'Afrique de l'Ouest), se concentre sur les acquis et les insuccès de cette dernière. L'auteur analyse le passage de la CEAO à l'UEMOA (Union économique et monétaire ouest-africaine) pour mieux démontrer les grandes avancées sur le difficile chemin de l'intégration sous-régionale. Elle insiste sur le bilan positif de l'UEMOA eu égard aux nombreuses actions concrètes dans tous les secteurs de la vie socio-économique au profit des populations.
(15.50 euros, 152 p.,)
ISBN : 978-2-343-05985-3, ISBN EBOOK : 978-2-336-37437-6

CHEIKH HAMAHOULLAH
Homme de foi et résistant
L'Islam face à la colonisation française en Afrique de l'ouest
Traoré Alioune
Cheikh Hamahoullah fut l'un des principaux propagateurs du tijânisme en Afrique occidentale. Il mena un combat inlassable pour la liberté et la dignité des peuples d'Afrique pendant la période coloniale. En s'appuyant sur des documents d'archives, la tradition orale africaine et des manuscrits conservés par les fidèles et les adversaires du Cheikh, l'auteur rejette l'image d'un Hamahoullah agitateur sans culture et sans foi, que répandaient complaisamment les rapports des administrateurs coloniaux.
(34.00 euros, 404 p.)
ISBN : 978-2-343-04694-5, ISBN EBOOK : 978-2-336-37070-5

QUELLE AFRIQUE POUR LES JEUNES ?
Lettre ouverte
Barry David
Ce livre est une lettre ouverte d'un panafricaniste convaincu. Il s'adresse aux jeunes, car ce sont eux qui peuvent encore nourrir de grands rêves et qui ont encore la capacité de s'indigner. Le panafricanisme est pour l'auteur la seule voie royale qui permettra aux jeunes de retrouver une

certaine cohérence, un sens et surtout de reprendre l'initiative. Cette lettre ne comporte pas de recettes mais propose une démarche en fournissant des repères.
(Harmattan Burkina Faso, Coll. L'Harmattan International Burkina Faso, 16.50 euros, 166 p.,)
ISBN : 978-2-343-06009-5, ISBN EBOOK : 978-2-336-37484-0

DYNAMIQUES DES GUERRES CIVILES EN AFRIQUE
Sous la direction d'Arsène Brice Bado
Cet ouvrage offre un essai de typologie des nombreuses hypothèses concurrentes dans l'analyse des causes des guerres civiles en Afrique. Il distingue 3 éléments dans la chaîne causale de leur émergence : les facteurs structurels, les éléments amplificateurs et les facteurs déclencheurs. Si les causes peuvent être similaires pour certains conflits, il restitue à chacun sa complexité selon les acteurs en présence, l'histoire sociopolitique particulière des sociétés et les conditions matérielles.
(Coll. Études africaines, 21.00 euros, 212 p.)
ISBN : 978-2-343-05586-2, ISBN EBOOK : 978-2-336-37590-8

LES MENACES ÉMERGENTES À LA PAIX ET À LA SÉCURITÉ EN AFRIQUE DE L'OUEST ET DU CENTRE : DE 1990 À NOS JOURS
Bamba Mamadou - Préface du Pr Ismaïla Madior Fall
Cet ouvrage apporte des éléments de réponse aux questions que soulève la problématique de la paix et de la sécurité dans ces deux sous-régions du Continent, si différentes et si proches l'une de l'autre par la géographie, les similitudes socio-historiques et le caractère transnational des défis qui émergeront sur l'un des territoires communautaires et qui ne manqueraient d'atteindre l'autre.
(Coll. Études africaines, 24.00 euros, 242 p.)
ISBN : 978-2-343-06163-4, ISBN EBOOK : 978-2-336-37576-2

VIOLENCES ET CONFLITS EN AFRIQUE DES GRANDS LACS
Polémologie et géo-systémisme
Mashimango Abou-Bakr Abelard - Préface de Daniel Derivois
Ce livre esquisse les diverses recompositions géopolitiques et stratégiques de la région des Grands Lacs et appréhende la problématique de la conflictualité sous l'angle de la polémologie. Il propose une réflexion transversale sur la bellicité en Afrique des Grands Lacs et analyse les facteurs qui se rapportent au «phénomène de guerre», à savoir les «complexes belligènes» et les causes du déclenchement des hostilités, de l'éclatement de la guerre, principalement en RDC et au Rwanda.
(Coll. Études africaines, 20.00 euros, 198 p.)
ISBN : 978-2-343-03586-4, ISBN EBOOK : 978-2-336-37473-4

LE PAGNE AFRICAIN ET SA SYMBOLIQUE
Femmes et féminité au travers de motifs d'un objet majeur de la culture africaine
Mukundila Kembo Dieudonné - Préface de Masiala ma Solo
Ce livre explore la manière dont le signe de la femme est utilisé dans les illustrations des pagnes africains. Il montre le caractère sexué du pagne en relation avec les fonctions sociales de la femme, lesquelles contribuent à la structuration de la société. L'objet n'est pas seulement artistique, il est culturel et social et se trouve à la fondation des croyances, des institutions, des structures sociales. Il cesse d'être uniquement un vêtement et devient un lieu de savoir et de culture, un reflet de la société africaine. (illustrations en couleur)
(Coll. Culture Africaine, 20.00 euros, 174 p.)
ISBN : 978-2-343-04531-3, ISBN EBOOK : 978-2-336-37124-5

L'HARMATTAN ITALIA
Via Degli Artisti 15; 10124 Torino
harmattan.italia@gmail.com

L'HARMATTAN HONGRIE
Könyvesbolt ; Kossuth L. u. 14-16
1053 Budapest

L'HARMATTAN KINSHASA
185, avenue Nyangwe
Commune de Lingwala
Kinshasa, R.D. Congo
(00243) 998697603 ou (00243) 999229662

L'HARMATTAN CONGO
67, av. E. P. Lumumba
Bât. – Congo Pharmacie (Bib. Nat.)
BP2874 Brazzaville
harmattan.congo@yahoo.fr

L'HARMATTAN GUINÉE
Almamya Rue KA 028, en face
du restaurant Le Cèdre
OKB agency BP 3470 Conakry
(00224) 657 20 85 08 / 664 28 91 96
harmattanguinee@yahoo.fr

L'HARMATTAN MALI
Rue 73, Porte 536, Niamakoro,
Cité Unicef, Bamako
Tél. 00 (223) 20205724 / +(223) 76378082
poudiougopaul@yahoo.fr
pp.harmattan@gmail.com

L'HARMATTAN CAMEROUN
BP 11486
Face à la SNI, immeuble Don Bosco
Yaoundé
(00237) 99 76 61 66
harmattancam@yahoo.fr

L'HARMATTAN CÔTE D'IVOIRE
Résidence Karl / cité des arts
Abidjan-Cocody 03 BP 1588 Abidjan 03
(00225) 05 77 87 31
etien_nda@yahoo.fr

L'HARMATTAN BURKINA
Penou Achille Some
Ouagadougou
(+226) 70 26 88 27

L'HARMATTAN SÉNÉGAL
10 VDN en face Mermoz, après le pont de Fann
BP 45034 Dakar Fann
33 825 98 58 / 33 860 9858
senharmattan@gmail.com / senlibraire@gmail.com
www.harmattansenegal.com

L'HARMATTAN BÉNIN
ISOR-BENIN
01 BP 359 COTONOU-RP
Quartier Gbèdjromèdé,
Rue Agbélenco, Lot 1247 I
Tél : 00 229 21 32 53 79
christian_dablaka123@yahoo.fr

Achevé d'imprimer par Corlet Numérique - 14110 Condé-sur-Noireau
N° d'Imprimeur : 134020 - Dépôt légal : novembre 2016 - *Imprimé en France*

www.ingramcontent.com/pod-product-compliance
Lightning Source LLC
LaVergne TN
LVHW011440061026
849535LV00004BA/894
* 9 7 8 2 3 4 3 1 0 2 8 9 4 *